U0692955

浙江理工大学人文社科学术著作出版资金资助出版

A STUDY ON FORENSIC ACCOUNTING BASED ON LITIGATION SUPPORT

基于诉讼支持的法务会计研究

王业可◎著

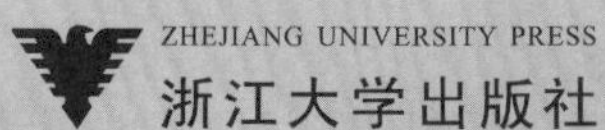
ZHEJIANG UNIVERSITY PRESS
浙江大学出版社

目　录

引　言 …… 1

第一章　基于诉讼支持的法务会计概述 …… 14
　第一节　诉讼支持与法务会计 …… 14
　第二节　基于诉讼支持的法务会计的特点、对象与范围 …… 18
　第三节　基于诉讼支持的法务会计概念框架 …… 21
　第三节　基于诉讼支持的法务会计业务 …… 27

第二章　基于诉讼支持的法务会计理论基础 …… 33
　第一节　基于诉讼支持的法务会计之法理基础 …… 33
　第二节　基于诉讼支持法务会计的社会经济学基础 …… 48
　第三节　基于诉讼支持法务会计的会计学基础 …… 52
　第四节　基于诉讼支持法务会计的审计学基础 …… 55

第三章　基于诉讼支持法务会计的主体问题研究 …… 59
　第一节　基于诉讼支持的法务会计主体现状 …… 61
　第二节　对我国基于诉讼支持法务会计主体现状的分析 …… 64
　第三节　基于诉讼支持的法务会计主体应该是注册会计师 …… 75

第四章　基于诉讼支持的法务会计功能与技术方法 …… 81
　第一节　基于诉讼支持的法务会计的功能 …… 84

第二节　基于诉讼支持的法务会计技术方法 …… 87
第三节　基于诉讼支持的法务会计鉴定实务过程与特殊问题处理 …… 98

第五章　基于诉讼支持的法务会计证据问题研究 …… 106
第一节　基于诉讼支持的法务会计证据概述 …… 110
第二节　基于诉讼支持的法务会计证据与诉讼证据的联系 …… 114
第三节　财务会计资料证据 …… 128
第四节　基于诉讼支持的法务会计资料真实性和完整性 …… 134

第六章　基于诉讼支持的法务会计与损失计量研究 …… 146
第一节　基于诉讼支持的法务会计损失计量概念与原则 …… 147
第二节　损失计量的技术方法 …… 156
第三节　财产保险损失估算 …… 164
第四节　虚假陈述损失赔偿额的计算 …… 166
第五节　可得利益损失计量 …… 169
第六节　损失计量案例 …… 173

第七章　完善我国基于诉讼支持法务会计的设想和建议 …… 183
第一节　我国基于诉讼法务会计的现实问题分析 …… 183
第二节　完善我国法务会计诉讼支持的设想和建议 …… 191

后　记 …… 203

引　言

法务会计是一门新兴的边缘学科，是指法务会计人员运用会计与财务知识、审计与调查技术，针对经济纠纷中的会计问题，提出专业性意见，或为诉讼提供服务。法务会计受到广泛关注只有二三十年的历史，我国会计界对法务会计的研究从20世纪90年代中后期才开始。在这10多年中，有关法务会计的研究呈逐步增加的趋势，受到越来越多的会计学者和实务界的重视。本书基于诉讼支持的法务会计研究，是在本人长期的实践和理论探索基础上完成的，希望能起到抛砖引玉的作用。

一、国外法务会计的起源和发展

(一)国外法务会计的起源

特定的环境促进特定事物的产生和发展。根据李若山教授等人的考察，20世纪70年代末80年代初，美国出现了大量的内部股票舞弊案和储蓄信贷丑闻，法务会计应运而生。[1] 对于法务会计产生的原因，根据张硕星[2]、李若山[3]、陈英[4]的研究，国外法务会计的产生可以追溯到1871年，当时格拉斯哥、苏格兰的法庭和辩护律师需要一些特殊的人员为之提供会计服务，这是法务会计的雏形。到1900年，指导会计人员以正确的方式提供专家证据的论文

〔1〕 李若山等.论国际法务会计的需求与供给——兼论法务会计与新《会计法》的关系.会计研究，2000(11).

〔2〕 张硕星.高等教育如何培养大批法务会计人才.会计之友，2001(10).

〔3〕 李若山.法务会计——二十一世纪会计的新领域.会计之友，2000(1).

〔4〕 陈英.国外法务会计产生和发展的动因剖析.财会月刊，2006(18).

开始在美国和英国出现，规章和成文法的制定加剧了社会对法务会计的需求。众所周知，1929—1933年，美国发生了一场影响全球的经济危机。在此危机之前，美国的自由资本主义发展到了一个极限，会计没有一定的规则，金融投机行为盛行，企业报告随意使然，会计和审计的作用被极大地弱化。与此同时，舞弊审计开展起来。舞弊审计是随着1913年美国施行联邦所得税法后繁荣起来的，主要呈现在美国的联邦刑法和商业法规中。第二次世界大战期间，美国FBI雇佣500多名会计师作为特工人员，从1940年2月6日到1941年6月24日，检查与监控了大约总额为5.38亿美元的财务交易。舞弊审计的目的是发现偏离预期的异常事情、违规的会计事项和行为构造。舞弊审计开展的结果就是法务会计。法务会计的出现，当初主要与内部股票舞弊案以及储蓄信贷行业的丑闻有关。美国人默瑞克·派勒博特于1946年首次使用"Forensic Accounting"(法务会计)一词。

对于国外法务会计的起源问题，我国有不少学者都进行过探索。孙开宝[1]指出，在新的环境下，全球经济一体化的迅速发展，经济组织规模的不断扩大，现代金融工具的不断创新，经济现象变得越来越扑朔迷离，在这背后也暗藏着大量的经济犯罪和经济纠纷，使得法务会计应运而生。李瑞娟[2]在阐述法务会计在中美发展现状的基础之上，从理论研究、实务应用等角度对中美法务会计的发展进行了比较。法务会计的产生是市场经济发展的必然产物。刘明辉、胡波[3](2005)指出，如要深入理解舞弊审计、法务会计的产生动因，就必须了解审计师财务报告审计中查错揭弊责任的历史演变；如要洞察舞弊审计、法务会计的发展趋势，就应更深刻地理解审计环境的变迁以及不同的审计环境下，审计目标、期望差距演变的过程。

(二)国外法务会计的发展

法务会计是由于经济纠纷和经济犯罪的大量涌现以及市场经济的需求而产生的，随着法务会计职业组织的出现和会计师协会的促进，法务会计得到了

---

〔1〕 孙开宝.法务会计的动因及理论根源探究.产业与科技论坛，2011(15).

〔2〕 李瑞娟.中美法务会计比较研究.会计之友，2010(4).

〔3〕 刘明辉，胡波.法务会计、舞弊审计与审计责任的历史演进来源.审计与经济研究，2005(6).

发展。严格意义上的法务会计(Forenic Accounting,又被译为法庭会计、诉讼会计)是英美法中"专家证人"制度的产物,这一概念最早于20世纪70年代末80年代初在美国产生,它是随着企业内部股票舞弊案和储蓄信贷丑闻的大量出现而产生的。这一类舞弊案件的发生很大程度上是通过会计账簿做假来实现的。政府为了加强经济秩序,改善经济环境,增强社会公众的信心,必然要对这些大型经济丑闻进行调查。调查最重要的线索就在于企业的会计账簿和有关凭证,而能够对这些书面证据进行直接、有效、专业的判断和追索的无疑是会计专业人士——法务会计人员。法务会计在安然公司、世通公司的舞弊案件中都起到了至关重要的作用。

根据李瑞娟[1]、陈英[2]、喻景忠[3]等的研究,国外法务会计的发展主要表现在法务会计职业组织的出现,例如,美国注册欺诈检查师协会于1988年成立,其主要任务是组织面向全球的注册欺诈检查师资格考试和认证;1992年美国法务会计师理事会成立,该理事会是美国法务检查者协会的二级协会。美国注册会计师协会(AICPA)也促进了法务会计的发展。1986年,AICPA发布实务指南第7号,列出了会计师提供诉讼服务的六个领域:损失的计量、怀疑的分析、会计、估计、咨询和分析。随后又确立了一系列从事诉讼支持业务的规范标准,主要内容包括在"美国注册会计师咨询服务标准第1号:'咨询服务:概念与标准'"中,集中于专业胜任能力、为客户保密、客观性和独立性四个方面。随后,注册会计师从事法务会计业务发展很快。据尤文雅等(2006)[4]的考察,1995—1997年,以世界著名的"四大"会计师事务所为例:毕马威会计师事务所法务人员增加了一倍;德勤会计师事务所在美国各地都设立了法务会计办公室,并雇用美国联邦调查局前任首席财务官来主持其法务会计实务;安永会计师事务所法务人员的数量也增加了90%,但仍声称不足并将继续增加,除此之外,其在40多个国家还拥有1170名律师;普华永道也在原来的基础上增加了20%的各区人员,并与30多个律师事务所建有联系;安达信会计师事务所在全

---

[1] 李瑞娟.中美法务会计比较研究.会计之友,2010(4).

[2] 陈英.国外法务会计产生和发展的动因剖析.财会月刊,2006(18).

[3] 喻景忠.法务会计理论与实践初探.财会通讯(综合版),1999(5).

[4] 尤文雅,陆月红.法务会计:从司法会计角度的观察与研究.西部财会,2006(5).

世界14个国家大约有1000名以上的律师。这些律师和法务会计人员无疑大大加强了各大会计师事务所的业务能力。如法庭调查国家最大的舞弊丑闻案麦克威尔通讯公司舞弊案时，美国普华会计师事务所的注册会计师就作为法务人员在法庭上作证。又如，在调查第二次世界大战中瑞士银行侵占犹太人存款中，“四大”会计师事务所共动用了450名法务会计人员，才得以完成客户的委托。从总体上看，“四大”会计师事务所在法务会计服务方面都比较侧重于向客户提供有关欺诈调查、诉讼支持、损失预防和计算机犯罪的预防。这些事例，为我国的法务会计研究提供了很好的素材，促使我们去讨论法务会计的一些问题，对它有一个更深刻的认识。

二、我国法务会计的萌芽、产生与发展

（一）我国法务会计的萌芽

法务会计与司法会计鉴定是会计和法律相结合而产生的边缘领域，两者叫法不同与法系基础不同有关。法务会计起源于英美法系模式，司法会计则通常是大陆法系模式叫法，但两者本质上都是为了解决经济纠纷司法过程中的财务会计问题。我国的法务会计产生和发展是根植于改革开放和市场经济不断健全和完善，以及不同法系之间的相互借鉴和融合趋势的背景。在我国，法务会计可以说萌芽于我国司法会计鉴定，也是我国制度形式下法律对会计知识的需要。

据《周礼·地官·小司徒》载：凡民诉，以地比证之；地诉，以图证之。《周礼·秋官·士师》也载有：凡以财狱诉者，正之以傅别、约剂。也就是说，处理民间争诉纠纷，以邻里人为依据；解决土地疆界纠纷，以图籍书证为依据；调解财产关系纠纷，则以契约文书为依据。这说明，在西周诉讼审判活动中也注意运用人证、物证及书证，特别注意到了物证和书证的运用。在古书的记载中，运用查账、对账等方法提供证据的也不乏其例。例如，《折狱龟鉴》记载，唐朝江阴令赵和在咸通初年，审理淮阴东村和西村农民的一起经济纠纷案中，就采用核对钱物和对账的方法，最后作出了正确的定案结论。由此我们有理由相信，有了

行使司狱断案的国家职能，就有了司法会计鉴定的萌芽。[1]

(二)我国法务会计——司法会计鉴定的产生和发展

司法会计鉴定(传统意义的司法会计的主体只局限于司法部门，与现代意义的法务会计有一定区别)，是我国特殊历史时期的法务会计，其会计提供诉讼支持的表现形式是以公检法内部机构形式表现的。“司法会计或司法会计鉴定”一词是 20 世纪 50 年代由苏联传入我国，新中国成立后，公有制经济制度在我国建立，随着经济的发展，经济犯罪日益增多，为了取得和证实经济犯罪案件中犯罪嫌疑人犯罪金额的证据，司法机关在查处经济犯罪案件中开始进行会计鉴定，公检法逐步设立了司法会计鉴定部门，这就是我国司法会计鉴定的产生。计划经济时期，经济形式相对较为单一，法律事务较少涉及财务会计问题，因而除少量会计人员的贪污案件外，司法会计鉴定在我国法律诉讼中很少应用。在“文化大革命”期间，检察系统、法院系统的司法会计鉴定机构被取消，20 世纪 80 年代恢复重建，司法会计鉴定才又得以重新开始。

改革开放以后，随着我国社会经济的发展，法制建设不断完善，我国《刑法》、《刑事诉讼法》下的陆续颁布实施，司法会计鉴定进入了真正发展的阶段。实践中，在查处经济犯罪案件特别是在办理贪污案件时，为了确认被告人是否贪污公款，往往聘请企事业单位的财会人员来帮助查账，并就犯罪嫌疑人是否贪污公款及贪污数额进行鉴定。20 世纪 80 年代中期，为了打击严重经济犯罪斗争的需要，检察机关在受理贪污罪、贿赂罪的侦察中，涉及大量财务会计事实需要查证，检察机关开始关注司法会计鉴定。1985 年 6 月，最高人民检察院在大连召开了全国检察系统刑事技术工作座谈会，会议通过《关于检察机关刑事技术工作建设的建议》。在该建议中明确提出要在省、市两级检察机关建立司法会计技术门类，并把它纳入检察机关刑事技术工作的序列。司法会计鉴定在检察机关重新开展起来，并且其理论研究与实务工作的开展也走在全国之首。到 20 世纪 80 年代后期，一些法院在审理民事、行政案件时，也开始委托注册会计师、审计师进行相关的司法会计鉴定活动。到 20 世纪末，一些地方的公安、

---

〔1〕 赵如兰.司法会计鉴定的历史演进及启示——兼论司法会计鉴定与法务会计.会计之友,2009(12):108－110.

法院等部门为了侦查和审判工作的需要，也开展了司法会计鉴定活动。随着经济的发展，利益机制的引入，经济案件逐年增多，财务会计在诉讼中的应用逐渐得到普及，特别是随着国家司法制度的改革和完善，司法会计鉴定在经济诉讼案件和仲裁等工作中广泛应用。2000年，司法部《司法鉴定机构登记管理办法》颁布后，全国各地纷纷设立面向社会服务的司法鉴定（包括司法会计鉴定，以下同）机构，开展司法会计鉴定活动，但是司法会计鉴定活动的启动权仍然由公、检、法机关掌握。司法机关内部设置司法鉴定机构会导致“自侦自鉴”、“自检自鉴”、“自审自鉴”的弊端，易滋生司法腐败，不利于司法公正，因此社会对司法鉴定立法的呼声越来越高。

2005年2月28日第十届全国人民代表大会常务委员会第十四次会议通过《全国人民代表大会常务委员会关于司法鉴定管理问题的决定》（以下简称《决定》）。《决定》第1条规定，司法鉴定是指在诉讼活动中鉴定人运用科学技术或者专门知识对诉讼涉及的专门性问题进行鉴别和判断并提供鉴定意见的活动。《决定》规范和加强了对司法鉴定人和司法鉴定机构的管理；明确规定了“侦查机关根据侦查工作的需要设立的鉴定机构，不得面向社会接受委托从事司法鉴定业务”，“人民法院和司法行政部门不得设立鉴定机构”。《决定》的施行为实现司法公正创造了条件，是司法鉴定制度的一项重大改革。这标志着我国司法鉴定管理体制改革进入了实质性阶段。我国司法会计鉴定逐步纳入了规范化、法制化的健康发展轨道。

（三）我国司法会计理论的研究

我国司法会计理论于20世纪50年代从苏联引入，由于受司法实践需要的制约，至70年代末，我国较少有人对该学科进行专门的研究。改革开放以后，随着经济活动中经济生活涉及会计的问题逐步增多和不断复杂化，司法会计受到越来越多的重视。我国公检法司部门内部相继设立了司法会计机构执行司法会计鉴定，司法会计鉴定逐步普及，司法会计理论研究达到了高峰。

在学科定位上，司法会计鉴定定义为“一种诉讼活动”，在学界取得了较为一致的认可。但在对我国司法会计认识过程中，先后出现了“一元论”、“专业论”、“二元论”的观点。[1]

“一元论”司法会计观，是我国在司法会计理论研究方面形成较早的一种观点，也是我国最初进行司法会计理论研究的大多数学者、专家和司法会计工作者的主流观点。“一元论”司法会计观的核心思想是：司法会计就是司法会计鉴定，司法会计鉴定就是查账、查物。司法会计学的研究对象是司法会计鉴定，司法会计学就是司法会计鉴定学。“一元论”司法会计观的最大贡献在于将司法会计界定为一种“诉讼活动”。这一基本理论范畴的界定不仅为“一元论”司法会计学科体系的构建确立了思想基础，而且为后来的司法会计理论研究奠定了基石。坚持“二元论”观点的学者则对“一元论”司法会计观提出了批评，他们认为：将司法会计界定为司法会计鉴定，不仅局限了其自身理论观点的发展，而且也给司法实践造成了很多危害：一是造成了司法实践中的“侦鉴不分”。尤其是司法会计人员在侦查阶段介入案件时法律身份难以划分，职责不清，造成了实际上的“侦鉴不分”，即司法会计人员在案件中既是侦查员、查账员，又是鉴定人，一人具有双重法律身份，违反了法制原则。二是造成“司法会计法律定性”的错误做法。

“专业论”司法会计观是20世纪90年代初提出的一种司法会计观点。“专业论”司法会计观的核心思想是：司法会计学的研究对象是司法会计，而司法会计的对象是案件资金。由于不同经济行业涉及的案件资金及会计证据的特点不同，应当按照经济行业的划分来分别研究司法会计理论，建立相应专业的司法会计学，形成了“案件资金论”。这种观点同样认为司法会计是一种诉讼活动。其不足之处是对司法会计这一诉讼活动的具体内容与会计学没有加以区分，混淆了会计学与司法会计在诉讼活动中的不同作用。对于司法会计学来讲，虽然行业不同，采用的会计核算和会计制度有一定差异，但司法会计学研究的是司法会计活动的特点和规律，是针对司法实践中的法律行为方式、特点及经济事项的具体情况来进行的，需要研究不同行业犯罪的共同特点。因此，在确立学科体系时，不能脱离具体的司法实践。

“二元论”司法会计观是20世纪80年代后期提出的一种观点，经过20余

[1] 庞建兵. 我国司法会计的现状与发展. 中国司法鉴定，2001：43—46.

年的发展，这一理论观点及依据这一理论观点建立的司法会计学学科体系日益成熟、完善。“二元论”司法会计观的核心思想是：从司法实践的角度将司法会计定义为诉讼活动，并依据诉讼法和刑事侦查学原理，将司法会计活动的基本内容概括为司法会计检查和司法会计鉴定。依据这一理论观点建立的司法会计学学科体系的结构是：司法会计学由司法学概论（司法会计的概念、原理、主体、标准；司法会计学的概念、研究内容等理论）、司法会计检查学（司法会计检查的基本原理、方法、程序；财务会计资料及相关财物的检查技术；各类诉讼案件的司法会计检查对策等理论）、司法会计鉴定学（司法会计鉴定的基本原理、范围、方法、鉴定证据、程序；各类财务会计问题的鉴定技术；鉴定结论的制作及文证审查等理论）。这种观点及理论研究的成功之处在于，符合法理和学理原则，能够将司法会计理论与司法实践紧密结合并指导司法会计实践。它将司法会计划分为司法会计检查和司法会计鉴定，一方面，以诉讼中侦查、调查原理为依据，借鉴审计学的查账查物技术，将诉讼法规定的勘验检查与司法会计实践相结合，建立司法会计检查学；另一方面，以司法鉴定的“同一认定”理论为指导，将司法鉴定与会计要素相结合，建立司法会计鉴定学。在司法会计基本理论的指导下，将司法会计检查理论与司法会计鉴定理论统一于司法会计理论体系之中，最终形成“二元论”司法会计理论体系。

也有学者对“二元论”结构提出了批评，认为：有些学者，将审计研究与使用已久的查账贴上“司法会计检查学”的标签，并作为与司法会计鉴定并重的内容，组成司法会计学的二元研究对象，但理论阐述又左右摇摆、前后矛盾，因而“司法会计检查”不可能成为司法会计学的研究对象。而司法会计鉴定，则主导司法会计朝着更好地为诉讼提供有别于审计的涉案会计事实证明的方向发展，所以，司法会计鉴定才是司法会计学的研究对象。[1]

对于司法会计鉴定的概念目前并无太大争议，主流观点认为应当是一种诉讼活动，在学科领域上属于法学学科，隶属于司法鉴定学科之下。就其理论框架而言，尚有若干问题需要解决，主要有技术标准、鉴定报告真实性界定等问题。

---

〔1〕 杨为忠.司法会计学的研究对象应当是司法会计鉴定——暨析司法会计检查为何不可能成为司法会计学研究对象.会计之友，2010(1).

三、对我国法务会计的研究综述

长期以来，法务会计与法庭会计、诉讼会计、司法会计、司法会计鉴定等多种称谓并存，造成实践上和理论研究中的混乱。理论上，会计学者更倾向于法务会计是会计学的一个分支学科，而法学者则更倾向于不认可法务会计，认为本身就应该是司法会计和司法会计鉴定，是一门法学的分支学科，致使实践中也是莫衷一是。2005 年《决定》通过以后，司法会计鉴定的主体越来越多地集中于注册会计师事务所，法务会计的诉讼支持服务范围也进一步扩大，法务会计得到了越来越多的认可，对法务会计的研究也显得更为迫切。

西方法务会计概念的研究对我国影响比较大。加拿大会计学家斯考特(Scott)认为：为了定义法务会计，应综合《韦伯字典》(Webste's Dictionary)中对法医学(Forensic Medicine)和会计学的定义。法医学是一门处理与医学事实相关的某些法律问题的学科；会计学是一个记录和汇总企业经营状况、各种财务交易、财务分析，并证明和报告其结果的系统。因此，综合这两个定义，法务会计就是一种处理与记录和汇总企业经营状况和各种财务交易的法律问题的会计处理方法。在这个新会计领域，有两大类会计实践，即法律诉讼专家和调查与舞弊会计。

法务会计是运用相关知识，对财务会计事项中有关法律问题的关系进行解决处理，并向法庭提供相关证据，不管这些证据是刑事方面的，还是民事方面的(G. Jake Bologna, Robert J. lindquist, 1999)。1998 年 3 月，毕马威会计师事务所在香港召开的主题为“舞弊与法务会计”全球化研讨会上，将法务会计定义为：“通过对财务技能的运用以及对未决问题的调查方法，将证据规则与此相结合的一种会计学科。”10 多年来，我国学者对法务会计理论的研究文章比较多，主要集中在基本理论、产生发展、准则建设、对比分析等方面。在基本理论方面，许多学者专门对法务会计定义进行研究，并提出自己的见解，但都没能形成统一意见。喻景忠[1]认为法务会计是根据法律的特殊规定运用会计专业知识和技能，对在经济管理和经济运行过程中，各种法定的经济标准和经济界限规

[1] 喻景忠. 法务会计理论与实践初探. 财会通讯(综合版), 1999(5).

范过程与报告结果，进行计算、检验、分析、认定的运用型学科。盖地[1]从实物和学科两方面阐述法务会计的定义，从实务角度来看，法务会计是为适应市场经济的需要，以会计理论和法学理论为基础，以法律法规为准绳，以会计资料为凭据，处理涉及法律法规的事项，或者以法律法规和相关会计知识审查、监察、判定、裁定、审计受理案件；从学科角度定义法务会计是适应市场经济需要的以会计理论和法学理论为基础，融会计和法学于一体的一门边缘交叉学科。李若山认为：[2]法务会计是特定主题运用会计知识、财务知识、审计技术与调查技术，针对经济纠纷中的法律问题，提出自己的专家性意见作为法律鉴定或者在法庭上作证的一门新兴行业。法务会计是会计的一门新兴学科。提供上述服务的主体就是法务会计人员。张苏彤[3]认为法务会计是指与法庭和法律有关的会计，它是运用特别的调查方法与程序，获取有用的证据资料，以解决有关法律问题的一门科学。谭立[4]认为法务会计是在社会专业分工的基础上形成的专业支持，它弥补了公安司法人员、当事人及其代理人等处理法律问题或事项时所遇到的会计专业知识与技能的不足，是会计专业人员为解决或处理法律问题或事项提供的专业服务。戴德明(2001)[5]黎仁华(2008)[6]等也对法务会计定义阐述了自己的观点。

关于法务会计目标各个学者的观点都不一致：盖地[7]认为企事业单位的法务会计目标应尽可能在与财务会计目标一致的前提下，做到符合或不违反国家的有关法律、法规；社会中间机构的法务会计目标是对受托单位的合法性、合规性作出正确的职业判断；公检法等机关的法务会计目标是对受理的案件从法律的角度进行会计鉴定；戴德明、周华[8]认为法务会计的目的有：①促进会计界与法律界的沟通，为司法程序提供会计方面专家服务，鉴定评价会计处理的

---

〔1〕〔7〕 盖地.法务会计的理论结构.河北财会，2000(1)：10－13.

〔2〕 李若山，谭菊芳，叶奕明等.论国际法务会计的需求与供给——兼论法务会计与新《会计法》的关系来源.会计研究，2000(11).

〔3〕 张苏彤.加拿大的法务会计来源.中国注册会计师，2004(7).

〔4〕 谭立.法务会计报告探析.会计之友，2005(12).

〔5〕 戴德明.法务会计若干基本问题研究.贵州财经学院学报，2001(3).

〔6〕 黎仁华.论中国法务会计的理论要素.会计之友(下旬刊)，2008(5).

〔8〕 戴德明，周华.法务会计若干基本问题研究.贵州财经学院学报，2001(3).

公允性、合法性;②寻求会计(审计)规范体系的优化方案,支持和指导会计职业界人事及其组织依法抗辩和维护职业界人士及其组织的合法权益。赵如兰[1]认为,法务会计的目标是对经济活动或经济纠纷中的法律问题提供意见,以供法律鉴定或者作为法庭证供;谭立[2]在对以上观点进行剖析的基础上,提出法务会计的"唯一目的"是查清法律事项涉及的财务会计事实,并就此发表专家意见。

对法务会计基本假设的研究,学者们观点差别还比较大,赵如兰[3]等学者主张法务会计作为现代会计的一个分支,其会计假设与财务会计是一致的,即会计主体、持续经营、会计分期和货币计量,只是法务会计假设在其内涵和外延上都有所扩展,以及在会计主体假设和货币计量上与财务会计存在一定的差别。谭立[4]则认为会计主体、会计分期、持续经营三大财务会计假设对于法务会计来说不适用,法务会计的基本假设应该是法律事项与货币计量两项,其中法律事项假设是其区别于财务会计等的显著标志。张苏彤[5]认为,法务会计的假设应该包括:犯罪留痕假设、征兆表现假设、20%+40%+40%假设、内部控制制度有限作用假设对于法务会计的原则,综合盖地(2000)、赵如兰(2001)以及牛凌云(2003)[6]等学者的观点,目前学术界一致认为法务会计应在遵循财务会计一般原则的基础上,增加合法合规性、专业胜任能力,以及独立、公平、公正等原则。

学者们对构建我国法务会计准则也提出了设想,张红英(2006)[7]提出,我国法务会计准则的主要内容应包括法务会计的目的、作用、基本假设、基本原则等;姜月运(2006)[8]提出,我国法务会计准则可分为一般原则、执行准则和报告准则;刘洪波、崔颖(2008)[9]提出,我国法务会计准则总体分为基本准则和

---

〔1〕〔3〕 赵如兰.关于我国法务会计的理论结构.广西会计,2001(6).

〔2〕 谭立.法务会计本质的若干视角.财经论丛,2005(5).

〔4〕 谭立.法务会计报告探析.会计之友,2005(12).

〔5〕 法务会计研究.北京:中国时代经济出版社,2009.

〔6〕 牛凌云,汪天光,郭阳.法务会计的国际发展及借鉴.审计月刊,2003(8).

〔7〕 张红英.我国法务会计准则框架研究.财会月刊,2006(22).

〔8〕 姜月运.论法务会计的原则.会计之友(上旬刊),2006(8).

〔9〕 刘洪波,崔颖.浅析法务会计准则建设中的若干问题.事业财会,2008(1).

具体准则两大类，其中具体准则可以从“司法会计鉴定方面”和“会计调查方面”分别制定。

四、我国法务会计研究的一个误区

我国司法实践中遇到财会专门问题，一直以来主要依赖于司法会计，由司法机关根据《诉讼法》的规定，指派或聘请司法会计人员（注：我国检察机关在1988年经中央职称改革工作领导小组批准适用《会计专业职务试行条例》，在会计专业技术职务前冠以“司法”二字，形成了其特有的司法会计职务系列），以发现、固定、审查、鉴别诉讼证据为目的，运用会计、审计和法律专业知识，对案件所涉及的财务会计问题进行审查、检查、鉴定。司法会计的内容包括司法会计审查、检查和鉴定三个方面。[1]

在诉讼活动中涉及会计问题不是近年才有的事情，我国的司法会计活动早已存在，但是因为过去经济主体之间的经济活动较为简单，纠纷发生后也较易解决，影响范围小，并未引起人们尤其是会计界人士的特别关注。但随着现代企业制度的出现、资本市场的兴起以及大型企业的发展，使各经济主体彼此的利益纠缠在一起，涉及会计专门问题的纠纷越来越多，使我国原由苏联引入的司法会计受到法学理论和实务界的重视。司法会计对实践问题的解决和理论的研究都取得了丰硕的成果。

同时，在改革深化的过程中，由于企业舞弊问题日益严重，资本市场中会计法律责任问题日益突出，在这种情况下人们对会计信息的关注程度加大，提供会计信息与使用会计信息的矛盾增大，并产生了越来越多的法律上的冲突，不仅会计信息提供者的会计责任加重了，为会计信息提供增值服务的审计人员的责任也加重了。法律与会计的交叉学科——法务会计，逐渐为会计界所重视。但是，因为法律与会计领域的隔阂，我国会计界并未注意到或者故意回避国内已有的司法会计研究成果，而是把眼光投向了经济发达的英美国家，于是产生了会计界的法务会计与国内较早出现的法学界的“司法会计”并存的现象。这凸显了我国法务会计研究中的一个误区。我国的法务会计研究应该继承司法

---

〔1〕 王建国. 司法会计学. 上海：立信会计出版社，2003.

会计的研究成果，并顺应时代需要不断深化对法务会计的认识，才能真正使我国法务会计研究落到实处，在实践中发挥更大的作用。

我国法务会计的研究已经取得了不小的成果，但在研究内容上大多是针对法务会计基本理论，研究方法上则是从理论到理论，特别是研究中有意识地将法务会计和司法会计相区隔，使法务会计研究脱离了实践的土壤。法务会计的研究者多数是会计学者或者工作者，分析视角主要集中在会计方面，未能体现法务会计中法学和会计学的交叉。更需要指出的是，诉讼支持作为法务会计的一项主要内容，在经济社会中发挥着越来越重要的作用，法务会计的研究不能脱离诉讼支持这一基础。

本书对基于诉讼支持的法务会计研究从理论探讨和业务实践案例分析入手，通过一般分析和个案阐述相结合等方法，以诉讼支持的理念追求为线索，以两大法系诉讼制度发展为参照，重点研究以下内容：一是基于诉讼支持的法务会计的基本原理和基本概念；二是基于诉讼支持的法务会计的基本程序和方法；三是基于诉讼支持的法务会计的基本证据问题；四是基于诉讼支持的法务会计的损益计量问题；五是基于诉讼支持的法务会计制度的完善。

第一章 基于诉讼支持的法务会计概述

第一节 诉讼支持与法务会计

一、法务会计与法律实施

法务会计与法庭和诉讼支持是紧密联系在一起的，澳大利亚会计专家布鲁尼和林德库斯认为，法务会计是“运用相关的会计知识，对财务事项中有关法律问题的关系进行解释与处理，并向法庭提供相关的证据，不管这些法庭是刑事方面的还是民事方面的”。美国著名的会计学家C. 杰克·贝洛各尼与洛贝特·J. 林德奎斯特，曾对法务会计做出简明的解释。他们认为，所谓法务会计，就是“运用相关的会计知识，对财务事项中有关法律问题的关系进行解释与处理，并给法庭提供相关的证据，不管这些法庭是刑事方面的还是民事方面的”。威廉姆·S. 霍普伍德等给出的定义是“法务会计是指按照与法庭要求相一致的方式运用调查和分析技能解决财务问题。法务会计不局限于那些最终导致法律诉讼的财务调查。然而，如果调查和分析确实以法律诉讼为目的，那么他们必须符合有管辖权法院的要求”。[1] 我国著名的会计学者李若山认为，法务会计是指“特定主体运用会计知识、财务知识、审计技术与调查技术，针对经济纠纷中的法律问题，提出自己的专家性意见作为法律鉴定或者在法庭上作证的一

---

〔1〕 威廉姆·S. 霍普伍德，杰伊·J. 莱纳，乔治·R. 杨. 法务会计. 张磊主译. 大连：东北财经大学出版社，2009.

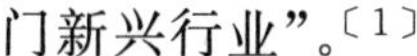

门新兴行业”。[1]

法务会计融审计学、会计学、法学等学科于一体，运用这些相关学科的基本原理和方法，为法律实施过程提供专家意见和证据支持的新兴边缘学科。法务会计主要涉及舞弊调查，并为管理部门、律师或者私人调查服务，有助于他们了解并解决与会计和财务相关的技术支持和帮助。

“法务会计实质上是在社会专业化分工的基础上形成的会计界和法律界的相互专业支持，法务会计人员运用法律与财经知识、审计与调查技术，针对涉及会计问题的经济纠纷提出专业性意见，为探求诉讼和非诉讼解决方法提供专业服务支持。”[2]法务会计为法律实施过程提供专家意见和证据支持，协助公安司法人员、律师等法律工作者查证相关财会事实，为解决或处理法律问题或事项提供专业服务。这种专业服务包括专家证据、专家辅助和专业咨询三种类型。所谓专家证据服务，是指法务会计人员以专家证人或鉴定人身份出席法庭就案件或法律事项的财会专门问题发表专家意见。所谓专家辅助服务，是指法务会计人员以专家助理的身份作为法律事项承办人、当事人或其代理人的身边助手，随时为其解答或处理相关的财务会计问题。所谓专业咨询服务，是指法务会计人员以专业顾问的身份受法律事项承办人、当事人或其代理人的委托，为其提供会计调查、取证、评估损失、追踪财产、解答会计问题等服务。法务会计按照所要处理的法律事项是否进入诉讼程序，可将法务会计服务区分为基于诉讼的服务与非诉讼服务两类。

法律实施的整个过程可区分为立法、守法、执法和司法四个环节。在立法过程中，会计专家、学者和实务工作者，都可能作为立法者的成员、助手、参谋，就涉及的财会专门问题或财会专门法律，或者参与制定、表决，或者提出意见等，这些都是立法活动，不具有职业服务性，因此不是或不需要法务会计。在法律实施过程中，对于守法和执法中出现的法律问题，当事人和有关主体可通过自行协商、有关部门或个人主持调解等非诉讼方式解决，就其涉及的财会专门

〔1〕 李若山.论国际法务会计的需求与供给——兼论法务会计与新《会计法》的关系.会计研究，2000(11)：27.

〔2〕 苏欣.略论法务会计的诉讼及非诉讼运用.中小企业管理与科技(上旬刊)，2008(12).

问题，法务会计可提供相应的调查、取证、咨询等服务；如果这些问题直接或前述方式未能奏效而诉至法院，或者有关主体严重违法而触犯刑律，则应按司法程序解决，就其涉及的财会专门问题，法务会计可提供相应的司法会计鉴定服务。总之，法务会计在整个法律实施过程中，除立法环节无需参与外，在守法、执法和司法环节都能发挥作用，提供会计专门性问题的服务。

二、基于诉讼与非诉讼的法务会计

法务会计根据所要处理的法律事项是否进入诉讼程序，可分为基于诉讼的法务会计和非诉讼法务会计。所谓基于诉讼的法务会计，是指对采用诉讼方式处理的法律事项或问题提供会计专业服务，它必须严格遵守诉讼程序和证据规则。法务会计人员常以鉴定人或专家证人身份出具鉴定报告、出庭作证。所谓非诉讼法务会计，是指对采用非诉讼方式处理的法律事项或问题提供法务会计专业服务，它没有严格的程序和规则，其内容主要是专家辅助和专业咨询服务，业务方式灵活多变，可以是由解决问题扩展到预防问题的发生，如改善公司内控制度，预防舞弊、损失的发生等。

目前国内外主流观点认为，法务会计包括诉讼支持与调查会计两大业务分支。诉讼支持业务主要与诉讼程序相关，一般指在涉及会计专业知识的诉讼过程中提供法务会计服务；调查会计业务主要涉及调查犯罪行为证据、要求获得或拒绝给予赔偿等领域。本书研究的则是基于诉讼支持的法务会计，探讨法务会计在诉讼过程中协助解决有关财会专门问题的功能和作用。

三、我国对诉讼支持的研究

“诉讼支持是法务会计的核心业务。诉讼支持是指在诉讼过程中法务会计师协助公安司法人员、律师等查明相关的财务事实，发表专家意见，并以专家证人或鉴定人身份出庭作证、质证以及提供其他相关专业协助。”〔1〕

我国学者对诉讼支持的定义还有：“法务会计的诉讼支持是指法务会计专业人员采用诉讼或与诉讼相关的非诉讼法律程序，如仲裁、调解等方式，针对相

〔1〕 谭立. 法务会计的诉讼支持. 人民检察，2005(10).

关诉讼活动中所涉及的会计与财务专业问题，遵循法律诉讼程序与证据规则，在现有会计资料的基础上进行必要的调查、取证、分析、判断，并以专家评价的身份作证或以司法鉴定人的身份出庭作证或为当事人以及律师、法官、检察官等法律工作者提供涉及会计专业服务的一项会计衍生服务活动。法务会计人常以专家证人或鉴定人、专业顾问等身份活跃于调查取证、庭前准备、审理与上诉等诉讼活动的各个环节，为法律工作者提供诉讼支持服务。"[1]"诉讼支持业务主要与诉讼程序相关，一般指在涉及会计专业知识的诉讼过程中提供的法务会计服务。"[2]"所谓诉讼支持，是指注册会计师在诉讼过程中提供的有关财会专门问题的服务，比如开庭前的证据支持准备、庭上专家证言、对涉案相关事项的价值计量等。"[3]

我国对诉讼支持的研究主要集中于以下四个方面：第一，对诉讼支持理论的一般论述，如：谭立(2005)的"法务会计的诉讼支持"[4]，谢达理(2010)的"对法务会计诉讼支持业务的改进意见"[5]等。第二，诉讼支持下的证据制度研究，如：谢达理(2008)的"论财务会计证据及其在法务会计诉讼支持中的运用"[6]等。第三，诉讼支持业务的应用研究，如：金彧昉、李若山(2004)的"法务会计：法庭上的专家证言——从人寿保险被起诉谈起"[7]、董华(2010)的"浅析经济犯罪案中法务会计的重要工作内容"[8]；艾子君(2010)的"从案例透视美国法务会计业务"[9]；张玲(2007)的"法务会计的诉讼支持业务研究"[10]、杨平

---

〔1〕 张苏彤.法务会计的诉讼支持研究.北京：中国政法大学出版社，2012.

〔2〕 冯萌等.从安然事件看美国法务会计的诉讼支持.会计研究，2003(1).

〔3〕 马春静.注册会计师的法务会计业务研究.吉林大学硕士学位论文，2006.

〔4〕 谭立.法务会计的诉讼支持.人民检察，2005(9).

〔5〕 谢达理.对法务会计诉讼支持的改进意见.商业会计，2010(2).

〔6〕 谢达理.论财务会计证据及其在法务会计诉讼支持中的运用.法制与经济(下旬刊)，2008(9).

〔7〕 金彧昉，李若山.法务会计：法庭上的专家证言——从人寿保险被起诉谈起.中国会计学会第六届理事会第二次会议暨2004年学术年言论文集(下)，2004(2).

〔8〕 董华.浅析经济犯罪案中法务会计的重要工作内容.中国集体经济(上)，2010(3).

〔9〕 艾子君.从案例透视美国法务会计业务.国际商务财会，2010(10).

〔10〕 张玲.法务会计的诉讼支持业务研究.中国乡镇企业会计，2007(4).

(2009)的“法务会计诉讼支持服务探析”[1]等。第四,出庭辩论及作证方面的诉讼支持研究,如:胡玉霞(2010)的“我国法务会计人员出庭作证法律问题思考”[2]、居尔宁(2010)等的“怎样解决我国法务会计诉讼出庭作证率低的问题”[3]等。

张苏彤[4]专门著书,对法务会计的诉讼支持从理论分析和业务实践两个方面着手,找寻依据,并结合我国法务会计诉讼支持业务的实践,试图构建我国法务会计诉讼支持规范。

第二节　基于诉讼支持的法务会计的特点、对象与范围

一、基于诉讼支持的法务会计的特点

(一)与其他鉴定相比

基于诉讼支持的法务会计与其他鉴定相比,具有以下特点:

(1)法务会计从学科性质上看具有知识运用上的综合性。法务会计需要精通会计、审计和法律、逻辑学、计算机等知识,涉及学科广泛,具有综合运用、综合分析的特点。

(2)法务会计的对象具有特定性、条件性。并不是案件涉及的所有财务问题,都需要或可以通过法务会计来解决,而是根据案情的需要、送检的要求,在财务会计上确有记录和反映的经济事项。

(3)法务会计人员的主观性。司法会计的分析、判断以及最后的表述活动,跟法务会计人员的本身素质有关,带有很大的主观性,影响整个鉴定过程。鉴定人员的实践经验、学识水平、观察问题的能力以及职业道德水平、独立性等,均与司法会计结论的正确、公允密切相关。

---

〔1〕 杨平.法务会计诉讼支持服务探析.商业会计,2009(10).

〔2〕 胡玉霞.我国法务会计人员出庭作证法律问题思考.南京审计学院学报,2010(1).

〔3〕 居尔宁.怎样解决我国法务会计诉讼出庭作证率低的问题.中国证券期货,2010(4).

〔4〕 张苏彤.法务会计的诉讼支持研究.北京:中国政法大学出版社,2012.

(二)与一般会计活动相比

法务会计与一般会计活动相比,具有以下特性:

(1)法务会计活动具有鲜明的法律性质。会计活动受到会计法和相关法律约束,但就其对外部引起的法律后果而言,则不一定都具有法律意义,特别是不直接与最具有法律色彩的司法活动相联系。而法务会计活动则直接与司法活动相联系,是经济司法的一项重要内容。

(2)法务会计是司法鉴定人接受指派或聘请,依照法定程序进行的。《中华人民共和国刑事诉讼法》第88条规定:司法机关"为了查明案情,需要解决案件中某些专门性问题的时候,应当指派、聘请有专门知识的人进行鉴定。"《中华人民共和国行政诉讼法》第35条规定:"在诉讼过程中,人民法院认为对专门性问题需要鉴定的,应当交由法定鉴定部门鉴定,没有法定鉴定部门的,由人民法院指定的鉴定部门鉴定。"这些专门问题包含财务会计方面的问题。财务会计方面需要专门鉴定的问题,经司法机关指派或聘请后,属于法务会计活动。

(3)法务会计的对象,必须是与案件有关的会计核算资料。所谓案件,包括司法或准司法机关正在审理或处理的与经济违法、经济犯罪及经济纠纷有关的案件;所谓与案件有关的会计核算资料,是与司法机关正在审理或处理的上述案件有关的会计凭证、账簿、会计报表及有关资料。也就是说,会计司法鉴定的对象是特定的。

(4)法务会计活动引起相应的法律后果。特定的法务会计活动必然引起相应的法律后果,因为会计司法鉴定得出的结论,是具有法律效力的重要证据,是司法机关处理案件的依据。如果法务会计人员违法出具虚假会计司法结论,则要承担相应的法律责任,后果严重者,还要承担刑事责任。

二、基于诉讼支持的法务会计的对象

法务会计的对象主要是财务活动中的账簿、报表、凭证、单据、现金、物资以及其他表明财务盈亏数目的资料,这些资料作为诉讼证据的一种必须通过专门的方法加以检查与鉴定,才更具有科学性与可靠性。法务会计的对象载体是会计资料。法务会计的对象载体具有以下特点:第一,关联性,即与案件中需要证明的会计事实在时间、内容和范围等方面有关;第二,书面形式,会计电子信息只有当它体现在纸上，才能算是书面会计资料；第三，复式记载，即一项业务要同时在两个以上账户中记载；第四，结构或内容重复，如票据各联之间的结构或内容重复，以便互相印证。离开了这样的会计资料，法务会计就变成了侦查、审理或另类司法鉴定，也就不能称之为法务会计。

基于这一认识，有会计事实而无会计资料的案件，不能进行法务会计；同样，有会计资料但没有与会计事实有关的案件，也没有必要进行法务会计。所以，法务会计虽是整个诉讼活动的一个重要组成部分，但不是所有诉讼活动都必须做法务会计。

基于诉讼支持的法务会计在诉讼支持中，如诉讼的鉴定业务中，需要通过检验检材获取鉴别判定专门性问题所需的信息。法务会计中的检材包括：

(1)诉讼涉及的财务会计资料（如财务凭证、会计凭证、会计账簿、会计报表、其他财务会计资料）。

(2)财务会计资料证据，即诉讼主体已经作为证据材料固定的那部分财务会计资料。

(3)与鉴定事项有关的《勘验检查笔录》。

三、基于诉讼支持的法务会计范围

基于诉讼支持的法务会计范围是指通过法务会计所能解决的专门性问题的范围，法律上并无明文规定。一般来说，基于诉讼支持的法务会计范围只能限于案件所涉及的财务会计问题。传统司法实践中司法会计鉴定的主要内容有：会计核算资料的鉴定，实物资产鉴定，货币资金鉴定，往来款项、长短期投资鉴定，银行借款鉴定，成本费用鉴定，利润鉴定等。随着我国证券市场的发展，涉及会计信息质量、会计责任、审计责任的鉴定则会呈不断增加的趋势。法务会计一般在下列情况下提出法务会计的诉讼支持：

(1)刑事诉讼中，公诉机关在审查起诉的过程中，遇到一些与案件事实认定相关的财务会计、财务会计信息或者财务舞弊等专门性的问题时。

(2)证据是审判的核心。刑事诉讼中，在审判阶段分析鉴定当事人的经济活动的违法性，并固定相关证据，是进行法务会计工作的主要目标。

(3)民事和行政诉讼中，起诉前的诉讼支持准备包括撰写报告、推导因果关

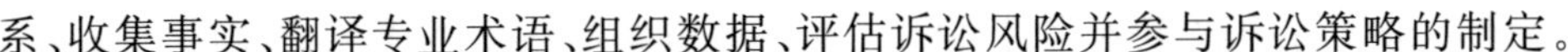

系、收集事实、翻译专业术语、组织数据、评估诉讼风险并参与诉讼策略的制定。

(4)法院在决定受理案件以后，正式开庭审理案件之前，诉讼支持包括各种法律文书的形成过程和双方当事人的和解尝试。

(5)开庭审理阶段，法务会计人员可以接受当事人双方委托的律师对其进行直接询问和交叉询问，为委托客户获取胜诉提供强有力的证据保障。

(6)诉讼后阶段，法务会计可以帮助当事人及其委托的律师分析判断判决、裁定对己方的影响，并根据当事人的情况做出进一步建议。

(7)其他需要法务会计诉讼支持的事项。

第三节　基于诉讼支持的法务会计概念框架

一、基于诉讼支持的法务会计目标

基于诉讼支持的法务会计目标作为法务会计理论框架的基础，处于法务会计的中心地位，法务会计及其理论是建立在其基础之上的。基于诉讼支持的法务会计目标是指法务会计运行所期望达到的目的或境界，法务会计为哪些人提供何种信息，以及满足使用者的哪些需要。在我国目前的司法制度下，司法鉴定启动权属于法官，当事人虽然有权提出建议或申请重新鉴定但无权做出决定。我国的司法鉴定主要是由法官来决定的，这与英美法系中控辩双方都具有鉴定权不同。我国目前法务会计的目标，主要是为了法庭审判，也就是为诉讼支持服务的。法务会计的其他服务如企业舞弊调查等，都处于起步阶段。法务会计的目标应当是向法务会计的委托人或者授权人提供下列信息：一是解释财务、会计和审计相关问题，以有助于法务会计委托人或授权人理解已获取信息的内容、评估已获取信息的质量；二是向法务会计报告使用者提供有关案件审判等与决策相关的信息。法务会计的目标不是一成不变的，随着法务会计业务范围和职能的不断扩展，社会经济环境的不断变化，法务会计的目标也将发生变化。可以预见，我国将会逐步向西方的对抗式诉讼模式转变，如准许民事诉讼的原被告提供专家证人，法务会计的目标也会发生相应转变。因此，在确定法务会计的目标时，应在立足本国基础上充分借鉴其他国家的经验。我们认为基于诉讼支持的法务会计的目标应该是为可能的诉讼当事人、律师、法院提供诉讼的支持。具体目标包括：

(1)确认财务事项。基于诉讼支持的法务会计应以最快的速度明确辨认有重大意义的财务事项，并将自己的认定建立在经验和知识的基础上，以解除冲突双方的抱怨、质疑和谣言的影响，并且该认定是切合商业实际的。这是有效进行诉讼支持的前提。

(2)运用调查技巧，鉴定财务会计事实。为证实或否定已确定的财务会计问题、解释质疑和判别断言，必须进行相应的调查取证。这不仅包括相关财务会计文件资料的查找，还应通晓一般公认会计准则、财务报表披露、内部控制制度以及公司的背景资料，这是法务会计提供诉讼支持的必然过程。

(3)准确计量损失，确保损害赔偿。损害赔偿是违约侵权方用金钱补偿另一方由于其违约所遭受到的损失或赔偿因侵权造成的损害，包括财产损失赔偿、产品损害赔偿、人身伤害赔偿、精神损害赔偿、侵权损害赔偿、环境损害赔偿等。各国法律均认为损害赔偿是一种比较重要的救济方法。所有损害赔偿的关键在于确定赔偿范围、具体项目的损失计量。损失计量是指运用适当的方法对违约行为、侵权行为、人为事故、环境侵权、自然灾害等各种损害赔偿的经济损失、损害后果进行货币计量的过程。任何一门学科均不能完成损失计量问题，只有融会计学、审计学、法学等多元学科为一体的法务会计，才能运用专业方法，准确计量损失，为损害赔偿的诉讼法律事务提供专业支持。

(4)相关的证据认证。判别证据好坏也是基于诉讼支持法务会计的一个目标。法务会计人员在诉讼中提供的证据应具有可信度，做到客观公允，能为法院所接受。认证证据时必须运用法务会计专门知识，以清醒的头脑，运用判断、推理等方法认真核实证据，分析判断证据的特性，从复杂的证据中理出主线，并围绕该主线对全部证据进行综合分析，逐一排除疑问和矛盾。

(5)解释相关财务信息。法务会计能够做到不偏不倚、客观地解释某一财务信息。而且该解释是有利于公众理解的，具有可检测性。全面评价和“可信服”应成为判别这一解释是否客观的标准，并且不受任何限制。

(6)表达调查结果。法务会计必须有能力以普通人能明白的方式明确表达其调查结果，以达到使公众信服的举证作用。

二、基于诉讼支持的法务会计假设

（一）基于诉讼支持的法务会计主体假设

法务会计主体是法务会计调查和鉴定的执行者，法务会计主体的活动范围和活动结果必须符合诉讼要求，其结论应有一定的权威性。法务会计主体假设实质上是法务会计的前提。开展法务会计活动、提供法务会计意见必然有执行主体。规定法务会计主体对法务会计活动有其意义：在启动法务会计时，必须确定法务会计主体与客体的分离，否则法务会计调查和鉴定就没有意义，这也是法务会计的独立性；法务会计主体活动及其结果必须有所依据，这种依据或者是法律，或者是契约及准则。

（二）可验证性假设

可验证性假设是指法务会计人员所收集的财务资料等证据是可验证的。可验证性明确了不同的人员通过检查相同的证据、数据和记录，能够得出相同或相近的结论。该假设是不言而喻的，因为如果脱离可验证性假设，法务会计人员的结论就没有可以依靠的证据，也就根本无从检验其真伪。可验证性假设包含了对法务会计活动的证据界、证据能力和证明力的规则要求。证据界是指一切可以证明案件真实情况的；证据能力是指证据的适格性，即证据资料可以被采用为证据的资格，如物证必须是原物的规则等；证明力是指证据的价值，如仅凭口供不得作证等。

（三）货币计量假设

法务会计关注的是法律事项或经济纠纷中的会计问题，特别关注的是金额方面的损失，要查实法律事项涉及的财产损失、纠纷金额、犯罪金额等财务数量信息。由此，其与财务会计一样需要货币计量假设。需要说明的是，由于法务会计最主要的目的是为法律鉴定或法庭作证提供专家性意见的证据，为了将调查结果恰当准确地表达出来，注重货币计量与非货币计量“双管齐下”，计量中也会参考运用法学、证据学方面的计量方式，如调查表、流程图等计量手段，同时也会用实物指标反映，另外还可以用文字叙述来说明具体原因和情况。

（四）犯罪留痕假设

“按照刑事侦查原理，任何犯罪都必然要留下痕迹。经济犯罪与其他刑事

犯罪在客观表象上存在很大不同,经济犯罪大多没有犯罪现场和公开的、可见的犯罪结果。但是我们有充分的理由推论:任何经济犯罪与欺诈行为必然会在有关的会计资料中留下犯罪痕迹,犯罪痕迹中蕴含着大量的犯罪信息,只要法务会计人员恰当地运用有关的技术与方法,就可以从财务会计资料中发现有关的犯罪线索和犯罪事实,并可以通过取得记录着犯罪行为的会计证据来证实和揭露犯罪与欺诈行为。"[1]

延伸这一定义,笔者认为,财务舞弊、会计责任、审计责任也都是有一定痕迹可查的。

三、基于诉讼支持的法务会计原则

法务会计的原则是进行法务会计所应遵循的规则,也是对法务会计进行评价和判断的原则。为规范法务会计活动,保证司法鉴定质量,应当遵循依法、独立、客观、科学和公正的鉴定原则。

(一)独立、客观、公正、真实原则

法务会计人员在执行业务过程中应保持实质和形式上双重独立,确保与当事人之间毫无利害关系,保持客观公正地发表意见。对有关事项的调查、判断和意见的表达,应以客观事实为依据,独立地根据调查结果,公平、公正地提供专家性意见,以维护法律的尊严和社会经济秩序。我国和国外的相关法律都要求有利益冲突的鉴定人回避,这种要求是为了保证达到客观公正性。

独立鉴定原则是指司法鉴定人在鉴定过程中要依法独立行使自己的职权,不受任何机关、团体和个人的意志左右,不偏不倚,不枉不纵,不讲个人情面,不接受贿赂或徇私舞弊,不受外界的干扰,独立地对鉴定事项作出科学的鉴别和判断,提出鉴定意见并对鉴定意见负责。《决定》第 10 条规定:"司法鉴定实行鉴定人负责制度。鉴定人应当独立进行鉴定,对鉴定意见负责并在鉴定书上签名或者盖章。多人参加的鉴定,对鉴定意见有不同意见的,应当注明。"这是确立司法鉴定独立鉴定原则的法律依据。

独立鉴定原则包括三层含义:一是司法鉴定人独立地进行判断;二是司法

---

〔1〕 张苏彤.法务会计研究.北京:中国时代经济出版社,2009.

鉴定人以科学技术标准独立进行判断；三是独立地提出鉴定意见并对鉴定意见负责。因此，要实现鉴定的公正必须做到司法鉴定人的独立，这既是鉴定的中立性属性的内在要求，也是确保鉴定活动和鉴定结论公正性的关键。鉴定程序和实体的公正性必须通过鉴定主体去实施。若鉴定主体不能独立实施鉴定，鉴定过程与结果都可能不公正。独立鉴定原则在司法鉴定基本原则中处于重要地位。

法务会计必须忠实于客观事实真相，从一切认定的实际出发，实事求是地反映客观事物的本来面目，不掺杂任何假设、猜测的因素，克服主观臆断。比如，对白条的处理，就与审计中对白条入账的处理有原则的区别，审计可能不接受白条入账，而法务会计中只要判定白条是真实的，是双方真实意思的表达，就应予以认可。

（二）合法性原则

法务会计是为司法机关的诉讼活动服务的，是鉴定经济犯罪和经济纠纷案件中有关的财务事实，具有很强的政策性和法律性，必须依法进行。所谓合法性：一是证据的主体必须符合有关法律的规定。如根据我国现有法律，不具有鉴定资格的人做出的鉴定结论不符合合法性标准。二是证据必须具备合法的形式。诉讼法律对证据的种类作了明确的规定，同时对各种证据的型号也作出明确的要求。如物证、书证必须附卷，不能直接附卷的要通过照相、录像、制作模型等方式附卷。鉴定结论必须采用书面形式，鉴定报告必须有两个鉴定人签名等。三是证据必须依照法定程序和方法搜集或提供，法律严禁刑讯逼供和以威胁、引诱、欺骗以及其他非法的方法搜集证据，严禁伪造、隐匿证据。

合法原则包括主体的合法以及法务会计的内容、手段和程序的合法。合法原则贯穿于各个司法鉴定环节，从司法鉴定机构和司法鉴定人执业主体资格的获得，鉴定的委托受理，实施鉴定的方法、程序和标准，出具鉴定意见都必须符合法律的规定。因此，合法原则对于规范和指导司法鉴定活动具有重要意义，是评断鉴定过程与结果是否合法和鉴定结论是否具备证据效力的前提。

（三）相关性原则

法务会计信息的相关性是指法务会计专家的意见或结论与需要认定的、有争议的事实相关。从法律上讲，这种相关性要求法务会计专家的意见对案件的判定具有实质性的影响。证据与案件事实的联系必须是客观的，不存在客观联系的事实不能成为证据。法律规定对收集到的各种证据，必须经过查证属实才能作为定案的根据，除须查清证据确系客观存在的事实外，还必须查清证据确与案件存在客观联系。因此，证据调查人员审查判断证据时，不仅要对证据是否客观存在的事实作出认定，还必须对证据与案件是否存在相关性作出正确的判断。

法务会计在整个鉴定工作中必须是针对司法机关（侦察机关、检察机关、审判机关）要求解决鉴定的特定财务会计专业的疑难问题进行鉴定，鉴定要与解决的实质性问题相联系，只能对提请鉴定的财务会计问题表达结论意见。比如少计收入通常会对企业的收入额、所得税额、利润额等财务指标产生影响，如果提请鉴定只是对少计收入的问题，那么，鉴定就是认定少计收入对收入额的影响，而对其他财务指标的影响则不予考虑；如果提请鉴定的是所有者权益问题，则应对收入、成本、资产、负债均据以审计，从而认定对所有者权益的影响。

（四）专业性原则

法务会计要有一定的专业要求，依据一定的技术标准，比如《刑事诉讼法》、审计准则、财务会计制度等。通过检验财务会计资料，对案件中的财务会计问题进行技术鉴定，应具有较高的知识修养和丰富的经验，对鉴定结论要经过反复推敲。专业性原则是为了保证法务会计工作的精确性和科学性。它体现在两个方面：首先，法务会计人员必须具有相应的会计、审计和法律专业知识；必须采用专门的技术手段和方法进行鉴定。其次，其鉴定结论只能从会计专业知识方面作出科学的判断，而不是确定法律的适用。会计鉴定结论的采用由司法机关决定。

（五）充分性原则

法务会计目标所依赖的证据都形成一个体系，这个体系内的证据数量、类别和性质状态都因目标的不同而不同。因此，充分性原则是指必须有一定的证据量，从而保证该法务会计目标下的证据体系的定整性。在法律判案时，对证据的数量有时可以通过立法来规定。但是对于法务会计人员来讲，如何把握充分性这个度，原则上应当做到两点：一是所有法务会计人员的认定都有相关的证据去支持；二是法务会计人员所作的每一项认定之间所支持的证据没有相互矛盾。

（六）排伪法原则

排伪法是法律用语，是指利用事物的规律性来排除一些伪证的方法或法律规定，这是法务会计证据运用的原则之一。对于法务会计人员来讲，要调查清楚事件的真实性，有时候会陷入证据的海洋之中。而法务会计人员本身的工作是需要时间、成本、精力投入，要在有限的时间内获得充分的、具有可采性的证据，则必须去除那些自相矛盾的、不正确的证据或数据。这些数据或证据有些是因为被调查者言不由衷的假证，有些是因为偶然巧合形成的，容易迷惑真相。一般来讲，排伪法包括：关联法则，即利用证据的关联性排除伪证的法则；矛盾法则，即利用事实之间的矛盾排除伪证的法则；实践法则，即通过实践排除伪证的法则。在国际上，法务会计人员常用的五步调查法中，有一个步骤是系统地净化数据，这是排伪法原则的具体体现。

第三节 基于诉讼支持的法务会计业务

一、基于诉讼支持的法务会计业务活动

法务会计常以专家证人或鉴定人等身份活跃于调查取证、庭前准备、审理与上诉等各个诉讼支持环节，提供的服务内容广泛，主要包括在诉讼前帮助委托人进行诉讼风险评估、相关文件来源分析、收集相关证据资料、对会计资料进行鉴定、代理委托人出席预审协商会议、诉前诉讼策略制定、与证人面谈、律师辩护状相关会计问题咨询、参与谈判、评论对方专家报告、准备详细陈述报告、对涉案相关事项价值计量、在法庭陈述专家证言等服务项目。根据谭立[1]的研究，基于诉讼支持的法务会计业务活动主要表现为：

(1)评估诉讼风险并参与诉讼策略的制定。诉讼耗时费力，如若败诉将使当事人遭受重大损失。法务会计人员可以帮助客户评估诉讼风险，预计诉讼成本与收益，以判定提起诉讼在经济上是否可行。如果提起诉讼，法务会计人员可进一步协助律师或当事人从会计事实和证据角度，分析自己的优势和弱点，

---

〔1〕 谭立.法务会计的诉讼支持业务——注册会计师的业务新领域.事业财会，2005(6).

制定最有效的诉讼策略，争取胜诉机会。

(2)审查、鉴定和收集财会事实证据。法务会计精通会计实务，熟悉诉讼程序和证据规则，以其专业特长可迅速、准确地收集、恢复和固定相关的财会事实证据，发表具有说服力的专家意见，以支持委托当事人一方的诉求或反驳对方当事人的主张。同时，通过对会计资料和相关文件的审查、鉴定，以去伪存真，帮助公安司法人员、当事人及其律师等及时查清相关的财会事实，为案件或纠纷等法律事项的正确处理奠定坚实的基础。

(3)咨询及参与谈判。在案件或纠纷等法律事项处理过程中，公安司法人员、当事人及律师等可能经常遇到有关的财会问题，需要法务会计人员随时提供帮助。因此，有时法务会计人员受聘为他们的专业顾问，为其提供及时的咨询服务或专项调查。如果当事人之间自行协商解决纠纷，法务会计人员往往作为当事人或其律师的助手参与协商谈判，以澄清有关的财会事实。

(4)会计与审计准则遵守情况的认定。在弄虚作假等会计违法犯罪案件中，对于虚假财务信息是否由于会计人员的故意或重大过失造成，会计和审计人员的行为是否遵守了公认会计准则和审计准则，是认定其是否承担法律责任的首要前提。因此，在这类案件的财会事实查证中，法务会计人员的首要职责就是对会计与审计准则的遵守情况进行认定，为法律工作者办案提供有力的专家证据。

(5)损失计量。在涉及财产权益的案件或纠纷处理中，关于如何确定损失范围、损失内容和计算方法等问题专业性强、争议性大，常常使当事人及其律师倍感困苦。在我国，学术界、司法界和律师界曾经提出的损失计算方法不下七种。选用方法不同，损失计算结果往往也有所不同，甚至差异很大。这就给案件或纠纷的解决带来极大困难，因此将该种难题交给专业人士更为适当和富有效率。在美国，涉案律师可以聘用法务会计人员参与诉讼案件的损失计算活动，一方面与律师进行充分沟通、检查相关书证，形成对案件的初步评价，并进一步确定损失范围、考察计算方法合理性以及相关法律的具体规定；另一方面检查对方专家所提出的损失报告，并对其主张中的优势和弱点进行分析，拟定相应对策。因此，诉讼中利用法务会计人员的专业特长以解决损失计量问题，已成为法务会计的一项主要业务。

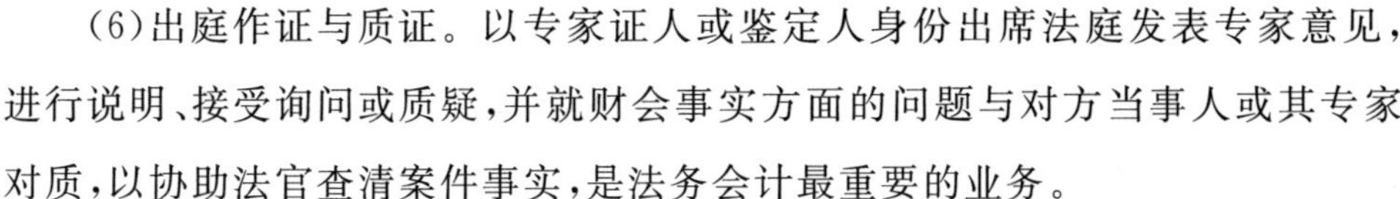

(6)出庭作证与质证。以专家证人或鉴定人身份出席法庭发表专家意见，进行说明、接受询问或质疑，并就财会事实方面的问题与对方当事人或其专家对质，以协助法官查清案件事实，是法务会计最重要的业务。

二、法务会计在诉讼环节的应用

根据我国的现状，法务会计在诉讼环节的具体应用可以细分为在刑事诉讼中的应用和在民事(行政)诉讼中的应用两方面。

(一)在刑事诉讼中的应用

法务会计在刑事诉讼中的应用，主要体现在审查起诉和审判两个阶段中。其具体表现为法务会计的检查职能和鉴定职能。

1.审查起诉阶段

公诉机关在审查起诉的过程中，经常会遇到一些与案件事实认定相关的财务会计等专门性的问题。此时，公诉机关需要聘请会计师来解决相关财务会计事实的认定问题。在这个阶段，主要借助于法务会计进行诉讼风险评估、相关文件来源分析、收集重要书证、相关会计资料文件鉴定，以帮助公诉机关确定犯罪嫌疑人是否达到法定的起诉标准。如在对经济类犯罪案件的审查中，法务会计人员通过对案卷中的财务会计资料、侦查阶段的法务会计鉴定书、犯罪嫌疑人口供、证人证言等进行审查、核实，来帮助公诉机关决定如何开展下一步诉讼工作。

2.审判阶段

证据是审判的核心，分析鉴定当事人的经济活动的违法性，并固定相关证据，是进行法务会计工作的主要目标。在证明案件事实上，除个别情况外，很少有财务会计资料既能单一又能直接全面地证明案件的特定事实，绝大多数单一账务存在证明不周全的情况。因此，在案件事实的证明上，急需要财务会计资料之间的相互印证，也需要搜集与之相关的其他证据，以便组成一个完整的证据体系。这些需要通过法务会计行为来固定财务会计资料证据。作为经济活动的记录，财务会计资料因具有账务后果而大多较为客观、真实、可靠。

(二)在民事(行政)诉讼中的应用

法务会计在民事(行政)诉讼中的应用包括诉前、诉中和诉后,具体表现为以下方面。

1.起诉前的应用

起诉前的诉讼支持包括撰写报告、推导因果关系、收集事实、翻译专业术语、组织数据、评估诉讼风险并参与诉讼策略的制定。诉讼耗时费力,如若败诉将使当事人遭受重大损失。法务会计人员可以帮助客户评估诉讼风险,预计诉讼成本与收益,以判定提起诉讼在经济上是否可行。如果提起诉讼,法务会计人员可进一步协助律师或当事人从会计事实和证据角度,分析自己的优势和弱点,制定最有效的诉讼策略,争取胜诉机会。如确定起诉后,法务会计借助对案件的事实分析来判断是在哪家法院起诉,依何种法律起诉,以什么事由进行起诉,获得赔偿多少等。

2.法庭审理前准备阶段的应用

法庭审理前准备阶段是指法院在决定受理案件以后,正式开庭审理案件之前,当事人之间交换起诉状和答辩状的诉讼阶段。在这一阶段中,法务会计人员的作用主要体现在以下两个方面。

(1)在各种法律文书的形成过程中,法务会计起到了重要作用。如在起诉状中帮助原告对可获得金钱赔偿数额进行计算,在答辩状中帮助被告对原告所列事实和损害赔偿进行否定和抗辩,甚至还可以基于事实分析协助当事人提出反诉。同时,双方的法务会计人员也可以帮助当事人就诉讼过程中发生的特定事项向法院提出咨询书,协助当事人分析对方掌握的证据,比较和解、审判及其他解决方式的利弊,从而帮助当事人做出明确选择,以节省审判所需时间和开支,避免审判的不确定性。

(2)由于在这个阶段双方当事人充分了解了对方的诉讼主张及其相关证据,对与案件有关的事实和法律问题也已经取得了一定的共识,这些都促使双方当事人现实地考虑对方的意见和要求,从而有可能达成庭前和解。现阶段我国的民事案件和行政案件很多在进入开庭审理之前就用和解的方式对有关争议进行了解决。那么在这个过程中,法务会计就起到了非常重要的作用。

3.开庭审理阶段的应用

开庭审理阶段是整个诉讼程序的核心环节，是审判人员对当事人之间的争议进行实质审理并做出裁判的重要阶段，也是最能充分展示法务会计重要作用的阶段。在这个阶段中，法务会计人员所拥有的丰富的知识和庭前进行的充分的准备工作，使得他们可以接受当事人双方委托的律师对其进行直接询问和交叉询问，为委托客户获取胜诉提供了强有力的证据保障。此时，法务会计的职能与前一阶段相比更注重的是弥补法律专业语言与相关的财会专业语言之间的差异，协助法官查清案件事实。

4.诉讼后阶段的应用

当审判人员作出最终的裁判后，有关的当事人如果认为在审理过程中存在错误，可以通过申请重新审理或提出上诉的方式进一步寻求司法救济。此时，法务会计可以帮助当事人及其委托的律师分析判断判决、裁定对己方的影响，并根据当事人的情况做出进一步建议。如法务会计认为裁决依赖的证据不充分，或者是基于虚假证据做出的，或者是裁决的数额明显过高或过低或是违背了法律的规定，都可以建议己方当事人要求法官重新审理。法务会计若在庭审之后发现了足以推翻事实的新证据，也可以建议己方当事人要求法官重新审理。

三、基于诉讼支持的法务会计的最终成果——法务会计报告

（一）法务会计报告的内涵

法务会计的工作结果一般都要用报告的形式系统地表达出来，以供委托人使用和参考。法务会计报告是法务会计工作人员在接受委托后，根据有关的财务会计资料、卷宗材料以及其他相关的资料等，对案件或纠纷等法律事项涉及的财务会计问题进行解释、说明并作出专业判断所形成的一种书面结论性文件。由于诉讼支持业务内容和使用对象不同，每项业务内容所依据的法规不同和执行部门本身文件格式的统一规范要求不同，法务会计报告的格式内容也会不同。但法务会计必须首先申明所依据的法律、法规，所根据的具体财务会计及相关资料，采用的相关专业方法以充分说明其合法性、客观性和公正性；其次要有明确的结论，当证据充分，方法选择适当，应当给出结论，但当证据不够充

分时，“报告”在陈述理由后，也可以得出无法做出明确意见的结论。在法务会计报告的措词方面，由于法务会计报告最终是解决法律事项中的会计问题，而不是法律裁决书，因此，不能使用法律中的定性概念（如偷税、贪污、侵吞、挪用等），法务会计师不应对当事人的有罪、无罪表示任何意见，也不应对证人证言或证人陈述表示任何意见或结论。因为法务会计报告不是法律裁决书。这样才能保持法务会计报告的客观性、独立性和公正性，以满足法律鉴定的需要。

（二）法务会计报告的编制要求

法务会计报告的书写应当符合一定的要求。一般而言，要求在填写时仔细认真，内容要符合法律法规和会计规则的相关规定。

1 报告的书写力求精练完整，分清主次

法务会计报告的内容主要包括案由、案件的受理情况及检验所见的财务会计事实等。法务会计受委托处理的案件纠纷通常涉及内容较多，因而要求概括、精炼。特别是法务会计鉴定涉及的事实材料时，通常应当概括表述因鉴定涉及的材料，没有必要对案件涉及的全部材料进行重复记录。

2. 报告中的分析论述要符合逻辑

所谓报告中的分析论述要符合逻辑，是指法务会计人员在形成业务报告的过程中，要遵循一定的逻辑。从理论上讲，法务会计报告应当是按照法务会计人员一定的逻辑思维方式形成的，是具有明显逻辑层次的书面呈报形式。如果法务会计报告没有按照一定的逻辑书写，即使内容真实、结论正确、符合客观实际，往往也因为不存在逻辑性而难以被司法审判机关所认可接受，最终降低了其作为审判依据的可能性。

3. 法务会计报告的结论要明确

法务会计报告是法务会计工作人员的最终劳动成果，它最重要的价值在于作为证据而被审判机关所采纳，为审判机关查清案件的事实提供帮助。因此，法务会计报告必须具有明确的结论，对委托方提出的鉴定或其他要求作出答复。

第二章　基于诉讼支持的法务会计理论基础

第一节　基于诉讼支持的法务会计之法理基础

一、基于诉讼支持的法务会计的法学基础

法务会计结构的逻辑起点是法务会计的法律环境，因为法律环境是影响法务会计建立与发展的最重要的因素。法律环境是指会计公司所在国度的法律环境或其所面临的国际法律环境。国际投资、国际贸易和跨国公司等业务所涉及的法务会计问题是国际法务会计范畴，必须以所在国的法律及相应的国际法为依据。世界范围内有影响的法系是以英国、美国、加拿大和澳大利亚为代表的普通法系，以及以法国、德国、意大利和西班牙为代表的大陆法系；此外，还有中国法系及印度法系。国际法又可划分为国际公法、国际私法、国际经济法和国际贸易法等。我国的法规体系是由宪法、法律、行政法规、地方性法规和部门性规章构成；我国的诉讼法包括民事诉讼法、刑事诉讼法和行政诉讼法。我国的法规体系是我国法务会计的依据，其决定和制约法务会计所提供的侦察审查、函证检验、鉴定结论和专家意见。

法务会计的法律依据既包括民法、经济法（会计法、审计法、税法、金融法）、诉讼法（刑事诉讼法、民事诉讼法、行政诉讼法），又包括行政法、刑法、商法、国际法（国际公法、国际私法、国际商法、国际经济法、国际贸易法）。上述法律是鉴别和证明会计证据，提出会计专家鉴定结论的法律依据。

二、基于诉讼支持的法务会计与正当程序

正当程序(Due Process)又称法律的正当程序或正当的法律程序。从民事诉讼的角度来说,正当程序系指那些能确保当事人获得中立的法官平等保护的权利,并贯彻当事人诉讼主体性原则,同时体现效益性的程序,而这些程序又能最大限度地引导裁判实现司法公正。它作为一条重要的法治观念与宪法原则,起源于13世纪的英国,发展在美国,并为国际社会普遍接受。"正当程序"作为普通法的基本要求,法庭在对任何一件争端或纠纷作出裁决时应绝对遵循"自然正义"原则。这个原则包含两项具体要求:第一,任何人均不得担任自己诉讼案件的法官;第二,法官在制作裁判时应听取双方当事人的陈述。"自然正义"的两项要求均与程序有关,是判断有关法律程序本身正当性和合理性的标准。随着时间的推移,在世界范围内,注重程序公正日益成为现代法治国家共同的价值取向。我国随着法制化建设的不断深化,诉讼中的程序正当越来越被重视。

(一)正当程序的内涵

据美国《布莱克法律辞典》的解释:"程序性正当程序的中心含义是指:任何权益受判决结果影响的当事人都享有被告知和陈述自己意见并获得听审的权利……合理的告知、获得庭审的机会以及提出主张和抗辩都包含在'程序性正当程序'之中。"正当程序是英美法系的一条重要的宪法原则;程序公正观念本身产生于英国,并为美国所继承和发展。在英美法中,程序公正观念经历了自然公正观到正当程序观的相继演变阶段。正当程序也经历了一个内容不断得到扩充和发展的过程。当初的正当程序主要内容是有权向不偏听偏信的裁判和正式法院陈述案情;有权知道被指控的事由(事实和理由有权对控告进行辩解。后来,正当程序的内容扩大到了对政府权力的限制,即实质性的正当程序。美国宪法第5条修正案关于"非经正当程序,不得剥夺任何人的生命、自由和财产"的规定,说明美国宪法规定的正当程序已包括了实质性正当程序和程序性正当程序两个方面。内容前者是对政府权力的实质性限制,后者才是对解决争端程序必须公正合理的基本要求。程序的正当性包含的价值是程序的中立、理性、排他、可操作、平等参与、自治、及时终结和公开;通过正当程序达到宪法的

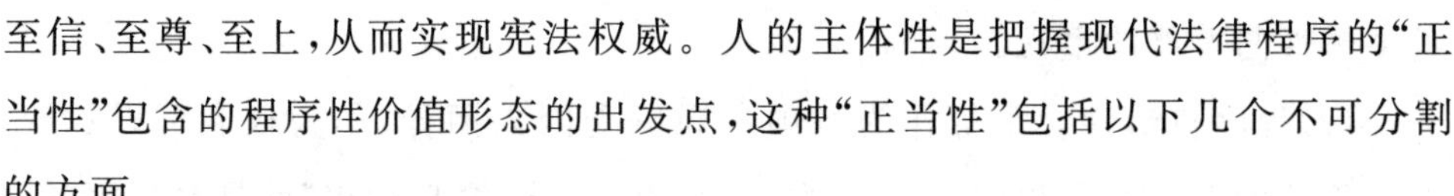

至信、至尊、至上，从而实现宪法权威。人的主体性是把握现代法律程序的“正当性”包含的程序性价值形态的出发点，这种“正当性”包括以下几个不可分割的方面。

1. 法律程序对程序主持者的“正当”要求

法律是一种普遍性的规范系统，因此必须具有确定性以排除恣意。法律的确定性意味着法律规定了一定行为与一定后果之间的稳定的因果关系，使相互行为可以预计与控制，从而获得社会生活的安全感。因此，对程序主持者的“正当”要求如下：

(1)中立性。“任何人均不得担任自己诉讼案件的法官”，这一程序正义原则包含的理念在于确保各方参与者受到裁判者平等的对待：与程序法律结果有牵连的人不能成为程序主持者；作为程序主持者与接受程序法律结果的法律主体任何一方不得有利益或其他方面的联系。中立性的原则需要通过一系列的制度来保证，如程序主持者的资格认定、回避制度、权力制约等。

(2)程序理性。程序主持者的程序行为以确定、可靠和明确的认知为基础而非随机。这要求：程序主持者阐明决定理由；程序主持者不应享有不必要的自由裁量权。

(3)排他性。对程序法律没有规定程序决定权力(包括授权)的社会主体参与程序主持的行为予以排斥，法律程序是法律结果的唯一的决定过程。

(4)可操作性。程序法存在的价值之一就在于为法律行为提供明确的指引。程序法律规范要符合法律规范的构成要件，要有明确、具体、相互衔接而非抽象的行为模式以及违反法定程序应承担的法律后果的规定。实体法要求概念明晰，避免歧义，而程序法重在步骤明确、有序，以有效地与恣意抗衡。

2. 接受程序法律结果的法律主体对法律程序的“正当”要求

(1)平等参与性。法律面前人人平等意味着无差别对待，权利义务相当，即不允许出现无义务的权利和无权利的义务。程序参与表现为信息获得与传递机会，即被告知和听取陈述意见的机会。平等参与性就是保障接受程序法律结果的法律主体在相同条件下(时间、方式、内容、数量等因素相同)从程序主持者获得相关信息并有相同的机会向程序主持者陈述自己的看法。参与不仅有助于选出合格的领导、制定高质量的法律、调查案件的事实真相，更可以体现对人的主体性与尊严的重视。

(2)程序自治性。平等作为一项主观感受因人而异,作为权利可以放弃。对不平等的反抗即是程序公正的要求。因此,程序的“反抗权”就是对程序的自愿参与。这种自治性是同意而非强迫。投票不得强制、听证不必非要参加、民事诉讼程序当事人可以不出庭、刑事被告人可以拒绝回答等就体现了程序自治。

(3)程序人道性。接受决定者被人道地对待,其隐私受到尊重。

3.程序法律行为的及时终结性

对程序法律主体而言,程序是对程序法律行为的时序性要求。它包含的要求是:有对程序法律行为完成的时间的明确要求,人们通常要么指责法律程序草率,要么指责程序主持者久拖不办,就从反面指出了及时的价值;通过法律程序产生一项终结性的程序结果,该结果不能够被随意推翻,对该结果的修正必须通过启动另一个法律程序来进行。

4.程序法律的公开、透明性

公开、透明性是对程序法律本身的要求。现代法治原则的发展要求统治者以公布的成文法来进行统治,它要求:程序法律必须公布,这是程序法治的要求。对程序法律主体而言,公开的程序规则的存在是他们规划行为、预见结果的依据;程序法律对程序过程本身透明提出明确要求,即法律程序诸要素为公众知晓。它的对立面直接指向“暗箱操作”,如在刑事审判中表现出的秘密审判。

我国的刑诉法理论经历了由感性司法到理性司法、藐视人权到保障人权的过程,在这个过程中司法会计鉴定的理念相应地也取得了巨大进步。目前的司法会计理论认为,司法会计鉴定结论本质上是一种专家证言,但这种证言不同于普通的证人证言,普通证言所证实的内容是由证人感官所直接感受到的,证人只需如实表达即可。而司法会计鉴定结论则是司法会计专家在观察、查阅财务会计资料的基础上,运用会计专业逻辑判断的结果,鉴定人意志上是否独立、工作机制(逻辑推理)是否严谨、身份定位是否专业将影响到这种专家证言的客观性或科学性。[1]

（二）程序与法务会计的独立性、严谨性、专业性保证

那么就提出了如何在法律上保证实现这种独立性、严谨性、专业性的问题，解决这一问题的方案即是基于诉讼支持的法务会计业务过程中的正当程序。

因此说，法务会计业务过程中的正当程序即是与保证法务会计实现独立性、严谨性、专业性相关的诉讼支持的环境、机制、理念。

1. 基于诉讼支持的法务会计活动应保持独立性，坚持独立的诉讼支持环境

基于诉讼支持的法务会计活动必须坚持独立性原则，这是由于科学技术自身的特殊性和诉讼对证据的要求所决定的。从本质上讲，基于诉讼支持的法务会计活动必须独立进行，才能有利于结论的客观性、科学性、真实性、公正性。

基于诉讼支持的法务会计活动应坚持独立性原则。在司法鉴定过程中，其独立性原则主要体现在五个方面：

（1）法务会计机构要相对独立。法务会计机构必须是独立的法人组织；鉴定人的活动，包括鉴定方案的制订、鉴定的实施、鉴定结论的出具、鉴定人出庭质证等必须独立进行，司法机关和鉴定机构负责人不得暗示或干预。

（2）鉴定人必须在法务会计机构执业。法务会计机构对鉴定实施日常管理，对鉴定人的活动应提供必要的条件和保障，但不能干预鉴定结论，不能要求或暗示鉴定人出具某种结论。鉴定活动不受机关、团体、社会组织和个人的非法干扰，诉讼当事人干扰鉴定活动要承担相应的法律责任。

（3）法务会计机构之间是平等的、独立的，相互间无隶属关系，鉴定结论不受相互制约和影响，无服从与被服从关系。

（4）实行鉴定人负责制。鉴定人的活动应对鉴定结论承担法律责任，必须在鉴定书上签名或盖章。多人参加鉴定，对鉴定结论意见不一致的，应当在鉴定书上分别注明不同意见的人数及其理由。鉴定过程中，任何机关、团体、社会组织和个人不得非法干预鉴定人的活动。鉴定结论实行鉴定人负责制，不能以少数服从多数办法强行统一。

（5）司法鉴定活动坚持独立性原则与依法接受法律监督两者并不矛盾，而

---

〔1〕 刘秋岭.司法会计鉴定与正当程序.中国司法鉴定，2005(A01)：13.

是相互制约、相互促进，其共同目的在于确保鉴定活动及其结果的客观性、公正性。

2.基于诉讼支持的法务会计活动应保证严谨性得以实现的机制

比如，司法会计鉴定过程本质上是一个在查阅财务会计资料的基础上运用专业技能进行逻辑推理的过程，要使这种逻辑推理的结论具备科学性，需要解决许多问题。这些问题包括：

(1)鉴定结论的得出需要建立在怎样的财务会计资料平台之上？

(2)鉴定结论所推理的事实怎样才能具备排他性？

(3)鉴定结论所能够反映的事实应限定在多大的范围？

(4)在鉴定过程中，对所运用的鉴定手段应如何规范才能具备可比性和可评价性？

为解决这些问题，司法会计鉴定理论应运而生。对应问题(1)，提出了司法会计假定理论。司法会计假定，是指在司法会计理论研究和司法实践中，已经或必须确认的一些基本前提。司法会计假定理论的出现，为反对和防止“感觉鉴定”(在财务会计资料不充足的情况下，凭感觉甚至凭口供和证言出鉴定结论，或者在无法取得财务会计资料检验结果的情况下，直接以会计资料为依据对财务问题作出结论，结果制造了很多错案)的作出提供了有力的支持。对应问题(2)，提出了财务会计错误理论，对财务会计错误出现的过程进行剖析，来向大家说明，财务会计的错误不一定就是嫌疑人(被告人)的行为造成的。对应问题(3)，提出了财务事实和会计事实的区分理论。该理论明确了这样一个观念：财务事实只能由财务资料直接证明，会计事实只能由会计资料证明，两者之间只能间接证明。对应问题(4)，提出了司法会计的标准问题，以规范鉴定行为，在同一事项进行鉴定而得出不同的结论时能有一个衡量标准(其实，前三项理论本质上也是属于鉴定标准)。

上述几套理论，事实上都是为实现鉴定结论的生命——严谨性而服务的，角度不同而已。

3.基于诉讼支持的法务会计活动应保证专业性得以实现的理念

法务会计活动中有关的案件事实有四种：客观事实、财务事实、会计事实、法律事实。法律事实又称法律真实、形式真实，是指司法机关在诉讼程序中认定的案件事实，是司法机关按照法定程序收集的、依照证据规则通过的证据所能证明的“事实”，是通过证据对客观事实的“再现”或“复原”，即司法机关依据法定程序以在案的既有证据认定的案件事实；而客观事实又称客观真实、实质真实，是指实际发生过的案件事实，是曾经存在过的事实真相，它独立于人的主观意志，通过人的感性思维和理性思维加工来为人所知。在执法过程中，如何对待“事实”应因诉讼阶段和功能的不同而有所区别，即在事实认定问题上，应坚持证据裁判原则，实现从客观事实观向法律事实观的转变；在查明和证明事实的问题上，则应坚持实事求是原则，努力促成法律事实符合客观事实。法务会计诉讼活动中常常涉及的是财务事实和会计事实。不但财务事实和会计事实之间要区分，而且财务事实与财务客观事实，会计事实与会计客观事实，财务事实与法律事实，会计事实与法律事实之间更要区分，唯其如此，我们才能始终保持专业理性。只有有了这几种事实之间的分野，诉讼支持过程中鉴定人在下结论时，才不会越俎代庖，以自己掌握的有限的财务、会计鉴定事实对法律事实和客观事实发表看法。

三、基于诉讼支持的法务会计与同一认定原理

同一认定是指具有专门知识、经验的人，通过对案件中多次出现的物品、物质或痕迹进行比较、分析，判断其是否来源于同一个客体的认识活动。同一认定是人类认识客观事物的一种基本方法，也是人类认识客观事物的一种能力。首先，“同一”是表示事物或现象同其自身相等同的范畴。在不同的个体之间，无论两个个体多么相似，他们依然是两个个体。其次，在理解同一认定概念时须明确一点，即同一认定的客体要在人们的认识过程中出现过两次或两次以上。

同一认定理论的实质和核心是通过理论指导实践，最终以认定同一为目的。大多数以认定同一为目的的鉴定，都要以同一认定的理论和方法为依据，并将同一认定理论作为自己的基础理论。同一认定理论是随着各门司法鉴定科学的创立和发展逐步建立和完善的，是司法鉴定的基本理论之一。它是根据唯物辩证法关于认识论的基本原理，阐明司法鉴定的原理、步骤和方法的理论体系，是司法鉴定科学的方法论，是唯物辩证法在司法鉴定中的具体运用。

基于诉讼支持法务会计活动中，多数的司法会计鉴定也是以同一认定为基础的，即使少数司法会计鉴定虽然不是以认定同一为目的，但是在一个具体的鉴定中，它仍然和认定同一形式的司法会计鉴定一样，必然要发现、收集、保全案件中的有关证据资料，而且鉴定依据和鉴定方法、程序都要遵守同一认定理论的原则，只有这样才能圆满完成鉴定任务。因此，同一认定理论是所有司法会计鉴定的基础理论。

根据鉴定结论划分鉴定种类，司法会计是属于认定事实真伪、有无和程度的鉴定形式，不以认定同一为目的。根据鉴定依据划分鉴定种类，司法会计属于物质现象的鉴定形式。因此在鉴定机制上，它不是以鉴定对象、检验对象的物质属性和形象结构作为依据，而是以鉴定对象的形成机制为依据。这与物证技术鉴定是有区别的，所以它们存在的科学依据不完全相同。正因为如此，对司法会计科学依据的探讨就不能像传统的同一认定理论确定客体的特定性、稳定性、反映性的模式，而应以财务会计资料的形成机制为依据来研究财务会计特性。

司法会计鉴定是以机制分析原理作为鉴别分析方法，以案件中的财务会计资料的形成机制作为整体分析内容，通过分析有关会计要素及财务会计资料的各种表象指征如数量关系、符号、对应关系等，据以与同类财务会计的方法原理、活动规律进行比较，进而作出鉴定结论的。因此，从财务会计资料形成的机制来分析，司法会计必须依据一定的财务会计处理方法和原理。而针对特定的对象，财务会计处理方法和原理是特定的，因此，财务会计特性正如指纹、工具等客体的特征一样构成了鉴定的科学依据。

财务会计特性是个概括性的名词，具体说应包括财务特性和会计特性。依据同一认定理论的特定性、稳定性，财务特性和会计特性又分为资金运动的规律性和会计核算方法的特定性，财务关系的相对稳定性和会计核算的相对稳定性。〔1〕

(一)资金运动的规律性

资金运动的规律性是指资金运动的过程及结果符合一定的客观规律的特

---

〔1〕 庞建兵.论司法会计的科学基础.中国刑事法杂志，1998(2).

性。资金运动的规律性概括起来就是各项资金之间具有量的平衡关系，资金的运动过程不会破坏这种平衡关系。这种平衡关系可用公式简单表述如下：

资产＝负债＋所有者权益

收入－费用＝利润

或　　资产＝负债＋所有者权益＋(收入－费用)

(二)会计核算方法的特定性

会计核算方法的特定性是指会计核算具有特定的内容、结构和用途的特性。会计核算方法很多，但每一种具体的会计核算方法都有其特定的内容、结构及用途，而且每一种具体的会计核算方法与其核算对象之间都有特定的对应关系。比如，借贷记账法，它是以“借”、“贷”作为记账符号，按照“有借必有贷、借贷必相等”的规则，在两个或两个以上账户中全面地互相联系地记录每笔经济业务的一种复式记账法，它是以会计方程式(资产＝负债＋所有者权益)作为理论依据，明显区别于其他记账方法，具有自己的特定性。

(三)财务关系的相对稳定性

财务关系是指由财务业务所体现的各经济单位与相关方面的经济关系、结算关系、存贷款关系、经济分配关系及财产产权关系等。财务关系的相对稳定性也就是指以上各种财务关系中的某些方面在一定条件下，在一定的时期内保持相对稳定不变的特性，它主要体现在财务关系的要素方面，如财务关系的内容在确定后是相对稳定的，财务关系的某些主体是相对稳定的，财务关系的处理方式、方法在一定的时期内也保持不变。具体来说，比如某企业与其长期供货单位之间签订合同后，在法律未发生变化或合同的存续期间，双方当事人的主体资格是相对稳定的，财务关系的内容在合同存续期间以及处理的方式方法上都是稳定的，一般不会发生变化。

(四)会计核算的相对稳定性

会计核算的相对稳定性是指会计核算的基本特征在一定的时期内保持不变。如某单位在一定时期内所设置的账户体系、所采用的记账方法、所采用的成本计算方法都会保持相对稳定不变。

上述财务会计特性的四个方面构成了司法会计的科学依据。首先，资金运动规律性和会计核算方法的特定性，为司法会计主体正确认识和分析案件所涉及的财务会计事实提供了科学依据。经济单位进行财务活动，始终存在着各项资金之间的量的平衡关系，而且资金的运动过程不会破坏这种平衡关系，这种资金平衡关系反映着经济单位的财务状况及财务成果的影响。司法会计主体正是依据这一规律分析案件涉及的财务状况，研究分析案件涉及的财务业务对相关财务状况和财务成果所产生的影响。会计核算方法的特定性说明了一定的会计核算方法与其核算对象之间存在着特定的对应关系，这不仅可以使司法会计人员通过检验财务会计资料来查明案件的有关财务会计事实，搜集确定案件事实的证据资料，而且可以判断财务会计关系处理的真实性、会计核算的正确性等案件事实。其次，财务关系的相对稳定性，为司法会计主体搜集财务会计资料证据，查明案件的有关财务会计事实提供了客观条件。财务关系的相对稳定，使司法会计主体能够利用没有发生变化的财务关系，通过有关的经济活动的当事人查找到案件所涉及财务会计资料或通过分析财务关系内容来判明有关财务行为的真实性和正确性。会计核算的相对稳定性则表明了会计主体在利用和制作财务资料所采用的各种方法是相对稳定的，这就使财务会计资料之间以及其所包含的财务会计信息之间建立了相对稳定的关系。司法会计主体只要注意利用这些关系，便可以通过某一资料所提供的信息，查找到相关资料，或利用这一关系来判明相关资料所提供的财务会计信息的内容。

四、基于诉讼支持的法务会计的证据法理

法务会计提供的诉讼支持服务主要就是证据的支持，而证据法是规定如何收集和运用证据，查明并认定案件事实和其他相关事实的法律规范，基于诉讼支持法务会计活动必须依据证据法学基本理论。

（一）自由心证理论

自由心证，又称内心确信，其基本含义是法律不预先设定机械的规则来指示或约束法官，而由法官针对具体案情，根据经验法则、逻辑规则和自己的理性良心来自由判断证据和认定事实。自由心证是法官依据法律规定，通过内心的良知、理性等对证据的取舍和证明力进行判断，并最终形成确信的制度。

18 世纪末 19 世纪初，欧洲资产阶级革命倡导的自由、理性、人权思想是自由心证理论产生的思想基础。最早提出自由心证的是法国资产阶级革命家、法

学家杜波尔。自由心证从理论走向制度是从 1808 年《法国刑事诉讼法典》开始的，因其合理性而自近代以来被普遍采用作为一种法理原则。自由心证理论在原则上视各种证据的法律价值为平等，具体证据的价值或证明力由法官根据具体案件依据经验法则和逻辑规则进行自由判断。证据的价值或证明力并不能以机械的规则来确定。事实上，证据的价值或证明力的大小取决于证据与案件事实之间的关联性的强弱和真实性的高低，证据的价值或证明力与证据关联性和真实性是正相关关系，而具体证据的关联性和真实性须在具体案件中考察和认定，并且案件的发生和解决存在于人类社会生活之中，所以对案件事实和证据的审查判断离不开人类社会生活经验法则和逻辑规则。

在自由心证原则之下，大陆法系的法官能自由裁量的包括证据能力与证明力。这是因为，在大陆法系，认定案件事实是作为法律专家的法官的职责，没有必要如英美法系为适应陪审员制度而制定大量的有关证据能力的规则，并且大陆法系很强调法官自由判断证据的证明力以发现案件真实，所以法官心证的"自由"是就证据能力和证明力而言的。

在英美法系，由于事实审判者的陪审员是法律门外汉，需要通过证据规则对证据能力加以规定以指导或约束陪审员，从而避免陪审员对证据采用和事实认定发生困难或偏误，所以英美法系证据制度重在证据能力的规定，对于证据的证明力却较少限制。因此，事实审判者心证的"自由"主要是就证明力而言的。英美法系的这一做法沿用至今。不过，英美法系国家一直致力于通过修改传统的证据规则来适应现代科技和社会生活的发展，其重要表现就在于有关证据能力的证据规则的适用例外愈来愈多，并且在法官审理案件事实时却较少受到针对陪审团制定的有关证据资格的证据规则的限制，所以有关证据能力的判断也愈来愈多地被纳入法官心证"自由"的范围。根据自由心证理论，法官依据良心、理性自由地对证据进行评价，对证据的真实性、证明力形成"心证"，从而作出裁判，所以当事人要赢得诉讼就必须通过证据来影响法官的"心证"，使法官对己方的证据形成"内心确信"。为了达到这个目的就必须要想方设法使己方的证据显得有证明力。

"法官的'心证'过程需要建立在对案件所涉及的相关专业知识较为充分了解的基础之上。法官不可能是全才，不可能精通所有领域的专业知识，当案件

涉及的专业知识超出了法官所知晓的领域,他的'心证'过程就会遇到困难与阻碍。为了使其'自由心证'的过程客观、理性地完成,他必须借助外力的帮助来弥补其知识的缺陷,而聘请法务会计师出庭作证来为其提供会计专业方面的诉讼支持,是弥补法官会计专业知识缺陷,客观、理性完成'心证'过程的必然选择。"〔1〕

(二)盖然性理论

高度盖然性规则的理论源自于西方自由心证制度,主张民事案件的证明标准只需达到"特定"高度的盖然性即可,即这种高度达到"法官基于盖然性认定案件事实时,应该能够从证据中获得待证事实极有可能如此的心证,法官虽然还不能排除其他可能性,但已经能够得出待证事实十之八九是如此的结论"的程度即可。

高度盖然性规则在实体公正方面要求法官尽可能地达到对案情的把握趋近于客观真实,从而确保在此基础上对案件作出符合实际的公正处理,以实现实体上的公正。在程序上,高度盖然性规则并不要求法官对每一真伪不明的案件事实都必须查清,而将法官的作用限制在审查核实证据、确定或否定证据的效力等证据的认定和采信方面,从而有效地防止法官在调查搜集证据时频繁与当事人接触而可能产生的腐败,并且在一定程度上避免了法官先入为主的思维定势与偏见,有利于维护法官的中立地位,从而实现公正判决。同时可以避免"如果一味地追求实体公正即客观真实,则导致诉讼时间延长,对双方当事人尤其是不想为诉讼消耗过多的财力、物力、人力者而言,必将造成程序上的不公正"现象的发生,因此高度盖然性规则也很好地贯彻了诉讼的效率原则。

诉讼是以发现和确定案件事实真伪并以此基础对案件作出合理的解决为主要目标的,而证据则是人民法院认定事实的前提和基础。基于诉讼的法务会计活动主要是围绕会计证据展开的,专家证人在法庭上作证时要帮助当事人提出有力的会计证据,分析对方专家证人的会计证据,想方设法使法官采信己方提出的会计证据。

---

〔1〕 张苏彤.法务会计研究.北京:中国时代经济出版社,2009.

五、法务会计的诉讼对抗制法理

对抗式诉讼，特点是在民刑事案件中，法律地位完全平等的双方当事人及其律师通过在法庭上的辩论和询问证人澄清事实，推进诉讼进程；法官在庭审中处于公断和仲裁的地位，不主动询问证人、搜集证据，而是从诉讼对抗中发现案件的真实情况并妥善解决争讼。

对抗制理论认为："对抗制通过允许当事人自由决定是否将案件起诉到法院，最好地保证了当事人的自治性。只有让诉讼当事人的意见得到最充分的表达，个人的尊严才可能得到维护。"[1]基于这样的认识，对抗制呈现出其独有的基本特征：①裁判者必须是中立的、被动的或消极的，而且对案件的解决独立负责；②裁判所依赖的证据和观点都应当由当事人自己主张和提供；③审判必须集中、不间断地持续进行，而且诉讼程序的设计应强调当事人举证和辩论的对抗性或对立性；④当事人应当有均等的机会向裁判者提出案件事实并为其辩论。

（一）对抗制审判包含的要素

对抗制蕴含的假设是：经过各方在法律程序和事实上的辩论，真理就会显现出来。支撑对抗制运行的基本理念包括两个方面：程序正义和个人主义。程序正义是一种非人格化的、规则主义的伦理。在对抗制的审判中，它被认为至少应该包括以下几个要素：

(1)中立的裁判者必须不偏不倚。为达此要求，裁判者一方面不能与诉讼结果有利害关系或有其他可能导致不公的因素，另一方面应该在审判中保持消极。对抗制理论认为，如果法官在案件进程中扮演积极的角色，那么他有意识或无意识地就会形成预断，从而阻碍他再去探寻与其决断相左的证据或辩论意见；而且，社会大众会认为他是非中立的，从而削弱司法的社会公信度。

(2)法院判决必须有合理的基础，亦即必须具有可预见性。所谓可预见性，

---

[1] 艾伦·E.斯沃德.对抗制的价值、观念及演变.印第安纳法律杂志；Ellen E. Sward, Values, Ideology, and the Evolution of the Adversary System. Indiana Law Journal, 1985:318-319.

就是指法官运用实体规则和程序规则作出的判决结果，能够如人们所期待的一样，让同样情形下的当事人能够得到同样的对待。它要求法院的判决基于法庭上公开提交和争议的事实和法律作出。

(3)争议当事人在审判程序中能够充分表达自己的观点。

(二)对抗式诉讼的优势

实施对抗式诉讼模式的典型国家，如英国、美国。当前，对抗式诉讼为众多国家、地区刑事诉讼改革采纳，成为当今世界刑事诉讼改革的潮流。主要是对抗式诉讼有以下比较优势：

(1)对抗式诉讼奉行程序法治原则。其运行模式完全置于程序规则之下，充分体现了程序法治原则。在对抗式诉讼模式中，强调诉讼的进行尤其是权力的行使严格依照法定程序，并明确规定违反程序的法律后果。

(2)对抗式诉讼尊重当事人利益，平衡各方利益。对抗式诉讼模式使国家利益、民众利益和个人权利得到平衡，当事人的主体地位得到尊重。对抗式诉讼模式中，当事人尤其是被追诉人的诉讼主体地位得以彰显，参与诉讼的程度亦更加充分和公正，个人权利得到较好的保障。被追诉人享有较多的诉讼权利，形成与侦控机关的平等抗衡，从而积极参与诉讼以影响诉讼结果。同时，被追诉人可通过中立的第三者即裁判方对控方的追诉行为进行审查，以保护自己的权利。被追诉人在诉讼中的自由和权利得以有力保障，各方利益得以适当地兼顾。

(3)对抗式诉讼公开、透明。在对抗式诉讼模式中，对有关案件事实、程序及证据的疑问都是在公开的法庭上解决的，通过控辩双方的辩论和质证活动予以澄清，争议的解决都是人们以看得见的方式进行的，裁判的结论也是当事人可以预期的，失去了当事人腐蚀国家司法人员的机会。这不仅可通过程序防止官员腐败行为的发生，增强司法的自主性，而且可以防止因为权力的亲和性使审判者偏向控诉方，有利于树立裁判者的中立形象，使判决的结果更加令人信服，增强法律的权威。

(4)对抗式诉讼为律师提供了广阔的空间。律师在对抗式诉讼模式中享有充分的辩护自由度，在诉讼中发挥了更大的作用。这与对抗式诉讼模式的公平竞争理念密不可分。对抗式诉讼中，法庭审判以控辩双方的举证、问证、辩证等质证活动为主线，法官处于消极被动的地位，原则上无权主动参与案件的调查与辩论，使包括律师辩护活动在内的控辩双方的活动异常突出和活跃。并且，对抗式诉讼模式强调交叉询问、反询问的辩护方式。对抗式诉讼中，律师辩护的主动性大大增强，律师积极而不是消极、主动而不是被动地去辩护，并极力提高自己的辩护技巧，注重经验的积累和运用，这都无疑会使律师在更大的自由氛围中竭尽所能，扩大了辩护的空间和效果。

(5)对抗式诉讼易于发现真相。案件事实认定的基础是诉讼证据，而对抗式诉讼模式注重平等的对抗过程，利于调动当事人举证和调查证据的积极性。作为认定案件事实根据的证据完全由控辩双方收集和提供，其内在动因在于诉讼中控辩双方与案件的实体判决之间的重大利害关系，因此，两者有足够的动力和压力去收集尽可能多的与案件事实相关的证据。对抗式模式下，裁判者的职责仅在于居中对控辩双方提出的证据进行审查、判断并作出取舍，法官不主动干涉当事人调查证据的活动，从而使其中立性更具有保障，避免因过于主动而在调查中逐渐偏向某一方，损害审判的公正性。加之诉讼证据规则的运作、控辩双方对同一证据的交叉询问等，都有助于对证据进行全面、深入的考察，从而更易于发现案件事实。

当然，对抗制要求控辩双方的证据得到对等的揭示，而这种对等揭示应建立在控辩双方搜集证据能力方面的平衡上。但是如何解决控辩双方天然的不平衡及律师刑事辩护制度的内在缺陷是一个难以克服的问题。另外，对抗式诉讼可能因为强调程序正义而在非法证据排除规则的应用中排除大量与审判有关的证据，从而影响案件事实的查明。

对抗制模式下，控辩双方证据收集当遇到会计专门性问题时，需要法务会计人员以专家证人身份帮助当事人出庭质证、辩论从而保持对抗有效性。法务会计人员以专家证人身份参与一方面有利于当事人，另一方面也有助于法官通过观察当事人双方的有效对抗来居中裁判。

第二节 基于诉讼支持法务会计的社会经济学基础

一、认识论基础

认识论(epistemology)是哲学的一部分,是"关于人类知识的来源、发展过程,以及认识与实践关系的学说"[1]。从哲学角度看,诉讼活动也是一种认识活动,是诉讼主体对诉讼客体(已经发生的案件事实)的一种追溯性认识活动。诉讼活动既不是现场表演,亦不是科学发现,因此不管什么样的诉讼都面临着如何恢复和再现已经发生过的既往事实的共同问题。而诉讼法的发展史已经表明,证据裁判主义即依靠证据来认定案件事实则是恢复和再现案件事实的最为科学的手段。而证据的运用过程是与人的理性思维活动密切相关的。在取证、举证、质证及认证等各个证据运用的环节,如果离开了人类的理性思维活动,那么司法证明将成为无本之木,司法裁判者与案件事实之间的距离将永远遥不可及。但是,与人们在日常生活中所进行的思维活动不同的是,在司法证明中,人类的思维是逆向的,而且出于对司法资源优化配置使用的考虑,这种思维活动还必须在一定时间内完成。在正常情况下,人们的思维都是根据事物的发展顺序,按照因果关系的逻辑从原因出发推断结果;然而对于司法证明活动而言,诉讼活动的参与者所秉持的思维模式则恰恰是一种回溯型的,是从已经掌握的结果材料出发来推断导致这种结果产生的原因,进而达到尽量重现案件发生时具体状况的目的。也就是说,司法证明的指向性在于通过理性思维的运作,从案件事实出发经过推断、证明等一系列思维活动推导并证实案件发生的原因。因此,司法证明中的思维是一种逆向型的活动,即"证明主体的思维方向与客观事物的发展方向相反,它不是从事物的原因去探索结果及结果的结果,而是从结果去探索原因及原因的原因"[2]。而同时,在诉讼过程中所进行的思

〔1〕 中国社会科学院语言研究所词典编辑室.现代汉语词典.北京:商务印书馆,1996:1067.

〔2〕 何家弘,刘品新.证据法学.北京:法律出版社 2004:265.

维活动必须在一定时间段内完成，这是因为，这种思维活动是在一定的司法制度的运作下进行的，而司法制度的运作必然会消耗一定量的司法资源。我们知道，在某个具体的时间点上，司法资源必然是相对稀缺的，我们无法做到为了查明案件的事实真相而容忍对司法资源无休止的投入。在这种情况下，对于司法证明而言，无论是案件的调查和审理都具有时间上的限制，司法证明的思维活动必须在一定时间内完成，才具有法律效力。

在唯物论者看来，从总体上说，人类的实践空间是无限的，人类通过实践所获取的经验和思维也是无限的，因此人类可以无限地认识物质世界。但是，人类认识的这种无限性是针对人类的整体而言的，就具体的个人或者人群来说，由于主观和客观因素的限制，其认识能力是有限的。在诉讼这个特定时空的限制下，由于思维所具有的逆向性和有限性，事实认定者对案件的认识是有限的。因此，在诉讼进程中，尽管人类希望通过司法证明中的理性思维活动获取对案件事实全面而客观的认识，但是不得不承认，用逆向性的思维方式试图以有限的经验知识和证据资源来恢复发生在过去的案件事实是一种不切实际的想法。而我们所能够做的，就是使自己的判断尽可能地接近事实真相以实现司法公正，并尽己所能借助各种证明方法以达到这一结果。而科学技术的发展为丰富证明方法提供了广阔的空间和极大的可能，在某一专业领域内具有相当知识或经验的人自然就成为法庭审判的重要帮手，他们根据证据对案件事实所做的判断自然成为法官认定案件事实的重要参考因素，司法鉴定制度也就应运而生并随科学技术的发展而在诉讼过程中发挥着不可替代的作用。

二、价值论基础

多元价值的冲突与平衡诉讼活动作为人类运用法律解决纠纷的程序机制，实质上就是一个将普遍的法律规则适用于个别纠纷的过程，裁判者通过对不同法律规则的交叉运用，以解决纠纷，进而实现正义。法律作为人类文明的产物，必然是多种价值和利益的承载体，司法活动作为适用法律的专门活动，裁判者在判断事实时所适用的法律必然会导致不同的价值和利益之间产生冲突。裁判者需要考虑的首要问题是，如何对这些相互冲突的价值和利益进行取舍，使得裁判结果可以为当事人所接受并产生良好的示范效应。因此，在选择和实现这些价值和利益的过程中，裁判者不但要考虑案件的事实真相，而且还要考虑公平、诚信等问题。在司法活动中，除了要实现法律价值外，还要兼顾其他价值，如伦理价值、经济价值、社会价值和文化价值等。如果侦查人员搜集证据的行为或方式对人类所共同尊崇的价值形成了冲击，挑战了人之作为人的底线，例如刑讯逼供的取证行为，违反了程序法的规定，侵犯了公民的隐私权或人身自由等，那么因此而获得的证据便不具备证据能力而无法进入诉讼程序，即便因此而导致真正的坏人逍遥法外也在所不惜。又如，在有些国家，证人出庭作证是一项强制性的义务，但出于维护家庭成员间的信任关系和特定职业道德操守的考虑，法律赋予特定范围内的人可以享有作证豁免权。这也是司法活动对不同的价值进行选择和定位所带来的不同后果。

司法鉴定制度构建的重要动因，无论是鉴定人的资格审查、鉴定程序的启动，还是鉴定过程中相关主体参与权的保证、鉴定人出庭接受质证等，都无疑充满着各种利益的选择和价值的博弈。

三、社会学基础

人类社会能够发展到今天，一个很重要的因素是社会分工的存在，而这种社会分工经历了一个从简单到复杂的演化过程。人类社会发展程度越高，社会生活越复杂，则其社会分工的程度也会不断提高。这种现象在工业革命完成后的世界发展中变得更为明显，并逐渐成为社会生活发展的主流。直至今日，社会分工仍在进行，专业领域的精细化程度仍在不断提升。而这种情况的出现必然导致对某个领域精通的专家在另外一个领域往往就成为普通人，对该领域内的事务并不必然具有判断力。

社会分工是人类社会发展的必然，也是人类从愚昧、本能地生活转向智慧、理智地生活的必然选择。通常的理论认为，分工的来源就是人类持续不断地追求幸福的愿望。社会分工一方面缓解了个人因为生存竞争所带来的压力，防止社会因为个体之间不断竞争而面临的解体风险，另一方面分工则不断增加工种和各个工种的内容，实现专业化，这不仅不会破坏人们之间的关系，而且还能在从事专门职业的人们之间建立一种相互依赖的合作关系。分工使社会这个和谐的有机体能够充分发挥各部分的功能，使其可以更具活力、更加完善。由于分工,竞争者之间就无需相互排挤,而能彼此共存共赢。因此,社会分工在为个人意识和个性发展提供空间的同时,也带来了社会各组成部分之间的相互依赖以及人们之间的相互合作和配合。尽管对于法律事务而言,法官具有优于常人的知识和技能,但是具体到事实认定过程中的某一专业问题,法官在法律事务上的优势往往就从反面揭示了其对该问题的无力和无奈。因此,在司法活动中,法官的经验和知识越来越不能满足对专业知识判断的需要,从法庭之外寻求某些具备关涉案件事实专业知识的人参与到诉讼中去就成为一种必要和必然。而恰恰因为社会分工的存在,自然会有其他社会个体在法官所不熟悉的领域从事职业工作,相对法官而言,其对有关问题的认识显然具有优势。法务会计的产生正是这种分工存在的必然要求,会计作为一种专业知识,往往是司法活动者如法官或律师所不具备的,当他们在司法活动中遇到专门的会计问题,就需要寻求法务会计人员的支持。

四、契约理论

契约理论是在特定交易环境下研究分析不同合同人之间的经济行为与结果,这往往需要在一定程度上通过假定条件来简化交易属性,进而建立模型来分析并得出理论观点。而现实交易的复杂性,很难由统一的模型来概括,从而形成从不同的侧重点来分析特定交易的契约理论学派。

在民法制度下,契约是完全独立对等的单个人之间通过自由谈判缔结的协议,与契约以外的其他的人、事不发生任何关系。把这种契约称为个别性契约,把这种契约理论称为原子化契约论,意即该理论将契约主体与契约本身都视为独立的原子。美国契约法学者麦克尼尔(I. R. Macneil)[1]将这种契约称为单发契约(discrete contract),他分析了美国《第二次契约法重述》给出的经典定义:“所谓契约,是一个或一组承诺,法律对于契约的不履行给予救济或者在一定的意义上承认契约的履行为义务。”这个定义揭示了传统契约的本质特征,即是“一个或一组承诺”。所谓承诺,是“以某种特定的方式作为或者不作为的意思表示,通过这种表示,使受诺人相信已作出了一项允诺(commitment)”。麦

〔1〕 [美]麦克尼尔.新社会契约论.北京:中国政法大学出版社,1994:6.

克尼尔对承诺的要素作了归纳，他认为，承诺意味着确信人类的意志力能影响未来，即确信一个人现在能够影响未来，应当具备五个因素：①承诺人的意志；②受诺人的意志；③为限制未来的选择采取的现时行为；④交流；⑤可度量的互惠性。从这五个因素出发，麦克尼尔给出了自己对承诺的理解："承诺就是在当前交流一个从事互惠性的可度量交换的允诺。"这种规划未来交换的强有力的机制，是个别性契约的本质。

法务会计在诉讼支持中应当以当事人约定的合同价格条件作为依据，除非案件中没有可以援引的具体合同条款，或者没有其他可以印证构成价格条件的相关诉讼证据。因此，无论在法务会计鉴定或者法务会计损失计量中，法务会计都不能背离契约精神。诉讼中的经济合同争议首先是一个合同项目，即一项具体的合同约定数额，是当事人经过利害权衡、竞价磋商等博弈方式所达成的特定的交易价格，而不是某一合同交易客体的市场均匀价格或公允价格。这是现代经济学理论的基本观点，也是市场经济制度下维护公正与效率所应遵循的司法原则。因此，只要不是出现法定的不能或无法适用合同价格条款的情形，诉讼中法务会计都应当遵循契约性原则。

第三节　基于诉讼支持法务会计的会计学基础

作为法务会计学主要研究对象的法务会计技术，是以会计专门知识、会计核算和审计的技术与方法为基础的。因此，会计学上的有关会计基本原理、会计核算技术与方法，都是法务会计研究的内容。可见，法务会计学与会计学有着不可分割的密切联系。会计学原理和方法奠定了法务会计学科基础的客观物质条件和主观认识条件。因此，它应当是法务会计的基础理论，而且是专业基础理论。

一、财务会计资料是基于诉讼支持法务会计的物质基础

基于诉讼支持法务会计是一项科学认识活动，它必须依据一定的物质基础。会计是以货币计量为基本形式，采取专门的方法，连续地、系统地、全面地对经济活动进行反映和监督的一种信息系统或管理活动。这种系统或活动，一

方面会形成记录经济信息及价值运动过程后果的财务会计资料，另一方面是相关方面依据其所提供信息进行决策控制的基础。社会组织的经济活动总是通过每一项具体的经济业务来实现的，会计的基本原理和方法就是对各个不同的经济单位的每一项经济业务的性质、内容、发生的时间和地点进行科学、全面、客观的记录，并归纳、整理出相关方面进行决策所需要的信息。按照会计学的基本原理和方法，经济业务活动都被以一定的规则和方法有序地记录形成财务会计资料。如以制造业企业的材料采购业务为例，制造业企业要进行正常的生产经营活动，除了固定资产等生产性投资外，还需要购买和储备一定品种和数量的材料，主要包括原材料及主要材料、辅助材料、外购半成品、修理用备件、包装材料、燃料等。企业采购业务核算首先确认购入材料的入账价值。购入材料的入账价值即采购成本，通常包括买价，采购过程中的运杂费（包括运输费、包装费、装卸费、保险费、仓储费等），运输途中的合理损耗，入库前的整体挑选费，相关税费，以及其他费用（如大宗物资的市内运杂费等）等。需要注意的是，市内发生的零星运杂费、采购人员的差旅费以及采购机构的经费等不构成材料的采购成本，而是计入期间费用。在确定购入材料的入账价值时，通常涉及折扣问题，包括商业折扣、现金折扣和销售折让等。然后要设置和运用相应的账户进行记录和反映，包括“材料”、“应付账款”、“应交税金——应缴增值税”、“应付票据”、“预收账款”等，必要时还要对相应账户设置二级账、明细账进行明细反映。再次会计通过过账、调账、结账的过程系统综合地反映采购及相关业务的情况，为编制财务报表做准备。整个会计过程中涉及的财务会计资料有原始凭证、记账凭证、账簿和报表等多种，而每一类又有不同的格式、内容、用途以及填制和核算方法，形成了一系列财务会计资料。而这些财务会计资料一经形成，在一定的时期内不会发生变化，这就为法务会计人员进行鉴定奠定了客观物质基础。

二、会计学原理和方法是法务会计主体解决诉讼中财务会计专门性问题的理论和方法依据

人的认识不仅存在于认识主体的大脑里，它还可以通过文字、语言、书籍等形式加以对象化，成为同主体相脱离的观念的客体。随着人类认识的发展，认

识成果的不断沉积，这种观念的客体就形成一个庞大的知识体系。法务会计，是通过解决诉讼涉及的财务会计问题，获取法务会计意见作为诉讼证据，从而达到查明财务会计事实的目的。“会计事实，是成为会计对象的事实，更确切说，就是用会计的认识模式和测定方法加以对象化的事实。在一项交易或现象变成会计事实的时候，使之成为会计事实的会计特有的模式和方法已经作为前提存在了。认识以前或测定以前的现实(reality)，不是事实(fact)。认识现实的模式和测定现实的方法事先都已存在，通过这些模式和方法的鉴别而被认识到和感觉到的现实，才成为事实。经济事实和会计事实的差异，在于两者的认识模式不同，测定方法不同。如果说，用经济特有的模式和方法认识到的经济现实是经济事实，那么也可以说，进一步再用会计特有的模式和方法认识到的经济事实就是会计事实了。然而，由于会计的认识模式的性质包含经济、法律、心理等方面的因素，会计事实不是纯经济的事实。会计事实是用会计的模式和方法对象化了的事实。因此，模式和方法一有变动，会计事实的性质和范围当然也要随着变化。如果复式簿记的价值计算模式以外的模式也算会计模式的话，不仅价值现象是会计事实，物量现象也就成为会计事实了。”[1]

法务会计对象是诉讼涉及的会计事实问题。会计学在长期的发展过程中形成了自身科学的专业原理和方法体系，能够为法务会计主体在解决财务会计专门性问题时提供必要的理论和方法依据。法务会计鉴定机构和鉴定人受司法机关或当事人委托，在对会计凭证、会计账簿、会计报表和其他会计资料进行检验、鉴别和判断并提供鉴定结论时，必须要运用会计学的原理和方法。如对会计分录采用比对鉴别的方法，首先，鉴定得以进行的理论依据是会计学原理规定的各种财务会计处理方法与其适用对象之间具有特定关系。其次，鉴定人要依据会计学原理中有关的原理和方法，针对会计分录的检验内容即比对账户名称、记账方向、记账金额，设计比对的参照客体——会计分录，这时所要运用的会计学原理和方法有：会计准则中有关会计要素的确定、计量的规定，会计学中有关会计科目的设置及使用的规定，复式记账原理中的发生额试算平衡公式等项内容。第三，制定好作为参照客体正确的会计分录后，与需检验的会计分

〔1〕 青柳文司撰写.日本新版会计学大辞典，1981：84。

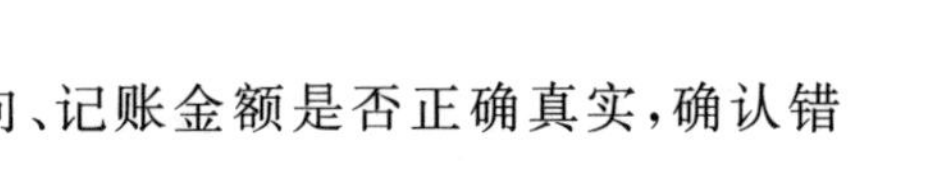

录比较，鉴别确认所列的会计科目、记账方向、记账金额是否正确真实，确认错误会计分录的错误形态和错误程度，揭示其所违背的会计原理，都要运用相关的会计学原理和方法。

在法务会计活动中，根据不同的要求、不同的情况所运用的会计学原理和方法是不同的。法务会计主体必须要掌握并熟练地运用会计学原理和方法才能够胜任鉴定工作。

第四节　基于诉讼支持法务会计的审计学基础

法务会计在诉讼支持中要运用审计学的基本原理，运用大量的审计方法。两者的对象都是财务会计信息资料，都是以财务会计准则等与会计相关的法规作为引用的技术标准。审计学是法务会计在诉讼中发挥作用的方法原理基础。

比较法务会计和审计，我们能够发现其中的很多共性。首先，在主体方面，都是要对专业有胜任能力的人员来完成，他们要独立于会计资料的制作者，要具有一定水平的会计及相关专业知识。实务中，作为审计主体的注册会计师和注册会计师事务所通常也会从事会计的司法鉴定工作，成为司法鉴定人和司法鉴定机构，或提供其他法务会计服务。其次，在对象方面，法务会计和审计都是针对一定的会计凭证、会计账簿、会计报表以及其他相关的财政财务收支的有关资料进行检查验证。第三，在手段、方法和技术方面，两者均采用一定的账务检验手段来完成任务；其审查书面资料的技术方法两者大部分是通用的，如核对法、鉴别分析法等。证实客观事物方法中的盘点法、调节法、鉴定法等也大多大同小异。第四，在技术标准方面，法务会计和审计都要引用财务会计标准作为技术标准。最后，在结果方面，法务会计和审计都具有鉴定和报告作用，都要以书面文件报告工作结果。

尽管法务会计和审计有诸多相似之处，但两者也存在本质的差异。主要表现在以下几个方面：

(1)两者的本质不同。法务会计从本质上说是一种会计服务活动，它是专为处理或解决法律事项或问题服务的，它不属于独立的社会活动，而只是围绕案件所涉及的财务会计问题进行鉴别判断的活动；审计是一项独立的社会活动，它涉及社会经济的许多方面，是一种独立的社会经济监督、鉴证和评价活动。

（2）两者的目的不同。法务会计所要解决的是法律事项涉及的财会问题，目的是查明法律案件或事项涉及的财会事实，并收集、固定相关证据，提供专家证据等，审计的目的则具有多样性，如监督经济活动、鉴证经济业务、评价财务会计报告等。

（3）两者的对象不同。法务会计围绕法律事项开展工作，而不是针对会计实体、被审计单位或经济实体。换言之，法务会计是就事论事。而审计的对象则是针对某一特定实体。

（4）主体不同。法务会计技术工作的主体只能是自然人，可以是取得资格的企业会计工作者、注册会计师或法务会计相关专业教学人员等，例如，提供司法鉴定，取得鉴定资格的鉴定人依法对自己的鉴定结论负责。审计的主体是审计机构（政府审计机关、内审机构、社会审计组织等）及其审计人员，审计的主体可以是法人。两者在主体上虽有重合，但其主要主体是不同的。

（5）基本法律依据不同。法务会计人员提供专业服务时必须依法进行，包括依照《公司法》、《证券法》、《会计法》、《诉讼法》和《证据规则》等法律的标准和程序，只有法律没有规定或规定不明确的情况下才能依照会计准则、审计准则和会计制度等行业规范，且不能与前者发生冲突或矛盾；而审计依据的标准则主要是会计准则、审计准则和会计制度等行业规范。

（6）工作程序和方法不同。法务会计技术工作的提起缘于司法活动，委托人应出具司法会计委托鉴定书或聘请书，进行会计检验、鉴定，事前一般并不需要告知发案单位或犯罪嫌疑人；审计工作一般是审计机关根据审计项目计划确定的审计事项，在实施前向被审计单位送达审计通知书。法务会计技术工作分准备阶段、检验阶段、结论阶段；审计工作分准备阶段、实施阶段、终结阶段。法务会计在获取检材和实施技术检验方面，有比审计措施更强的其他诉讼措施作保障，证据通常是由侦查、检察和审判人员获取并提供；审计证据是由审计人员直接获取，并由被审计单位直接提供。法务会计技术工作的方法是指用以完成法务会计工作任务而采取的一切技术手段，主要有会计资料检查法和财产物资清查法以及一些鉴定技巧等，工作只能采用技术手段（检查、计算、分析性复核验证等)来完成;审计方法是指为了达到审计目的而一般采用的审核检查审计对象的方法,审计人员除技术手段外,还可依法采取各种非技术手段来完成审计任务,如监盘、观察、查询及函证、抽样等。

(7)鉴定报告不同。

①鉴定结论报告结构不同。法务会计报告书的组成是三段式,一般为详式报告,既有结论,还有分析论证过程。审计报告则为简式报告,格式规范。从内容上看,法务会计很详细,如绪言部分就包括委托进行法务会计的机关名称,鉴定决定书的签发日期、内容、号码,鉴定案件的案情简介,通过法务会计所要解决的问题及需查明的情况,提供鉴定材料的情况,采用的鉴定方式等,但是没有提及鉴定相关人的责任;注册会计师的鉴证报告相对简明扼要,突出委托人和注册会计师的责任。

②鉴定结论类型不同。法务会计结论有两种类型:肯定或否定性鉴定结论、不能作肯定或否定性的鉴定结论;注册会计师的鉴证报告意见类型有无保留意见、保留意见、否定意见、无法表示意见四种。

③鉴定结论书使用不同。作为法律证据,法务会计结论书的使用特殊。法务会计结论最后要经过法庭调查对质,由审判人对鉴定结论做出判断,决定是采纳为证据还是进行补充鉴定或重新鉴定。

在以上对法务会计与审计的比较当中,我们发现,法务会计和审计具有相同或相近的理论基础和方法体系,他们的理论基础都是会计学、逻辑学和证据学。法务会计的产生是基于诉讼对会计技术的需要,所以也和审计查错防弊职能弱化有着一定的联系。早期审计的目标就是查错防弊,1905 年美国人 R. H. 蒙哥马利的《迪克西审计学》一书中,将审计学目标总结为检查错弊、检查技术错误和检查原理错误三个方面,其中检查舞弊是审计的基本目标。1912 年,R. H. 蒙哥马利出版了自己写就的《审计理论与实务》一书,认为审计的目标是确定一个企业的财务状况和盈利,查找舞弊和错误是次要目标。随着审计目标不断演进,国际审计委员会在 1988 年认定的审计目标是:“审计目标是使审计人员对财务信息是否符合指定的会计基础给予一个真实和公允的观点表达一项审计意见。”以上三种对审计目标不同的表述实际反映了审计目标的演进。审计目标的这种演进是社会经济发展,特别是股份制经济规模不断扩大的必然结果，同时也加大了法务会计与审计之间的区别。

法务会计的产生应该是专业分工的必然要求。在司法活动中，面对大量的贪污受贿、经济诈骗等案件，为解决案件中的财会专门性问题，需要利用专业的会计技术。查办或处理以上这类经济案件或法律事项离不开对会计资料的调查和验证，而凭证、账簿、报表等会计资料是对一系列经济业务的逐级汇总与概括，具有高度的综合性与专业性，公安检察机关和司法法官人员、律师、当事人及其他代理人等受其专业知识与技能的限制难以理解和判断，以致无法查清、认定相关的财务会计事实，不得不求助于会计专业技术人员，这使得法务会计应运而生。由此可见，法务会计是在社会专业化分工基础上形成的会计界对法律界的专业支持，是会计专业人员为解决或处理法律事项或问题提供的专业服务。法务会计这种专门性的服务早期是以专项审计的形式出现的，专业化分工进一步形成了专业法务会计职业团体或专业的法务会计业务。

综上所述，基于诉讼支持法务会计在理论和实务中，必须既要大胆借鉴审计成熟的技术方法体系，又要注意厘清审计和法务会计之间的区别与联系。审计理论和方法事实上为法务会计提供了理论和方法的基础。

第三章　基于诉讼支持法务会计的主体问题研究

跃华与泰兴销售合同纠纷诉讼案例

一、案情介绍

2007年1月4日，跃华玻璃制品有限公司（化名，简称跃华公司）与泰兴机械制造有限公司（化名，简称泰兴公司）签订了一份买卖合同，由泰兴公司向跃华公司销售一条新生产线的主要设备。约定该生产设备应在2007年3月24日前安装调试完成。跃华公司为该生产线预备的厂房及相关附属设备于2007年3月初已经安排妥当，但由于由泰兴公司提供的主要设备直到2008年3月15日才调试完成，影响了跃华公司的正常生产经营。跃华公司认为泰兴公司的违约行为造成了跃华公司的可得利益损失，起诉至法院要求判令泰兴公司支付跃华公司可得利益损失5253960元。诉讼中，法院委托某会计师事务对跃华公司因泰兴公司延迟交货和调试给跃华公司造成的可得利益损失进行法务会计鉴定。

二、法务会计鉴定依据

（1）某市人民法院提供的民事起诉状等诉讼材料；

（2）跃华公司提供的财务资料、合同、设备移交验收资料等；

（3）从跃华公司生产现场核实取得的原始资料。

鉴定过程对收入和费用的核定参照跃华公司同类型的生产线。

三、泰兴公司对法务会计鉴定的质疑

诉讼过程中，泰兴公司称双方在之前的交易中已变更了合同的内容。因此，泰兴公司延期交货和调试设备不构成违约。一审法院审理后认为：跃华公司与泰兴公司之间的合同合法有效，并采信了某会计师事务所的有关可得利益损失的法务会计鉴定，判定泰兴公司赔偿因违约给跃华公司造成的可得利益损失 5253960 元。判决后，泰兴公司不服一审判决提起上诉，二审法院认为一审认定事实清楚、证据确凿，维持原判。

法院判决以后，泰兴公司对法务会计鉴定提出异议。并向中国注册会计师协会发出紧急投诉函，提出如下几点异议：

(1)某会计师事务所不具备对可得利益损失进行鉴定的资格，无执行此项业务的权利，其却接受委托出具审计报告，违反了注册会计师业务准则的规定。

某会计师事务所有限公司在省高级人民法院司法鉴定人名册(2008)中，类别在“会计审计”中，其并不具备《司法鉴定许可证》、《司法鉴定人执业证》。可见，其不具备估算可得利益损失的资质。即使要做，鉴定所需要的基础资料也必须充分，某会计师事务所也要勤勉尽责地对涉案资料进行相应的核实和调查。

(2)某会计师事务所进行鉴定所依据的材料为单方提供材料，未按规定进行双方论证，即未获取充分、适当的证据支持审计结论，违反了注册会计师业务准则的规定。而本案中，某会计师事务所采用的跃华公司的举证材料未经过法定质证确认，程序严重违法。因此，某会计师事务所仅以未经法庭质证确认的材料为依据所做的审计报告，未按照审计准则，充分、适当地取得审计证据以支持审计结论，违反了注册会计师审计准则的规定。

(3)某会计师事务所未按照财政部发布的审计准则进行工作，其出具的审计报告无工作依据，违反了注册会计师业务准则。某会计师事务所出具的审计报告，虽然是受法院的司法鉴定委托，但是，其对可得利益的损失进行鉴定无任何依据。

(4)本案中，某会计师事务所出具审计报告的材料依据仅是跃华公司提供的单方面材料，未按规定获取充分的、适当的证据，认可单方(跃华公司)文件，

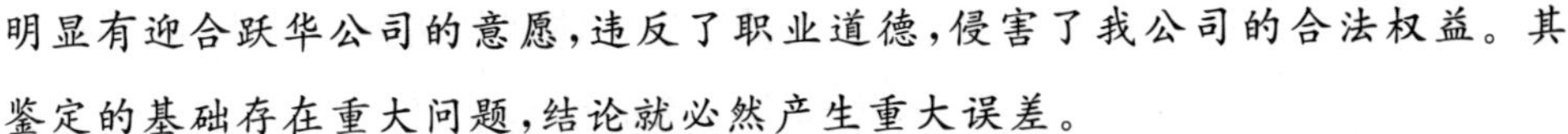

明显有迎合跃华公司的意愿,违反了职业道德,侵害了我公司的合法权益。其鉴定的基础存在重大问题,结论就必然产生重大误差。

四、泰兴公司对法务会计鉴定的质疑引发的思考

(1)本案中某会计师事务出具法务会计鉴定报告是在诉讼中,为了查明案情,指派或委托具有法务会计专门知识的人员,对案件中需要解决的财务会计问题进行鉴别判定,其工作结果只对法庭审判负责,是法院诉讼裁判采信与否的法定证据,只有经过法院庭审质证后得到采信才作为法院判案的证据。司法鉴定与《中国注册会计师其他鉴定业务准则第 3111 号——预测性财务信息的审核》规定的业务范围是有区别的。

(2)本案中,某会计师事务所是接受法院委托,鉴于所需材料较多,通过法院无法取得全面资料,委托方经过法院许可遂要求某事务所直接到跃华公司取得。对于取得的鉴定材料,某市人民法院事后进行了质证程序。这个案例提出了一个关于会计法务会计鉴定材料取证的理论问题,实践中鉴定资料的取证不少是需要会计直接实地外勤取得才能查明事实的。鉴定材料是否可信,鉴定结论法院是否采信,无疑应该有法院在庭审中确定。

(3)法务会计鉴定人是否需要经过登记才能执业成为一个有争议的问题,形成了登记没有管理制度要求,不登记受到当事人的质疑的尴尬境地。

跃华公司诉泰兴公司案归结起来反映了一个法务会计在诉讼支持活动中暴露出来的主体问题。类似案例偶有发生,影响比较大的如湖北李时珍药业法人代表吴汉强虚开增值税发票案,媒体以山寨司法鉴定引出 10 年牢狱之灾(荆楚网消息)。这些案例暴露出了:一个法务会计在诉讼支持活动中的主体问题。一方面反映了我国司法会计鉴定制度存在的问题,另一方面还涉及一个如何认识司法会计与法务会计的关系问题。

第一节　基于诉讼支持的法务会计主体现状

法务会计是指“特定主体运用会计知识、财务知识、审计技术与调查技术,针对经济纠纷中的法律问题,提出自己的专家性意见,作为法律鉴定或者在法

庭上作证的一门新兴行业”。[1] 这里指的特定主体就是法务会计主体，即所谓法务会计师或者法务会计人员，具体到为诉讼提供鉴定服务时，就是法务会计鉴定人。

法务会计鉴定人是法务会计鉴定工作的直接承担者，他们的专业知识、技能以及职业素养的高低在确保法务会计鉴定结论科学客观、维护当事人合法权益等方面产生着直接的影响。因此，明确法务会计鉴定人的性质与地位，进而完善法务会计鉴定人资格制度已成为我国目前法务会计鉴定改革中的重要环节。

我国关于法务会计鉴定人的现行法律规定，法务会计鉴定属于司法鉴定的范畴，是司法鉴定的一项重要的鉴定内容。但目前我国在法务会计鉴定方面尚无专门的法律进行规定，因而对于法务会计鉴定人也就相应地缺少了法律的专门规定。依据我国目前对有关司法鉴定的法律规定，在我国的《刑事诉讼法》、《民事诉讼法》、《行政诉讼法》三部诉讼法当中和相关的司法解释中都有专门的规定和说明。《刑事诉讼法》第 119 条规定：为了查明案情，需要解决案件中某些专门性问题的时候，应当指派、聘请有专门知识的人进行鉴定。针对法务会计鉴定的主体，法律并没有做出具体规定，但对于司法鉴定的主体有具体的规定。2005 年 10 月 1 日正式实施《全国人大常委会关于司法鉴定管理问题的决定》(以下简称《决定》)。《决定》中明确规定了司法鉴定主体可以是鉴定人和鉴定机构，并对鉴定人和鉴定机构应具备的条件作了规定。《决定》第二条，国家对从事下列司法鉴定业务的鉴定人和鉴定机构实行登记管理制度：(一)法医类鉴定；(二)物证类鉴定；(三)声像资料鉴定；(四)根据诉讼需要由国务院司法行政部门商最高人民法院、最高人民检察院确定的其他应当对鉴定人和鉴定机构实行登记管理的鉴定事项。《决定》第四条，具备下列条件之一的人员，可以申请登记从事司法鉴定业务：(一)具有与所申请从事的司法鉴定业务相关的高级专业技术职称；(二)具有与所申请从事的司法鉴定业务相关的专业执业资格或者高等院校相关专业本科以上学历，从事相关工作五年以上；(三)具有

---

〔1〕 李若山. 论国际法务会计的需求与供给——兼论法务会计与新《会计法》的关系. 会计研究，2000(11)：27.

与所申请从事的司法鉴定业务相关工作十年以上经历，具有较强的专业技能。《决定》第五条，法人或者其他组织申请从事司法鉴定业务的，应当具备下列条件：（一）有明确的业务范围；（二）有在业务范围内进行司法鉴定所必需的仪器、设备；（三）有在业务范围内进行司法鉴定所必需的依法通过计量认证或者实验室认可的检测实验室；（四）每项司法鉴定业务有三名以上鉴定人。《决定》对我国鉴定主体——鉴定人、鉴定人的范围及其任选都有了明确，但法务会计鉴定（司法会计鉴定）不在登记范围内，此决定并没有把法务会计鉴定人和鉴定机构列入登记范围，司法部出台的《司法鉴定人员管理办法》和浙江省人大出台的《浙江省司法鉴定管理条例》也未将法务会计鉴定人和鉴定机构列入登记范围。

我国现行法律对从事法务会计鉴定的人员应具备怎样的资格更未做明确规定，实践中，从事法务会计鉴定的人比较杂，有退休多年的会计、有注册会计师、有司法鉴定中心的工作人员等。而从事法务会计鉴定的机构也很多，比如司法鉴定所、会计师事务所等。限于人员及机构的复杂性及多样性，人员素质参差不齐，鉴定结论不被采信也是很经常的事。

在很长一段时间内，我国法务会计鉴定部门存在公安、检察、法院内部，公安、检察、法院都独立设置了司法会计鉴定机构开展法务会计鉴定。但是，这种情况不符合独立性原则，自侦自鉴、自鉴自判，影响到鉴定的客观性和公正性，也容易产生司法腐败。鉴于此，《决定》中规定司法鉴定机构须在司法行政部门登记，侦查机关根据侦查工作的需要设立的鉴定机构不得面向社会接受委托，人民法院和司法行政部门不得设立鉴定机构。

作为目前主要的法务会计鉴定人的会计师事务所方面，从实践中来看，由于利益驱动，一些没有鉴定资格、鉴定水平较低的会计师事务所介入法务会计鉴定工作，由于其专业能力不能适应法务会计鉴定工作的需要，所作出的鉴定结论难以得到法庭的采信。而且，在会计师事务所中存在着大量“注册会计师协同造假”等会计诚信危机问题，会计师事务所的独立性受到了严重威胁。在没有对法务会计鉴定人员资格进行严格的限定的情况下，如果注册会计师参与法务会计鉴定，其鉴定结果的可信性会大大降低，难以从根本上保证法务会计鉴定工作的质量，必然会严重阻碍我国法务会计鉴定行业的发展。

在会计师事务所中，注册会计师虽然精通会计、审计，但是法律方面的知识欠缺，会计师事务所中仅仅使用注册会计师和律师显然是不够的，需要这两方面有机结合的人才，而这方面的人才我国却严重匮乏。

另外，并不是所有涉及会计问题的案件都需要法务会计鉴定，如果案件中涉及的会计问题比较复杂棘手，这需要专门的法务会计鉴定机构来作出相应的鉴定；如果案件涉及的会计问题比较简单，仍然通过法务会计鉴定机构来鉴定的话，不符合成本效益原则，而且也会拖延案件时间。这就需要案件的审判人员有专业的职业判断能力，具备一定的会计知识，来确定哪些案件需要进行鉴定，哪些案件不需要进行鉴定，哪些应该实施自由裁量权。

我国基于诉讼支持的法务会计实践中，法务会计鉴定人通常称为司法会计鉴定人，或者更确切地说，司法会计鉴定在法务会计的研究中被称为法务会计鉴定人，这一现状折射了我国法务会计主体研究的现状。

第二节 对我国基于诉讼支持法务会计主体现状的分析

在我国诉讼实践过程中，法务会计主体存在的问题是我国司法体制在适应社会主义市场经济体制过程中存在的问题，是我国司法鉴定体制的某些不完善造成的，涉及司法鉴定的模式问题。

一、司法鉴定的模式

司法鉴定可以分为两个模式，大陆法系模式和英美法系模式。在诉讼制度上，大陆法系的传统是实体法，而英美法系则注重的是程序法。

在大陆法系国家，诉讼程序以法官为重心，突出法官职能，多由法官和陪审员共同组成法庭来审理案件。鉴定人是“帮助法院进行认识的人”，是“法官的科学辅助人”。法国学者认为，司法鉴定人是根据法官的指令对需要运用专业技术知识并通过复杂的调查才能查证的事实提出意见的专业技术人员。[1] 在法国，司法鉴定人被视为是法院的组成人员，要按照法官的指令将鉴定结论作

〔1〕 徐景和.司法鉴定制度改革探索.北京：中国检察出版社，2006：18－19.

为发现事实的一种方式，实质上是代替法官所从事的职务性活动，其作出的鉴定结论对法官就案件事实认定具有重大的影响力。在大陆法系国家，基于鉴定人是“法官的科学辅助人，法官的助手”这样的理念，法官有权指定、聘请鉴定人。与此同时，由于对鉴定人这种特殊地位的认可和强调，大陆法国家均以法律的形式规定鉴定人对双方当事人采取中立的立场，并适用法官回避的规定。大陆法系国家之所以对鉴定人作出这种界定，是因为大陆法系的司法鉴定人制度的设立根植于“职权主义”，强调法官应当在诉讼中积极主动发现事实真相并作出裁判。因此，诉讼的结果在很大程度上取决于法官的能力，实体真实的发现是法官不可推卸的职责。但是为了弥补法官在某些问题上判断能力不足的缺陷，鉴定人作为“帮助法官发现事实真相，实现正义”的助手而引入到诉讼中，成为法官“手足”的延伸。从这个意义上来说，鉴定人也就具有了一定的司法职能，法律也需要对鉴定人在资格上予以严格限制，以免“手足无能”导致法官对事实的判决产生负面影响，降低国家形象。大陆法系国家所设置的鉴定人制度，能够使司法鉴定工作不受控辩双方利害关系的影响而客观地进行，有利于提高鉴定结论的公正性和权威性，增强公众对裁判结果的信赖程度。但由于鉴定人的委托被司法机关所垄断，辩方无法参与其中，使得鉴定结论难以得到作为专业人员的对方鉴定专家的质证。而鉴定结论对法官就事实的认定具有重大的影响，这就增加了法官因缺乏对专业问题的实际审查能力而误判的可能，案件审判出现差错的风险依然很高。另外，由于法官掌握着鉴定人选任权，容易导致法官与部分鉴定人之间委任关系的固定化，出现鉴定人迎合法官的预断来制作鉴定结论的现象，可见，司法鉴定的公正性并未在最大程度上得到保障。

而英美法系在诉讼程序上，以原告、被告及其辩护人和代理人为重心，法官只是双方争论的“仲裁人”，而不参与争论，与这种抗辩式程序共同存在的是陪审团制度，陪审团主要负责做出事实上的结论和法律上的基本结论，法官负责做出法律上的具体结论，即判决。英美法系并没有建立司法鉴定人制度。与大陆法系国家所普遍采用的“鉴定人”概念相比，英美法与之相对应的应该是“专家证人”这一概念。在英美法国家，只要具有陪审团和法官所没有的某一领域内的专门知识或技能，能够为他们在解决案件中存在争议的事实方面提供帮助的人，就被认为是专家，并可以以专家证人的身份在法庭上发表自己的意见或

观点。因此,专家证人的概念外延同鉴定人相比,要广泛得多,在诉讼活动中起咨询、评议作用的非鉴定专家,如有专门知识的一般会计人员都可以成为专家证人,在法庭上就某些特殊或专业问题进行作证。从这一点上来说,专家证人同普通证人在诉讼地位上并无差别,专家证人所作的证言同普通证人证言同样需要在法庭上接受对方当事人的质证。对于法官来说,专家证人证言也不具有像大陆法系鉴定意见一样那么高的影响力。但是,专家证人在法庭上可以就案件的事实阐述自己的意见,该意见适用意见证据排除规则的例外,其合理性在于“借助其专业知识,专家有能力就特定事项表达意见,且该意见被合理地期待着可能是一种准确的认识;而且,通过运用其知识和技能,该专家能够提供一定的帮助,以供事实裁判者在对事实问题作出裁判时使用,缺少这些帮助,事实裁判者将无法对此作出裁判。”[1]英美法系国家对专家证人作出这种界定,主要是由其诉讼制度决定的。英美法系国家采用的是对抗式诉讼制度,奉行当事人主义。在这种诉讼模式下,控诉方和辩护方的诉讼地位是完全相同的,当事人双方都有权聘请专家证人,而专家证人受当事人的聘用,自然要站在一方当事人的立场上,在诉讼中为其提供帮助。这种制度安排一方面通过诉讼中双方当事人之间的竞争,能够提高诉讼效率,另一方面借助于处于对立面的双方当事人的相互制约机制,充分发挥程序的功能,全面地揭示案件的客观事实,防止陪审团偏听偏信。但其固有的弊端难以克服。由于法官完全保持消极中立的立场,所有的诉讼事项的决定权都交由当事人行使,当事人为了达到诉讼目的,往往不是基于澄清案件事实的需要去寻找最优秀的专家,而是为了获得胜诉去寻找对自己最有利的“专家证人”。因为专家证人由当事人所聘请,他们在选取有关事实材料并作出判断形成庭审意见时,不可避免地会带有倾向性,总是从有利于己方当事人的角度出发,阐述自己的观点,使科学仅在某一领域发挥作用。“鉴定人通过向当事人提供利于其主张的鉴定结论而获得相当的报酬,许多情况下与代理律师合为一体,置于同一方当事人的阵营而与对方对抗”,[2]其偏

〔1〕 宋英辉,吴宏耀.意见规则——外国证据规则系列之四.人民检察,2001(7).

〔2〕 [日]谷口安平.程序的正义与诉讼.王亚新,刘荣军译.北京:中国政法大学出版社,1996:256.

颇难以避免。基于此，英美法系国家主要致力于强化专家证人的公正地位，以遏制专家在诉讼过程中过分当事人化，所以在审判实践中法官主动决定有关事项的事例也越来越多。

二、我国的鉴定人制度分析

我国在鉴定人的定位问题上基本上采用了大陆法系的立场，设置了鉴定人制度。在我国，立法上将鉴定人称为“具有专门知识的人”，认为鉴定人是解决“专门性问题”的诉讼参与人，而理论上也没有就鉴定人形成一个较为统一的概念。全国人大常委会于2005年通过的《关于司法鉴定管理问题的决定》将“司法鉴定”界定为“在诉讼中，鉴定人运用科学技术或者专门知识对诉讼涉及的专门性问题进行鉴别和判断并提供鉴定意见的活动”。根据该定义，我们可以推论，司法鉴定人就是运用自己科学技术或者专门知识对诉讼案件中专门性问题，进行分析、鉴别和判断并提出鉴定意见的人。有学者认为，鉴定人在诉讼中具有三种职能：第一，传达从某一专门知识中抽象出来的结果，即科学技术的一般规则；第二，根据某一专门知识传达从诉讼的具体事实中得出的推论；第三，根据某一专门知识所认定的事实，传达关于具体事实本身。[1] 可见，对于鉴定人来说，其最核心的要素是具备一定的专门知识，并可以利用该专门知识就案件的具体事实作出判断、提出意见。关于这一点，中外学者是没有多少异议的。就鉴定人来说，其还应该具有群体性、资格透明性、中立性等特点。所谓群体性，是指鉴定人应当形成一个独特的职业群体，具有相对确定的执业规范和职业道德。首先，鉴定人的群体性体现为鉴定人应当在全国范围内统一管理，具有统一的资格准入标准、考核标准、执业标准等。其次，司法鉴定人必须在一个合法的鉴定机构中从事司法鉴定事务，而且只能在一个鉴定机构中任职。不允许没有参加司法鉴定机构的个人受理司法鉴定业务。再次，在必要时，可以由多个司法鉴定人进行共同鉴定。强调群体性有利于鉴定人之间互相学习，共同提高业务水平，同时有利于相互制约，防止鉴定的随意性。所谓资格透明性，是指鉴定人的准入资格应当向社会公开并保持一种开放性，只要符合事先确定的

〔1〕 张军.中国司法鉴定制度改革与完善研究.北京：中国政法大学出版社，2008：135.

标准并经有关部门的确认，任何人都可以成为鉴定人从事司法鉴定业务。如2005年全国人大常委会通过的《关于司法鉴定管理问题的决定》中的第4条和第5条对鉴定人的申请条件作出了规定，同时还要求申请从事司法鉴定业务的个人，得由省级人民政府司法行政部门审核，对符合条件者予以登记，编入鉴定人名册并公告，并且司法行政部门将根据鉴定人的变化情况，定期更新鉴定人名册并公告。所谓中立性，是指鉴定人在诉讼过程中应独立地运用专门知识和技能去解决案件中专门性问题，不受当事人及其委托人的影响，也不受司法机关的支配。中立性是保证鉴定结论客观科学的根本性要求，也是促进诉讼公正的重要因素。

根据我国《刑事诉讼法》的规定，鉴定人是诉讼参与人的一种，其参与诉讼是因为接受当事人的聘请或有关机关的委托就与案件有关的专门性问题提供专业意见以保证法官可以最大限度地查明事实真相，并作出公正判决。我国现行的司法鉴定制度是"强职权主义"诉讼模式下的产物。对于与司法鉴定有关的事项，公检法三机关享有极大的权力，而被告方则被排斥在司法鉴定运作的范围外，如被告人在诉讼中只享有鉴定申请权；当事人无权委托鉴定人对专门问题进行鉴定；鉴定程序的展开完全封闭，基本不具备透明度等，而鉴定人作为诉讼参与人，背负着查明事实真相的重任，需要在诉讼中保持中立和公正，在充当法官助手的同时还要平等对待当事人。我们国家的这些规定同大陆法系国家关于司法鉴定人的规定相比，职权主义的色彩更为浓厚一些，实践中也出现了很多问题，社会对司法鉴定的不满也逐年增多。最近几年在刑事司法领域出现的典型案例，更是将这种不满推向了一个高潮，司法鉴定制度正处于一个关键而敏感的时期。而值得强调的是，在整个司法鉴定制度中，鉴定人制度是当然的核心，因为一个科学公正的鉴定结论在审判中的正确运用不仅依赖于科学的鉴定体制、鉴定客体以及鉴定设备、鉴定技术、鉴定方法等诸多的因素，而且更依赖于鉴定人制度本身的科学性。鉴定人不仅是鉴定活动的具体实施者，而且还要参与到庭审过程中，就有关问题发表意见并接受质证。鉴定人的诉讼地位如何界定，实际上牵涉到如何看待鉴定结论的效力，以及在多大程度上认可鉴定结论对事实认定的意义等问题。

因此，从我国的实际情况出发，借鉴国外一些比较行之有效的做法，对于鉴定人诉讼地位的界定，应该立足于证人，可以称为鉴定证人（相对于普通证人而言），其所享有或承担的诉讼权利义务适用有关证人的一般规定。这是因为证人是向法庭陈述自己所亲身体验的事实，以提供裁判者所缺乏之体验，协助其获得可以进行案件事实推理的基础材料；而鉴定人是依其学识和经验报告其对特定问题所作鉴别和断定之人，其作用在于补充裁判者科学法则方面的知识，协助其进行案件资料价值的判断。从这个意义上来说，鉴定结论与证人证言对于法庭认定案件事实、作出结论而言，并无本质上的不同之处。鉴定人和证人只是在裁判作用、认识意义、知识经验类型、可替代性、认识案件事实时间等方面都有许多不同之处。但是两者在协助裁判者认识案件事实的基本特性上是一致的，而且对当事人而言，利用鉴定结论和证人证言的目的和意图也没有性质上的差别。如此一来，鉴定人作为证人的一种，必须出庭，讲明鉴定过程，解释结论，并接受交叉询问。这就在一定程度上降低了鉴定结论的神秘主义，并促使鉴定人认真对待，不敢弄虚作假。同时，交叉询问会使得双方当事人的鉴定证人和鉴定结论在法庭上接受反复考验，从而使真理越辩越明，也使得裁判者能明察秋毫，不为虚假的结论所迷惑。

司法鉴定首先得有鉴定人，且鉴定人必须具有特别技能经验并能够运用这些经验对特定问题作出断定。但是对于鉴定人的范围，理论界和实务界则多有争论。有的人认为鉴定人既包括自然人鉴定人，也包括机构鉴定人；〔1〕有的人则认为鉴定人只能是自然人。〔2〕在法国，根据 1975 年修改的《刑事诉讼法》第 157 条的规定，“鉴定人可以是自然人，也可以是法人”。由此可见，法人作为鉴定主体在许多国家是通例。

鉴定人的选任随着认识能力和科学技术的进步，人类在诉讼证明上开始采取“物证”的证明模式，即开始运用科学技术的方法检验各种物证以实现其证明价值。鉴定人的选任实质上涉及当事人在多大程度上享有程序性权利的问题。大陆法系一贯强调国家公权力对诉讼的主导性，当事人虽然也享有一些程序性

〔1〕 杜志淳，霍宪丹．中国司法鉴定制度研究．北京：中国法制出版社，2002：23—25.

〔2〕 汪建成，吴江．司法鉴定基本理论之再检讨，法学论坛，2002(5)；何家弘．司法鉴定导论．北京：法律出版社，2000：146.

权利，但是被限制在一定的范围之内。近些年来，因为受到英美法的影响，当事人所享有的程序权利的范围才在一定程度上得到扩张。而在我国，由于历史传统和诉讼制度演变的影响，被告人可资利用的程序性权利基本上处于空白状态，对于鉴定人的选任问题，被告人基本上没有发言权。在诉讼过程中，当事人只可以申请重新鉴定，而法官可以决定是否批准，至于鉴定人的选任问题，则完全是法官意志的产物，当事人的意愿呈现出边缘化的状态。

从理论上来说，鉴定人的选任问题可能涉及两个问题：首先，鉴定人的范围如何确定，即作为鉴定人应当符合哪些条件；其次，在诉讼的过程中，由谁来决定哪个鉴定人开展具体的鉴定活动。对于第一个问题，目前世界各国有两种处理方式。一种是大陆法国家所采取的事先审查制，即事先确定鉴定人的资格条件，凡是符合法定条件的人可以取得鉴定人资格，然后登记造册，只有名列于鉴定人名册上的人才具有开展鉴定活动的资格。这种做法也被称为鉴定权主义。另一种是英美法国家的事后审查制。英美法国家对于专家证人的资格问题，不预设任何的前提条件，当事人可以任意决定己方的专家证人人选，但是在决定之后必须接受法庭的检验，由法官决定其是否可以作为专家证人出庭。美国的法官在确定证人的专家资格时往往综合考虑其知识、技能、经验、训练或教育情况，而不是仅仅看其职业头衔或教育学位。

法务会计是我国鉴定人制度的重要组成部分，它是专为解决司法中遇到的财会专门问题而设计的。我国的法务会计专家制度最初表现为司法会计鉴定制度。就我国法务会计鉴定而言，综合最近几年法务会计鉴定领域所出现的问题以及理论上的研究成果，我们认为：首先，鉴定人资格的选任可以效仿大陆法系，采取严格的事前审查制，确定鉴定权主义。建立专门的鉴定人制度，可以采用如同注册会计师一样的考试培训制度，然后建立全国或各地方具有鉴定资格的鉴定人名册，并注明各自的教育程度、学术成果、专业经验等内容，以供确定鉴定人的需要。其次，对于具体案件中鉴定人的选任问题，从促进控辩平等、增强诉讼对抗性的角度出发，可以有两种方案：一种将选任鉴定人的权力统一归法院行使，控辩双方只在同等程度上享有申请、建议的权利；另一种方案是可以允许辩方申请选择的权利。

三、我国司法会计和法务会计关系的考虑

基于诉讼的法务会计目的是解决诉讼中涉及的会计专门性问题，针对这一问题的解决形成了不同的学科概念。美国著名的会计学家C.杰克·贝洛各尼与洛贝特·J.林德奎斯特，曾对法务会计(Forensic Accounting)做出简明的解释。他们认为，所谓法务会计，就是"运用相关的会计知识，对财务事项中有关法律问题的关系进行解释与处理，并给法庭提供相关的证据，不管这些法庭是刑事方面的还是民事方面的"。而乌克兰法学家卡司基诺维奇解释这一定义时认为：司法会计鉴定是一种诉讼行为，是根据侦查人员和法官的委托，对原始会计凭证进行会计技术鉴定，目的是弄清对案件的正确处理有重大意义的相关事实情况。我国的司法会计学专家于朝的定义为："在诉讼中，为了查明案情，指派或聘请具有司法会计专门知识的人员，对案件中需要解决的财务会计问题进行鉴别判定的一项司法会计活动。"〔1〕李若山(2000)〔2〕定义法务会计："法务会计是特定主题运用会计知识、财务知识、审计技术与调查技术，针对经济纠纷中的法律问题，提出自己的专家性意见作为法律鉴定或者在法庭上作证的一门新兴行业。它是会计的一门新兴学科。"学者对法务会计和司法会计在定义上显然有些不同，主要区别在于诉讼中解决专门会计问题是属于法学学科还是属于会计学科？会计学者与法律学者在鉴定对象的表述上也有所分歧，前者为"财务事项中的法律问题"，后者为"案件中需要解决的财务会计问题"，对鉴定对象认识的差异会导致对根本属性的不同认识，前者将司法会计鉴定作为一种科学实证活动，更强调司法会计鉴定的科学性；后者将司法会计鉴定作为司法活动的组成部分，更强调司法会计鉴定的诉讼性。

法务会计与司法会计在诉讼支持方面本质上都是解决诉讼过程中的会计专门问题，它们的区别主要形成于不同的法系基础和不同的司法会计模式：第一，两者的法系基础不同，法务会计与英美法系有关，司法会计与大陆法系有

〔1〕 于朝. 司法会计学. 北京：中国检查出版社，2004：5.

〔2〕 李若山，谭菊芳，叶奕明等. 论国际法务会计的需求与供给——兼论法务会计与新《会计法》的关系来源. 会计研究，2000(11).

关。英美法系，又称普通法法系。它首先产生于英国，后扩大到曾经是英国殖民地、附属国的许多国家和地区。英美法系的主要特点是注重法典的延续性，以判例法为主要形式，即上级法院的判例对下级法院在审理类似案件时有约束力。大陆法系，又称为民法法系，它是以罗马法为基础发展起来的法律的总称。大陆法系具有制定法的传统，制定法为其主要法律渊源，判例一般不被作为正式法律渊源（行政案件除外），对法院审判无约束力。第二，两者的诉讼模式不同，在法律诉讼活动中，法务会计人员被称为专家证人。专家证人（Expert Witness）制度原是英美法系国家证据法中特有的一种法律制度。专家证人通常由当事人自行决定和委托，而且当事人可以同时聘请注册会计师提供专家证言，这种提供专业服务的管理制度、行为规则、道德规范等构成的有机体系被称为法务会计专家证人制度。法务会计人员通常参与较为复杂的财税权益案件，并且由于法务会计工作的系统性、复杂性以及法律与会计的紧密结合性，需要精通会计专业知识，具有丰富的会计实践经验，还要熟悉相关法律，尤其是诉讼法和证据规则。

在法律诉讼活动中，大陆法系下的司法会计人员被称为鉴定人，鉴定人必须是具有解决案件中某些专门性问题的知识和技能的自然人；应当与本案没有利害关系，否则，当事人有权申请其回避；应由司法机关指派或聘请。因此，鉴定人被视为法官的助手，由法官依职权或经当事人申请指派与聘请。

由此看来，法务会计和司法会计尽管都是为诉讼活动服务的，但他们形成于不同的法系基础，相互之间有很大区别，主要表现在以下几方面：①执行人的立场不同。司法会计执行人是站在独立的向法律负责的立场上鉴定证据，而法务会计是站在为当事人（通常是作为被告的会计师事务所）服务的立场上，提供有利于自己当事人的证据。②行为目的不同。司法会计的目的是鉴定司法活动所需证据，以使诉讼活动得以顺利进行；法务会计的目的是提供会计学证据，有利于自己的当事人，并作为减轻或免除责任的辩护。③作用时间不同。司法会计的活动者发生在诉讼活动中，法务会计是随会计师事务所对付越来越多的赔偿请求自发产生的，他不会因诉讼活动的存在而存在，它是会计师事务所为了自身的利益而采取的对策，因此其作用发生在诉讼活动的前、中、后。④作用的结果不同。司法会计工作的结果是出具具有法定证据效力的司法鉴定书，法务会计工作的结果是向法庭提供有利于自己当事人的证据。

但是,两者本质上都是为了解决诉讼过程中遇到的会计问题。两者不同在于法系不同从而导致解决问题的方式不尽相同。我国理论界因为法律与会计领域的沟壑,形成了司法会计和法务会计并存的局面,这样很不利于诉讼支持作用的发挥,也给具体实务带来混乱。

随着社会的进步,两大法系之间在不断的融合和借鉴。我国的司法鉴定体制的不断改革也有促进法务会计与司法会计研究逐步结合的趋向。基于诉讼基础的法务会计的研究必须建立在我国的诉讼制度基础之上,才能解决诉讼中的财务会计问题,无论问题是产生于合同纠纷或者会计信息舞弊,其关键还应该是会计问题。

四、法务会计专家证人制度的借鉴

专家证人(Expert Witness)是英美法系中证人的一类,特指具有特定实践经验或专门知识,在法庭上针对专业性问题阐述判断性意见的证人。专家证人制度作为英美法系原本所特有的一种法律制度,是指由一方当事人委托的具有相应专业知识和实践经验的专家就某些专门性问题在法庭上运用专业知识发表意见作出推论或结论的一项法律活动。

专家证人制度和我国民事诉讼法中的鉴定人制度有很多相似之处,如专家证人和鉴定人都是凭借自己的专业知识或技能,对案件中的专门性问题发表意见性证言,但两项制度还是存在很多明显的区别。第一,鉴定人被限定为少数具有大学和大学以上文化程度的以及在各种行业具有特殊专业才能和名望的人士,通常都在某一被批准、认可的所谓权威或专门鉴定机构工作;而专家证人的条件则较为宽松,不受学历等条件的限制,只要知晓某方面专门知识就可以成为专家,而不一定要拥有高等学历或相应的资格证书。法庭关注的是专家实际的专业知识,而不是取得这些知识的方式。第二,我国鉴定人的确定采行政职权主义,由相关法律法规规定或法院指定,鉴定机关处于中立地位;而英美法系的专家证人的确定采用当事人主义,由当事人一方自行聘请,并维护该方的利益。第三,我国民事诉讼鉴定结论是以鉴定机构的名义出具的,而专家证人则以其个人名义出具证言。第四,鉴定人不是要必须亲自出庭参与质证，而专家证人则必须出庭。另外，聘请鉴定人的费用由败诉一方承担，而聘请专家证人的费用则由聘请他的一方当事人承担。

1.专家证人制度的科学性

专家证人在英美法系国家的诉讼中正发挥着越来越重要的作用。这项制度从理论和实践上都有一定的科学内涵。

(1)专家证人选任的科学性。英美国家对于专家证人的选任条件实际而有效，充分考虑了诉讼中查清案件事实真相这一目的的需要，突破了诸如学历、地位、威望等条件的束缚，只要在某一领域内具有较深资历或者具备特定的技能知识，就可以充任专家证人。这种选任模式可以在最大范围内，使能够帮助查清事实的人进入到诉讼程序中，有利于诉讼目的的最终实现。

(2)诉讼程序的科学性。首先，在诉讼程序中，法院以及双方当事人可以就专家证人是否具备必需的专业知识进行询问，保证了专家证人能够充分发挥其应有的作用；其次，对于专家证人所作出的证言，要经过法庭的严格审查和双方当事人的交叉询问才有可能被法官采用，并且双方的专家证人也可以互相质问。这充分体现出诉讼程序的对抗性，有利于法官居中裁判，查明案件真相。

法务会计专家证人制度作为专家证人制度中的一种特殊类型，主要是指具有法律、会计、审计等相关知识的法务会计专业人员在开庭审理前和审理过程中对所涉法务会计专业问题进行证据咨询和损失计量的诉讼活动。法务会计专家证人与普通证人不同，最明显的区别在于其所提供的证言的性质上。普通证人只能基于其目击或者观察所得，对发生的事件做出一种感性的判断，而法务会计专家证人可以超越他们的感性来作证，依据其掌握的法务会计专业知识和从业经验对所涉案件做出理性和科学的判断。

2.法务会计专家证人制度所存在的缺陷

(1)专家证人的依附性问题。专家证人一般由当事人自己选任、聘请，并由当事人支付费用。专家证人总是站在一方当事人的立场上阐述意见，与案件有利害关系，很难保持中立，因此就会无意识甚至有意识地支持一方当事人。这种依附性直接会导致专家证人无法将科学的专家意见提交给法院以作为裁判的基础。

(2)法务会计专家证言的难理解性问题。法务会计专家证人与普通证人之间很大的不同就在于他们所提供证言是针对会计财务或审计专业问题的，而这些专业领域的知识对于法官来说是很难掌握的，因此这些专业词汇对于法官和陪审团来说是晦涩难懂的。如果法官和陪审团在不很明了专家证言的情况下就予以采信的话，就在一定程度上将部分裁判权让与给了专家证人。

2002 年施行的《最高人民法院关于民事诉讼证据的若干规定》(以下简称《民事证据规定》)第 61 条规定了具有专门知识的人员可以出庭就案件的专门性问题进行说明，这可以说是我国逐步借鉴英美专家证人制度的开始。它顺应了我国建立现代民事诉讼制度的需要，对克服现行鉴定体制中存在的种种不足，弥补法官在诸如法务会计专业知识上的缺陷，帮助法官及时、正确地解决案件审理中遇到的诸如会计账目、虚假陈述损失的计量等专业性问题，实现司法公正和维护当事人合法权益具有重要意义。

专家辅助人在我国目前的诉讼法中很难进行定位，其既不属于普通证人，也不属于鉴定人，所提出的意见也不能作为证人证言被采纳，而其实际上却又对诉讼结果有重要的影响。因此，我国完全可以更多地借鉴法务会计专家证人制度。

第三节　基于诉讼支持的法务会计主体应该是注册会计师

一、基于诉讼支持的法务会计业务应由注册会计师垄断

根据我国《会计法》、《注册会计师法》和司法部门的有关规定，具有法务会计鉴定资格的四类人是公检法内部设立的已经取得"法务会计鉴定权"部门的专职法务会计，会计师事务所中的注册会计师，高等院校副教授以上的财会专家和学者，具有法务会计鉴定人资格的自然人。我国从事法务会计鉴定业务的机构原来包括公、检、法机关内设的鉴定机构和会计师事务所等机构，《决定》颁布实施后，法院和司法行政部门已经不得设立鉴定机构；公安、检察等侦查机关尽管仍然可以设立司法鉴定机构，但它们已经不再面向社会接受委托从事司法鉴定业务，只为机关提供侦查鉴定服务。实践中，高等院校副教授以上的财会专家和学者或其他具有法务会计鉴定人资格的自然人由于疏于管理，同时也缺

乏公信力，风险承担能力弱，所以实践中很少被委托，这也是因为法务会计鉴定影响法官的判决并关系到当事人的权益，是一项极其严肃的工作，因此必须严格限定法务会计鉴定人的条件。注册会计师由于自身的规范管理、专业胜任能力、独立精神和执业经验丰富，成为最适合的法务会计鉴定的主体。

法务会计应由最具有独立性的注册会计师来担任，法务会计鉴定区别于法务会计侦查。在刑事诉讼活动中，法务会计侦查是侦查机关运用会计专业知识，通过对案发单位财务资料的勘验，发现、分析线索，制订侦查方案，提取、审查证据，确认犯罪是否发生及涉嫌犯罪性质的一种司法侦查活动。法务会计侦查是获取法务会计鉴定材料的根本途径和手段。侦查机关内部设立的“法务会计鉴定机构”可以为侦查机关提供法务会计侦查服务（属于会计咨询，不具有司法鉴定性质），为侦查案件提供信息和线索，但是不得从事司法鉴定业务，防止自侦自鉴。可以出具法务会计检查报告但是不得作为独立证据使用。同样，侦查机关可以聘请高等院校的财会专家学者、企业的会计人员或者注册会计师，站在侦查机关的立场（而非独立的立场）提供专家意见，出具法务会计检查报告（不属于鉴定结论），为其提供法务会计技术咨询服务。法务会计鉴定（鉴证、审计）则应该成为法律赋予注册会计师的垄断业务。同时，鉴于注册会计师的专业胜任能力和较高的职业道德要求，也更能胜任法务会计鉴定工作，更有利于鉴定的独立、客观和公正。

二、注册会计师不需要申请鉴定人登记

注册会计师从事法务会计鉴定业务是否需要向司法行政部门申请登记，是一个值得探讨的问题。理论和实务界的代表性观点认为注册会计师行业的法务会计鉴定无须纳入国家统一管理。《决定》规定司法行政部门主管鉴定人和鉴定机构的登记管理工作，负责对鉴定人和鉴定机构的登记、名册编制和公告。《决定》规定国家对从事法医类鉴定、物证类鉴定、声像资料鉴定业务的鉴定人和鉴定机构实行登记管理制度，其他鉴定事项（包括法务会计鉴定）要实行登记管理的，应由国务院司法行政部门商最高人民法院、最高人民检察院确定。但是至今为止，国务院司法行政部门尚未明确法务会计鉴定业务是否纳入登记管理。当时立法本意上也认为法务会计鉴定属于会计活动，不能对登记管理的规

定作任意的扩张。《决定》规定:"法律对前款规定事项的鉴定人和鉴定机构的管理另有规定的,从其规定。"我们可以认为注册会计师从事法务会计鉴定业务已经由《注册会计师法》和财政部有关文件予以规范,不需要依据《决定》向司法行政部门申请登记。从国际上看,法务会计鉴定属于注册会计师的一种特殊目的的审计业务,一般不需要在法律上设定另外的鉴定主体资格。注册会计师(会计师事务所)只要依法取得审计资格,就可以从事法务会计鉴定业务,不需要向司法行政部门申请鉴定人登记,也不需要另外向财政主管部门申请法务会计鉴定资格许可。这样做主要有四点理由:①法务会计鉴定属于财务会计信息鉴定业务,当然也就是注册会计师法定的垄断业务。案件审理中的法务会计鉴定工作一直是注册会计师行业的传统业务,其鉴定范围为经济犯罪案件、财产纠纷案件中涉案的财务会计资料及有关资产。②财政主管部门和注册会计师协会根据法律、法规的规定负责注册会计师考试、资格授予(包括会计师事务所设立许可)、继续教育、年检和业务质量检查等工作,对注册会计师行业十分熟悉,必定也能胜任对注册会计师从事法务会计鉴定业务的监督管理,而司法行政机关不了解注册会计师行业,无法判断注册会计师从事法务会计鉴定业务的胜任能力,也无法认定注册会计师在法务会计鉴定中的违法行为并给予适当的处罚。③我国的注册会计师行业有着严格的执业准入制度和执业标准,应当说,有众多的注册会计师和会计师事务所能够达到《决定》规定的条件,具备胜任法务会计鉴定的能力。《决定》规定的鉴定人的条件并不比注册会计师执业许可和会计师事务所设立许可的条件严格。财政部《会计师事务所审批和监督暂行办法》(财政部 2005 年 1 月 18 日 24 号令)公布,自 2005 年 3 月 1 日起施行。规定"取得注册会计师证书后最近连续 5 年在会计师事务所从事审计业务"是担任会计师事务所合伙人(股东)的条件之一,合伙人(股东)完全符合《决定》关于鉴定人的条件《决定》规定。申请登记从事司法鉴定业务的条件则为:具有与所申请从事的司法鉴定业务相关的专业执业资格或者高等院校相关专业本科以上学历,从事相关工作五年以上。④《决定》对鉴定人和鉴定机构登记管理制度的主要内容是"登记、名册编制和公告",对此中国注册会计师协会也已经相应地建立了信息公布制度,在网站上公布了注册会计师的基本情况、受教育情况、资格取得、注册、继续教育、惩戒和处罚等信息,会计师事务所的基本信息、登记信息(包括成立时间、注册会计师人数等)、注册会计师年龄结构、注册会计师学历结构、惩戒和处罚等信息。司法机关和当事人通过这些可以了解会计师事务所和注册会计师的基本信息和诚信情况,也可以方便地选择法务会计鉴定人。

三、基于诉讼支持的法务会计主体:是注册会计师还是会计师事务所?

从理论上说,注册会计师才是社会审计实质主体,只有自然人——注册会计师才掌握进行法务会计鉴定活动所必需的专业知识和技术手段,法务会计鉴定行为应该由注册会计师去实施,完成必要的诉讼支持的观察、调查、分析、判断等活动。而且,也只有注册会计师(自然人)才能从事鉴别和判断等鉴定活动;在庭审过程中,当涉及鉴定人出庭作证等问题时,只有注册会计师才可以参加到庭审过程中去,就鉴定涉及的财务会计问题进行阐述说明并接受相关当事人的质证,保证直接言词原则在庭审中的贯彻。而实践上,单纯自然人——注册会计师负责制行不通,原因如下。

(一)司法程序决定单纯的司法鉴定人负责制行不通

我国司法实践中,司法鉴定人是经由司法机关委托司法鉴定机构,再由司法鉴定机构指派具体的司法鉴定人。这决定了三个特点:一是这种委托是司法机关和司法鉴定机构之间的契约关系,不是司法机关和司法鉴定人之间的契约关系;二是司法鉴定机构和司法鉴定人之间是职务上的隶属关系;三是这种职务上的隶属关系决定司法鉴定人的行为是职务行为。显然,我国法务会计鉴定中,注册会计师负责制在法理上是讲不通的。

(二)注册会计师不具有独立执行审计业务的权力

我国法律规定的社会审计主体是会计师事务所,注册会计师只是受会计师事务所指派执行审计业务的工作人员,没有独立执行审计业务的权力。根据我国相关注册会计师执业管理要求,注册会计师不能以个人名义执业,也不能一个人完成审计工作的全过程(如审计报告须两名注册会计师签名盖章),注册会计师出现意见分歧的应该由会计师事务所协调解决,统一意见后才能出具审计报告。单纯注册会计师显然无法完成独立法务会计鉴定活动。

（三）社会传统理念决定单纯的注册会计师负责制行不通

众所周知。“单位人”的社会理念在中国根深蒂固，注册会计师是会计师事务所的职员或雇员，不可能脱离会计师事务所树立独立形象。司法部《司法鉴定人登记管理办法》第 3 条第 3 款明确规定：“司法鉴定人应当在一个鉴定机构中执业。”也就是说.司法鉴定人是不能脱离组织而存在的。在此情况下，一旦司法鉴定行为引发法律责任的归结问题，司法机关和公民是不习惯也不愿意舍机构而求自然人的。社会公众都明白，自然人的责任能力通常弱于法人和社会组织。追究单位的责任本来就是社会习惯。所以，在此社会观念下，单纯的注册会计师负责制无法在全社会有效推行。

（四）法务会计鉴定报告的出具方式决定了单纯的法务会计师负责制行不通

我国审计报告，也包括法务会计鉴定书等不能只以注册会计师个人签名出具，必须有会计师事务所签章。我国司法鉴定相关规范也基本类似，《民事诉讼法》(2007)第七十二条规定：“……鉴定人鉴定的，应当由鉴定人所在单位加盖印章，证明鉴定人身份。”《司法鉴定程序通则》第三十五条规定：“司法鉴定文书应当加盖司法鉴定机构的司法鉴定专用章。”尽管这不等于鉴定机构就成为鉴定主体，但是盖章还是体现了以下三个作用：一是证明该鉴定人是本机构工作人员并具备鉴定人资格；二是证明鉴定人有胜任能力；三是表示该机构将依法承担民事赔偿的替代责任。但这给当事人乃至社会公众一种直观的认识，即认为司法鉴定文书是司法鉴定机构出具的。而司法鉴定人的签名不过是记载了谁代表司法鉴定机构作出了司法鉴定意见。谁盖章谁承担责任，是社会传统观念，也是中国的司法传统观念。

（五）注册会计师的责任能力和相应的执业保障

在我国，对大多数注册会计师来说，注册会计师并不是一项高收入的职业，却是一个高风险的职业。我国注册会计师的执业风险体系是以事务所为主体承担的，会计师事务所按规定要提取风险保障基金，而注册会计师个人是没有风险保障的。因此，注册会计师个人财产数量有限，难以承担；同时，注册会计师从观念和感情上也不会接受。我国司法鉴定管理制度也有类似情况，如《司法鉴定机构登记管理办法》第 18 条规定了司法鉴定机构执业责任保险制度，但《司法鉴定人登记管理办法》却没有建立司法鉴定人执业风险保障制度。

根据《全国人民代表大会常务委员会关于司法鉴定管理问题的决定》第四条和第五条，鉴定主体可以是自然人，也可以是法人组织，这也是国际上多数国家的通行做法。不过，结合我国的情况，我国的法务会计主体应当是会计师事务所。

第四章　基于诉讼支持的法务会计功能与技术方法

一宗职务侵占诉讼案

一、案情介绍

某国有企业总经理L,凭着在建筑领域的打拼,逐步富裕起来。腰缠万贯的他一方面担任某国有企业总经理、董事长,同时自己先后注册了四家公司。其中,一家是L独自出资的私有企业,两家是L与其他股东共同出资的有限责任公司,还有一家是与外商共同兴办的中外合资公司。

在这些公司的经营中,L集大权于一身,即四家公司的经营决策权和经营管理权及一切经济活动均由L一个人拍板定夺。各公司虽单独设账,但会计、出纳基本均为一套人马并全由L的亲属把持。各企业采购物资、生产调度、销售等主要部门的负责人也统统由L的心腹担任。就是在这种畸形经营方式和管理环境下,给L利用职务之便巧取豪夺营造了极好的温床。据查:几年时间里,他就把上千万公款揣进了自己的腰包,严重损害了国家和其他投资者的权益。

L以职务侵占罪被起诉至法院,法务会计人员接受委托对该案涉及职务侵占的财务会计问题进行鉴定。

二、法务会计鉴定依据

(1)某市人民法院提供的诉讼材料;

(2)L所经营管理的所有公司的财务资料、合同、协议资料;

(3)从相关公司经营现场核实取得的其他资料。

三、案例分析

一般说来,职务侵占的作案手段主要有两类:一是侵吞,即利用职务之便公然攫取或秘密截留公共财物。就L来说,其侵吞的手法是:①转移收入。例如,本来是中外合资企业生产的产品,却纳入L的独资企业账上,所获销售款也自然归L所有了;②销售收入不入账,将所收销货款秘密转到L个人银行存款卡上;③私账公报;即L个人购房、装修和购置家电产品及购买滋补品等开支统统由公款报销;④截留公款,即将公司对外投资所分利润据为己有;⑤对外销售材料、物资所收现金中饱私囊,而期末在平账时,以结转产品销售成本的方式冲减材料物质。二是骗取。所谓骗取,是指利用职务的便利,编造虚假的财务支出用途,将公共财产骗归己有的行为。经查,本案中L骗取公司财物的主要手段是:①虚列债务,套取现金。如2010年年初从北京某单位借款300万元,列入其他应付款账户,时过不久,就相继开具10份现金支票偿还。后经调查,所谓外借款纯属子虚乌有,银行转款凭据也系伪造,用现金支票还款全部落进了L的腰包。②虚假采购,套取现金,即使用假购货发票、假验收、假入库单等手段,虚列采购支出,套取现金。③采用填列虚假人名或分别填写金额的手法,制作虚假的工资、津贴、奖金等报销表套取现金。④虚报冒领,重复报销,即将以前已核销的支出账项,再次进行报销并获取赃款。另外还发现,L掌控的一个有限责任公司,大量采购原材料时,其销货发票开具单位均为异地企业,但却用银行同城转账支票结算,按照银行的结算规定,同城转账支票是不能转付外地的。后经调查,这些同城转账支票转出的款项,不是转到L的私企账户就是转到其个人的银行"卡"上。

几乎所有的贪污和侵占案件都需要通过法务会计鉴定、发现、收集和检查财务会计资料证据及其他相关证据,以查明案件事实。一般说来,有些胆大妄为者，在利用职务之便侵占公共财物时，往往在作案时无所顾忌，这样从账面上或查核会计凭证就可以直接发现。但就大多数涉嫌职务侵占者来说，其作案手段相当隐蔽，仅检查会计资料很难发现问题，鉴定人只有通过调查、分析、测算和实施其他必要的鉴定程序，才能找出症结所在。例如，在查证L涉嫌侵吞销货款时，经调查了解，L的独资企业只是个空壳，且早已停止运营，而凭空年收入却达几百万元。而L与外商共同出资的企业，设备先进，人员众多，具有极强的生产能力，但年主营业务收入与之不相匹配。特别是按单件产品材料消耗定额测算，其每年采购的原材料投入与生产出的产成品相差甚远，通过查证询问，一切才真相大白。原来是L为侵吞公共财物，故意把外商投资企业生产的产品转到他的独资企业账上。再如，在查证L骗取公司财物时，有一个细节：有一家公司每年都从外地采购大量材料，却少有运费发生。尤其是在审查2005年外部采购普通发票时，外地某物资供应部门开具的几十份发票号码相连，但有一份发票上加盖的销货方财务章，却是另一个供货单位。后经调查落实，系L指使手下从北京买来的一本假发票，专门用于虚列采购套取现金。通过对L涉嫌职务侵占一案的查证可知：按照法务会计鉴定的基本要求，收集能够证明作案人非法占有的财产为公共财物的会计资料证据，是侵占案件会计检查的重要任务之一。这项工作通常是结合查找作案过程的其他证据一并进行的。但鉴定人必须摒弃就账查账的片面做法。诚然，在法务会计鉴定中，应对作案人经管公共财物所涉及全部会计资料实施检查，但这并不意味着在实际检查中必须将作案人所经办的全部财务会计业务一一进行核实，而是应该通过分析案情，据以确定检查的范围，对属于检查范围内的全部账证都应进行检查。只有这样，才能从中发现作案人侵吞、骗取公共财物的蛛丝马迹，并如实把查出的“蛛丝马迹”或疑点提供给办案机关。作为中介机构，还应密切协助司法机关进行调查取证。事实上，对查出的L涉嫌职务侵占的诸多问题，最终都是通过内查外调才得以确认的。

诉讼实务中，法务会计运用其特有的技术方法和手段发挥了诉讼的支持作用。

第一节　基于诉讼支持的法务会计的功能

我国著名法学家何家弘教授说:“在人类司法实践的历史发展过程中,证明方法曾经有过两次重大的转变:第一次是从以‘神证’为主的证明方法向以‘人证’为主的证明方法的转变;第二次是从以‘人证’为主的证明方法向以‘物证’为主的证明方法的转变。因为各种物证的证明价值往往都要通过一定的科学技术的检验或鉴定才能实现,所以司法鉴定的技术和方法便在第二次转变过程中迅速发展起来,并逐渐在司法证明的舞台上扮演了主要的角色。”法务会计是现代法律制度的产物,现代法律制度的一个明显特征就是越来越重视证据。而法务会计结论就是一种证据,法务会计的功能首先表现为一种证据,同时,又存在有别于一般证据的功能作用。法务会计同其他司法鉴定一样通常具有如下三个功能。〔1〕

(一)扩张事实裁判者的认识对象

法务会计的核心是通过科学技术在司法领域内的运用,从所鉴定的对象中获取与案件事实相关的客观信息。因此,法务会计在完成后,必然需要向社会及法庭提供某种结论,对整个鉴定过程以及鉴定人利用自身的技术和知识优势通过鉴定,对案件有关的专门性问题所形成的判断。这些判断是专业知识规范和具体事实之间的结合,其在得以形成并提交给法庭后,使得事实裁判者所要关注的认识对象的范围大大扩张。在法务会计进行之前,与案件有关的某些事实信息可能因为各种原因而被掩盖,事实裁判者的认识对象在某种程度上被限缩了,往往限于根据经验或逻辑可从证据获取的表面信息。而法务会计的目的之一就是利用技术对这些被掩盖的信息进行揭露,从而大大深化了人们在同等情况下对证据所包含的信息的理解,为审判在更深层次上提供了可供认识的对象。因此,法务会计的存在,在某种程度上保证事实裁判者需要关注的案件事实不会受到限制,从而扩张了司法裁判者认识对象的范围。

---

〔1〕 汪建成.司法鉴定基础理论研究.法学家,2009(4).

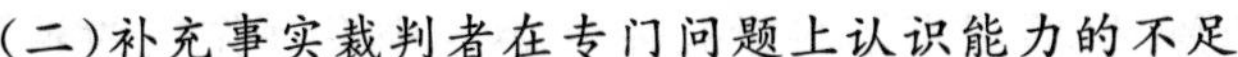

(二)补充事实裁判者在专门问题上认识能力的不足

“一般来说,事实裁判者的认识能力是不需要,甚至排斥各种形式的‘补充’的。无论是大陆法系率先提出的自由心证原则,还是作为英美各国诉讼模式之独特景观的陪审团审判都是建立在这样一种认识的基础之上:在诉讼过程中根据证据认定案件事实是一个经验层面的问题,凡具有普通常识与一般逻辑思维能力的正常的理性人足以胜任。”〔1〕从理想的情况来说,当裁判者面对证据需要作出判断的时候,只需要根据经验运用自己的判断力,便可得出事实认定的结果。

然而,在司法实践中,当案件事实涉及专门知识的情形时,缺少有关专门知识作支撑的单纯的判断力便失去了用武之地,而不得不借助有关专业人士的帮助。因为虽然可以推定事实裁判者具备所有应当具备的常识,并可以通过各项措施尽量满足这一推定,但是我们必须同时认识到,随着社会分工和知识领域精细化作为社会发展趋势的展开,社会成员的知识结构愈加具有深度但无法具备广度,因此,对于案件裁判者来说,不可能要求他们对于超出一般常识范围之外的各个专门领域都有深入研究。为了缓解裁判者必须裁判的义务和裁判者认识能力欠缺两者之间的矛盾,法律必须寻求一种解决机制以形成对裁判者就专门性问题认识能力欠缺的补充。在现代科学技术得以产生、发展并对社会生活各方面产生深刻的影响之后,将现代科学技术手段引入诉讼中,利用科技对裁判者无力认识的案件专门性问题进行解读和判断,便是一种必然的选择,法务会计制度也由此而走到诉讼的前台,成为法官认定事实的一种制度性保障。

因此,在法务会计中,鉴定人便成为一个核心角色,因为鉴定人一方面是科学技术手段的掌控者,另一方面又对案件涉及的专门性问题具有优于裁判者的认识能力。只有这两者互相结合,案件的裁判者在对专门性问题作出判断上所面临的窘境才能得到破解。因此,鉴定人的作用便是根据超出一般常识范围之外的那部分专门知识,利用技术优势就专门问题作出判断,从而补充事实判决者在专门问题上认识能力的不足。

明确法务会计的这种作用一方面为其自身的存在提供了合理性,另一方面

〔1〕 汪建成,孙远.刑事鉴定结论研究.中国刑事法杂志,2001(2).

还具有更为重要的法律意义，即规定了科学技术在诉讼中发挥作用的界限，防止科学技术对诉讼造成不利影响，避免法庭审理对科学技术形成依赖。首先，鉴定仅限于事实问题，而对与此相关的法律问题鉴定人不得发表意见。其次，法务会计应仅仅针对案件事实中有关的专门问题进行，至于属于普通的常识性问题范围之内的事实认定，鉴定人在认识能力上并不占有任何优势，所以应当属于事实裁判者的职责，鉴定人不得干预。

(三)补强其他证据的证明力

法务会计既是一种科学技术活动，又是一种诉讼证明活动，它具有“形式上的司法活动与实质上的科学技术活动两者兼而有之的性质”。[1] 法务会计通过技术性手段将蕴含于物证、书证等证据材料中的事实信息揭露出来，并将之以鉴定结论的方式加以展示，从而达到为法庭查明事实提供帮助的目的。从证据方面来看，法务会计具有以下几方面的作用：

(1)揭示物证、书证等证据材料的证据价值。一般来说，物证是以其存在的物理状态等来起证明作用的，而书证则是以其内容对案件事实加以证明。但是在有些情况下，物证、书证只有经过具备特定知识和技能的人的认识、解读才能发挥其证明作用，例如诉讼中涉及的会计书证、物证，需要法务会计才能确定其证明力并为刑事诉讼行为的展开提供证据支持。

(2)为一定的实体或者程序性主张提供意见。在诉讼过程中，诉讼双方基于胜诉的心理渴求，往往会根据具体情况的发展而不断提出实体主张或程序主张。实体方面的主张涉及被诉人刑事责任能力、犯罪构成要件等方面，而程序性主张主要涉及被告方的诉讼能力、受审能力及证人的作证能力等。如果诉讼参与者提出与上述规定有关的主张或其他类似的主张时，基于查清事实的需要，对有关的问题进行法务会计便是理所当然的了。此时，法务会计的作用即在于为诉讼参与者提出的某种主张从专业角度提出意见。

(3)法务会计可以对一些普遍性的规则、惯例、专业术语等进行说明及解释，从而帮助控辩审三方理解、判断有关各方的意见。现代社会发展日新月异，

---

〔1〕 江一山.司法鉴定的证据属性与效能.载:何家弘主编.证据学论坛(第1卷).北京:中国检察出版社,2000:30.

新领域、新科技层出不穷，新的术语和行业规则的发展往往也是一日千里，令人目不暇接。而在有些情况下，对诉讼中涉及的某个术语或规则的理解则牵涉到是否能够准确认定案件事实的问题。此时，如果缺乏鉴定人就相关问题所提出的专业性意见，法官的裁判将面临极大的困境。

上述三个方面的作用充分说明，法务会计的一个非常重要的功能就是补强其他证据的证明力。在现实中，有许多证据的信息不是自动暴露的，只有依靠法务会计才能予以揭示，并发挥诉讼证明的作用。

第二节　基于诉讼支持的法务会计技术方法

法务会计在技术手段上与会计检查和审计有类似之处，会计检查和审计中的一般审计技术与方法通常可以在法务会计诉讼支持过程中运用。法务会计诉讼支持过程中常用的会计检查方法有：①核对法，是对各种相互联系的会计资料，如借与贷、明细核算与综合核算、账簿与报表等相互对照验证，以检查核算工作中可能存在的问题的一种方法。②分析法，是对会计资料进行综合比较，分析各种数据的内在联系，以找出疑点，或明确问题症结所在的一种方法。③查询法，是采用询问或调查的方式了解情况、搜索资料，为弄清某一方面的问题而取得必要的旁证资料的一种方法，它包括面询和函询两种。④复核法，是对原来的会计记录进行重复核算，以验证其是否正确的一种方法。⑤观察法，是直接深入会计工作的具体场所进行实地观察、了解情况，发现会计核算中存在问题的方法。⑥盘点法，是通过实地盘存实物或现金的实际数量与有关账面资料进行比较，借以查明是否短缺和损坏，账款、账实是否相符的一种方法。⑦顺查法，是把账务处理顺序从原始凭证到记账凭证，从凭证到账簿，从账簿到报表依次进行检查的一种方法。⑧逆查法，是按照账务处理顺序倒过来，即由报表到账簿再到凭证依次进行检查的一种方法。常用的审计方法有：①检查记录或文件，是指注册会计师对被审计单位内部或外部生成的，以纸质、电子或其他介质形式存在的记录或文件进行审查。检查记录或文件包括注册会计师对会计记录和其他书面文件可靠程度的审阅与复核。审阅是为了发现有无不正常现象而批判性地阅读书面资料的审计技术，其目的在于确认书面文件是否真

实、合法;复核是确认各种书面文件之间钩稽关系的审计技术,通过书面文件之间的对照检查,确认双方对交易或事项的记录是否一致、计算是否正确。②检查有形资产,是指注册会计师对资产实物进行审查。运用这种方法的目的在于确定被审计单位实物形态的资产是否真实存在,并且与账面数量是否相符,查明有无短缺、毁损及其他舞弊行为。它主要适用于存货和现金的检查,也适用于有价证券、应收票据和固定资产等,监盘是其常用的操作技术。③观察,是指注册会计师察看相关人员正在从事的活动或执行的程序,注册会计师按照审计具体目标的要求,前往被审计单位的工作现场,查看业务活动的方法、程序及实施情况,以掌握整个业务活动或执行程序的实际情况,获取审计证据。④询问,是指注册会计师以书面或口头方式,向被审计单位内部或外部的知情人员获取财务信息和非财务信息,并对答复进行评价的过程。⑤函证,是指注册会计师为了获取影响财务报表或相关披露认定的项目的信息,通过直接来自第三方对有关信息和现存状况的声明,获取和评价审计证据的过程。实施函证的目的是证实影响财务报表或相关披露认定的账户余额或其他信息,从外部独立来源来获取强有力的审计证据。⑥重新计算,是指注册会计师以人工方式或使用计算机辅助审计技术,对记录或文件中的数据计算准确性进行核对。注册会计师往往需要对文件或记录中的数字大量地实施重新计算,以验证其是否正确,获取必要的审计证据。⑦重新执行,是指注册会计师以人工方式或使用计算机辅助审计技术,重新独立执行作为被审计单位内部控制组成部分的程序或控制。实施重新执行可以验证被审计单位内部控制的有效性,获取内部控制是否有效的审计证据。⑧分析程序,是指注册会计师通过研究不同财务数据之间以及财务数据与非财务数据之间的内在关系,对财务信息作出评价。分析程序还包括调查识别出的、与其他相关信息不一致或与预期数据严重偏离的波动和关系。如果不发生影响财务数据或非财务数据以及数据之间相互关系的事项(如异常业务或事项的发生、会计政策变更、重大错报等),那么数据之间的关系将会合理存在。利用这一前提,注册会计师通过数据之间的内在关系的研究,就可以发现影响事项、获取审计证据,对鉴证对象信息作出评价。

但法务会计实践中通常不适用“重要性原则”,同时一般也不适宜采取抽样审查,而需实施详细验证。法务会计要求对某一经济行为或事项的“是”与“非”

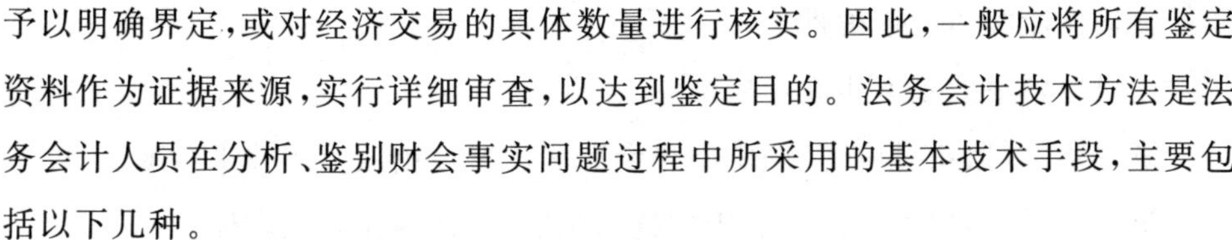

予以明确界定，或对经济交易的具体数量进行核实。因此，一般应将所有鉴定资料作为证据来源，实行详细审查，以达到鉴定目的。法务会计技术方法是法务会计人员在分析、鉴别财会事实问题过程中所采用的基本技术手段，主要包括以下几种。

一、比对鉴别法

比对鉴别法是指以正确的财会处理方法及处理结果作为参照物，将其与财会资料检验过程中所记载的需要分析鉴别的财会处理方法及处理结果进行对比、鉴别，判定检验过程中所见财会处理方法及处理结果是否正确、真实的鉴定方法。

该鉴定方法以财会处理方法与其适用对象之间具有特定的对应关系为鉴定原理，根据鉴定材料中记录的财会业务内容，参照相关的财会技术标准，将其制作成作为对比标准的参照物，同时将鉴定中所需要进行分析鉴别的财会处理方法及处理结果作为对比物，然后将两者进行对比。如果一致，则可判定需要鉴定的财会处理方法及结果是正确或真实的；如果不一致，则可判定存在错误或虚假。比对鉴别法主要适用于对会计分录、账户余额、会计报表项目数据等计算结果的正确性，以及会计处理记录真实性的鉴别。

在进行法务会计诉讼支持的过程中，通常运用的方法是检查法和核对法。检查法主要对需鉴定的会计核算资料和相关文件逐项检查，重点是原始单据，查看其中有无错漏、重复、涂改，尤其要查明其内容是否正确、合理、合法、符合会计原则和制度。核对法是对需要鉴定的会计核算资料中的有关会计凭证、账簿、报表和其他原始记录、实物、现场等实施相互核对，以确认会计记录所反映的事实情况是否真实、正确。

比对鉴别法虽然会运用到检查法和核对法的基本技术，但是基本方法原理还是有很大不同的。从内容方面讲，采用比对鉴别法必须依据特定的原理和方法制作出参照客体，检查法和核对法则通常是直接的比对检查，一般不设定参照客体；从客体形式上讲，比较鉴别法是有鉴定人设定的参照客体与一个实际客体之间的比较，而检查法和核对法通常只是两个实际客体之间的比较；从结果上看，比对鉴别法可以直接鉴别对比客体的正确与否，检查法和核对法通常不能直接判断客体的正确性。

比对鉴别法的基本步骤：

第一步，根据比对内容，确定制作参照客体所适用的引用技术标准。

第二步，根据相关证据及引用的技术标准，设计制作参照客体。

第三步，将参照客体按照比对的内容与鉴定证据中的比对客体逐一进行比较、核对，从而确认比对客体的内容是否正确真实。

二、平衡分析法

所谓平衡，就是各个互相联系的因素之间，在数量上保持一定的合理性的对应关系。平衡分析法是分析事物之间相互关系的一种方法。它分析事物之间发展是否平衡，揭示出事物间出现的不平衡状态、性质和原因，指引人们去研究积极平衡的方法，促进事物的发展。法务会计的平衡分析法是指根据资金或数据之间的数量平衡关系，推导并确认某项资金或数据是否真实、正确的鉴定方法。

平衡分析法是以资金运动的规律性和反映资金运动规律的数量平衡关系作为鉴定原理的鉴定方法。基于资金之间及相关数据之间具有客观的平衡关系，鉴定人可将需要推导和确认的某项资金或数据设定为分析量，根据分析量与现有资金或数据之间的平衡关系，推导出分析量的数值，并据以分析和证明有关财会业务结果及相关记录的真实性。实际中广泛运用平衡关系式。平衡关系式是用等式表示各相关指标间平衡关系的公式。例如，期初库存＋本期入库＝本期出库＋期末库存，资产＝负债＋所有者权益，增加值＝总产出－中间投入。

（一）平衡分析法通常运用的是会计学中主要的资金平衡原理

(1)会计恒等式及其所反映的经济内容，即反映了会计主体在某一时日资产与权益之间的恒等关系，是设置账户、复式记账、试算平衡、设计和编制资产负债表的理论依据。从数量方面来观察，一个企业有多少资产，就必定有多少权益；反之，有多少权益，也就必然有多少资产。两者之间的这种数量关系可表达如下：

资产＝权益

＝债权人权益＋所有者权益

＝负债＋所有者权益

“资产＝负债＋所有者权益”这一会计恒等式是复式记账的理论基础，是资产负债表赖以构架的理论框架，也是法务会计中依据的最基本的平衡原理。

(2)试算平衡原理。借贷记账法下对于每一笔经济业务的账务处理都必然是既要用“借”方反映增加(或减少)项目的金额，又要用“贷”方反映减少(或增加)项目的金额，这就叫做“有借必有贷，借贷必相等”。因此，一定时期全部科目的借方发生额合计数必然等于全部科目的贷方发生额合计数。借贷记账法下，会计恒等式又决定了全部科目的借方期末余额合计数也必然等于全部科目的贷方期末余额合计数。如果不是这样，则说明账务处理中存在着科目运用或金额计算上的错误。但反过来说，虽然试算平衡都平了，却并不能保证账务处理一定正确，因为有些账务处理错误并不影响试算平衡，如漏记或重记一笔业务，或一个记账错误的金额正好被另一个记账错误的金额所抵消等。

(3)账簿平行登记原理。所谓的账簿平行登记，是指根据会计凭证，将一项经济业务既要记入有关总账，又要记入与总账相应的其他账簿。通过平行登记，使总账与其他账簿的记录保持一致，并相互核对，借以保证账簿记录的正确。如果平行登记的结果不一致，也便于及时发现问题，以利有针对性地查找和更正。

平行登记必须遵守下列要求：①平行登记的金额必须相等；②平行登记的方向必须相同；③平行登记的原始依据必须一致。

检查账簿平行登记的结果是否正确，可以从平行登记的账簿记录的发生额和余额两方面来验证，即总账发生额应同其所属其他账簿发生额合计相等；总账余额应同其所属其他账簿余额合计相等。

(4)账户结构原理。按照国际惯例，在借贷记账法下，为了统一记账的格式，将账户的左方称为“借方”，右方称为“贷方”。资产类账户：借方登记增加额，贷方登记减少额；负债和所有者权益类账户：贷方登记增加额，借方登记减少额。费用类账户结构与资产类账户相同，收入、利润类账户结构与负债、所有者权益类账户结构相同。进而，账户的期初余额、本期发生额、期末余额之间有下列平衡关系：

资产和费用类账户：

期初余额＋本期借方发生额－本期贷方发生额＝期末余额

负债、所有者权益、收入和利润类账户：

期初余额＋本期贷方发生额－本期借方发生额＝期末余额

另外，会计学中的对账原理也是建立在会计学中一些基本平衡关系之上的，如账证、账账、账实、账表、表表的核对，进行平衡分析时也可以引用，例如表表的核对其实就是报表钩稽平衡关系的一种体现。

(二)采用平衡分析法进行鉴定时的步骤

第一步，根据相应的平衡分析机制，确定需要采用的参照量的范围。

第二步，对财务会计资料进行检验，并根据检验结果及相关证据，确定参照量的实际量值。

第三步，根据相应的平衡原理，计算或确认分析量的实际量值。

第四步，根据求得的分析量的量值，对鉴定要求提出的问题进行分析判断，作出相应的结论。

平衡分析法通常分为静态平衡分析法和动态平衡分析法两类。

1.静态平衡分析法

静态平衡分析法是根据在若干参照量的量值确定的情况下，分析量的量值也相对确定的平衡机制设计的一种鉴定方法。由于这种平衡分析方法是将参照量的量值置于相对不变的情况下推导确认分析量的量值的，所以称之为静态平衡分析法。

静态平衡分析法的具体操作要点有以下几个方面：

(1)根据鉴定要求及财务会计资料的制作情况，设定参照量的选择范围。

设定参照量的范围时，应遵循两个基本原则：其一，所选择的参照量都有确定的量值；其二，所选择的参照量的量值与分析量的量值必须能够组成一个相对独立的量的平衡体系。

(2)根据财务会计资料的记载，找出并确定参照量的量值。

在寻找和确定参照量的量值时，需要遵循的原则：一是所采用的参照量的量值必须是与分析量的量值具有静态平衡关系的量值；二是对所采用的参照量的量值必须要有据实的确认。

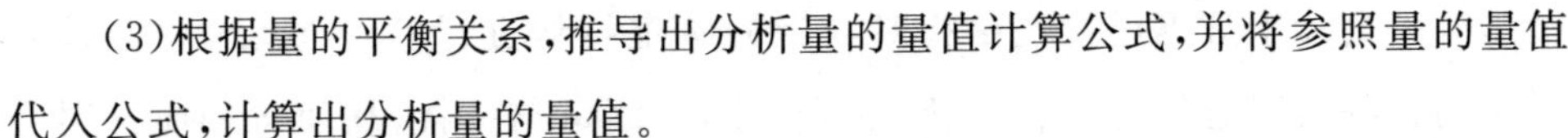

(3)根据量的平衡关系,推导出分析量的量值计算公式,并将参照量的量值代入公式,计算出分析量的量值。

在运用静态平衡分析法鉴定中,最常用的平衡关系主要有资金的静态平衡,如会计报表项目的平衡关系、会计报表项目与账户余额的平衡关系等。

(4)根据计算确认的分析量的量值,分析确认财务会计资料对某项会计要素或财务数据的记载内容的真实性,或分析其他需要进行鉴别判断的财务会计业务事实。

2.动态平衡分析法

动态平衡分析法是根据参照量的量值与分析量的量值在参照时与分析量的转换过程中,其量值不变的平衡机制设计的一种鉴定方法。动态平衡分析法主要运用了资金转换原理。

所谓资金转换,是反映资金在运动过程中所发生的资金性质、资金归属或资金形态的变化。就单一的资金转换而言,资金在转换过程中,或者不发生量的变化,或者在原有量的基础上增加(或减少)特定的利润量,因而转换前与转换后的资金之间必然存在一种量的平衡关系。动态平衡分析正是运用这一量的平衡关系,通过考察分析资金的转换条件、转换过程中资金量的变化及资金平衡关系,来鉴别确认涉及资金的取得、形成、使用方面的财务问题以及相关的会计处理真实性、正确性问题。

在法务会计中,考察分析资金在转换过程中是否保持了量的平衡关系,主要是为了解决在会计方面有无存在未正确反映资金转换过程中的量的平衡关系的情形,以及这类情形的出现对会计要素的核算及会计信息的影响程度。通过检验与资金转换有关的财务会计资料,验明有关的会计核算资料对资金转换的记录和反映是否正确、有无遗漏。

三、证据链接法

证据能够互相印证形成证据环,证据链是由证据环构成的,表现了证据与待证事实之间的关联性,即这些证据环,足以证明案件全部事实。证据链接法是指一系列客观事实与物件所形成的证明链条的方法。链接任何证据在证据环未产生之前,都是孤立存在、不具法律效果的。

法务会计中证据链接法是指对收到的鉴定材料进行检查、验证，将其按经济活动过程与财会原理进行分析、鉴别、综合、固定与链接，从而将相应的财会事实简要、连贯地表述出来，出具鉴定意见的方法。

这种方法适用于案件事实基本查清，所涉及财会资料已经基本收集齐全的情况。此时的会计司法鉴定起到固定、综合证据的作用，使公安、司法人员已经收集的财会证据互相印证，形成证据链，发挥综合效力。

四、系统分析法

系统分析法最早是由美国兰德公司在第二次世界大战结束前后提出并加以使用的。1945 年，美国的道格拉斯飞机公司，组织了各个学科领域的科技专家为美国空军研究“洲际战争”问题，目的是为空军提供关于技术和设备方面的建议，当时称为“研究与开发”(Research and Development，缩写为 R&D)计划。1948 年 5 月，执行该计划的部门从道格拉斯公司独立出来，成立了兰德公司，“兰德”(RAND)是“研究与开发”英文的缩写。从 20 世纪 40 年代末到 70 年代，系统分析法不仅在政府工作中而且在民间企业中也得到了广泛的应用。

法务会计运用系统分析法原理，根据系统构造及运行原理，将法务会计材料的检验、分析、鉴别与判断置于案件事实系统、会计信息系统、企业管理系统以及经济、法律、文化系统等各种大大小小、相对独立又相互影响的系统中进行系统分析，以达到从整体中认识局部、由此及彼、由表及里的综合验证效果。

该种方法要求鉴定人员具有优秀的知识结构和分析推理能力，主要用于对鉴定方向和基本事实的确认，以强化鉴定的分析论证过程或寻找可能存在的漏洞。如某一项会计司法鉴定中，司法鉴定人发现被检验财会资料所属时期某采购员购买的钢材价格基本未变，而同期国内钢材价格逐步下降，平均下降约 30%。根据经济系统的运行规律，该企业采购的钢材价格应当无法摆脱市场行情的影响，由此鉴定人推断可能存在欺诈。经进一步检验补充的采购资料及相关证据材料，鉴定人终于发现了该采购员收受回扣、损害公司利益的事实。

五、因素递增法

因素递增法是指在鉴定过程中逐步增加分析鉴别因素的一种鉴定方法。

采用因素递增法进行检验鉴定时，应先将需要分析鉴别的各种因素，按其分析鉴别的难易程度由易到难进行排列，然后由易到难逐步将各个因素纳入分析鉴别的范围，如遇无法进行分析鉴别的因素，应在鉴定意见中进行说明。

因素递增法主要应用于会计司法鉴定中遇有鉴定材料不全，或对鉴定证据的真实性、可靠性存有异议等情形。

基本步骤如下：

第一步，按鉴别分析的难易程度排序。排序时注意区分有争议和无争议因素，个别因素需要采用一定的识别方法进行识别和认定。

第二步，根据已明确的无争议因素的内容，进行相关的计算和分析确认。

第三步，分别分析确认有争议因素及其影响程度。

第四步，根据第二步和第三步的分析结果给出综合分析意见并作为鉴定结论的内容。

存在有争议因素的情况下，法务会计人员应当出具限定性结论，并将第四步确定的综合分析意见作为附加的判定条件。

六、因素排除法

因素排除法是指在一些涉及财会错误的鉴定中通过检验、分析和鉴别，逐步排除与结论有关的其他可能性，从而确认其中一种原因或结果的鉴定方法。

采用因素排除法进行鉴定时，首先应将能够导致某一财会后果的所有原因或某一财会现象能够导致的所有后果全部列示出来，然后通过检验、分析和鉴别财会资料及相关证据，尽力排除其他原因的作用或导致其他后果的可能，从而最终确认导致某一后果的真正原因或某一财会现象实际产生的真正后果。

因素排除法主要适用于对涉及财会因果关系问题进行的司法鉴定。采用该法进行鉴定时，必须做好两点：一是要将所有的可能性全部客观地列示出来，既不能遗漏，也不能凭主观想象随意添加。二是要将所列示的全部可能性逐一进行科学的分析，分别予以肯定或否定，如出现不能肯定其一或不能否定其他的情形时，不得作出确定性结论。实务中常见的问题是，不知道如何运用这一方法，或没有穷尽应当排除的情形。

采用排因法进行法务会计时，必须做好以下两项工作：

(1)要将所有的可能性全部客观地列示出来,既不能遗漏,也不能凭主观想象随意添加。如果列示不全或列示得不对,均可能导致鉴定失误。因此,对采用排因法作出的鉴定结论,通常都应进行鉴定复核。

(2)要将所列示出的全部可能性逐一进行科学的分析,分别予以肯定或否定,如出现不能肯定其一或不能否定其他的情形时,不得作出确定性结论。

在司法实践中运用这一方法时的问题是,法务会计人容易忽略运用这一方法来进行鉴定,或者因先入为主、经验不足等原因,往往没有穷尽应当排除的情形。

七、范围限定法

范围限定法是指通过限制检验的鉴定材料范围,将本应通过对较大范围的鉴定材料进行检验解决的鉴定问题,限定在可检验资料的范围内来解决的一种法务会计方法。

采用范围限定法进行鉴定时,主要是通过有选择地缩小鉴定材料的使用范围,从而有限度地解决案件所涉及财会事实问题。

范围限定法通常适用于因受鉴定材料质量或鉴定时间的限制,无法通过对较大范围的鉴定材料实施检验或无法利用对较大范围鉴定材料的检验结果作出鉴定意见等情形。在实际运用此方法时,鉴定材料范围的限制办法有两种:一是对鉴定材料的种类范围进行限制。如只对直接证据进行检验,只对与鉴定结论相关的记账凭证和账簿进行检验,只对记载案件事实的财会资料进行检验等。二是对鉴定材料的时间范围进行限制。也就是只对鉴定事项所涉及部分会计期间的财会资料进行检验,如只检验案发年度的财会资料等。

从法务会计原理上讲,采用范围限定法进行法务会计,所出具的鉴定结论实际上是在增加了一些假定的前提下得出的。因而在鉴定结论中必须具体说明结论所依据的鉴定证据的范围。从鉴定结论的范围看,结论往往只能依据所使用的鉴定证据确认鉴定事项所涉及部分案件事实,因而不能满足司法机关的全部鉴定要求。但是,在司法实践中,只要能正确慎重地运用这一技巧,便可以在特殊情况下解决一些案件所涉及财务会计问题。

采用范围限定法进行鉴定,所出具的鉴定意见实际上是在增加了一些假定前提下得出的，因而在鉴定意见书中必须具体规定所依据的鉴定材料的范围。

八、事实还原法

事实还原法是指以原始凭证记载的经济业务的发生时间为准，对会计核算资料进行调整并重新计算各期的核算结果，以还原各期财务状况或经营成果真实情况的一种法务会计方法。

该法适用于某时期连续各月期末财务状况、经营成果的确认，也适用于某时期连续各月账户余额正确性鉴定中的参照物的制作。事实还原法主要有两种具体方法：①手工还原法。采用该法计算正确的账户余额时，可分为如下几步：一是通过检验原始凭证，将不属于本期发生的经济业务的原始凭证挑出，并按实际业务的发生时间分别登记调入、调出账项登记汇总表，并分别计算出合计额。二是根据各期调入、调出账项的合计额，编制账项还原计算表。三是计算还原后的账户余额。四是验证还原结果——调整后的最后余额应当与原账户同期余额相同。②Excel 还原法。采用该法时，可以将会计账户记录的业务(可省略摘要栏)制成 Excel 电子表格，同时输入每笔业务的“实际发生时间”，然后按“实际发生时间”进行排序，即可得到还原后的各月账户余额。

九、其他方法分类

法务会计除了前述八种基本方法以外，实际工作中通常广泛借鉴会计检查和审计方法与技术，形成了很多其他的方法分类和技术手段。例如，根据法务会计查账验证的顺序分为顺序验证法与逆序验证法。顺序验证法是指会计司法鉴定人对所掌握的鉴定材料按照会计账务处理的顺序，从前往后依次对原始凭证、记账凭证、账簿和会计报表相关内容进行检查、验证的方法。逆序验证法是指会计司法鉴定人对所掌握的鉴定材料按照会计账务处理的相反次序，从后往前依次对会计报表、账簿、记账凭证、原始凭证的相关内容进行检查、验证的方法。根据对具体鉴定内容的不同采取的技术方法分为：①会计书面资料的鉴定方法，包括审阅法、复核法、核对法、账户分析方法和调节法等；②财产物资的鉴定方法，如盘存法；③其他情况的鉴定方法，包括观察法、查询法和函证法等。

法务会计虽然相对比较复杂，但是只要能很好地运用上述各种方法，就基本能够作出比较真实、完整、客观、有效的鉴定结论。

第三节 基于诉讼支持的法务会计鉴定实务过程与特殊问题处理

一、基于诉讼支持的法务会计鉴定实务过程

我国法务会计诉讼支持实践主要表现为法务会计的鉴定，法务会计鉴定的过程程序一般如下。

（一）接受委托

法务会计诉讼支持的第一步应该是接受委托。我国诉讼中涉及会计专门性问题时，当诉讼当事人向人民法院提出鉴定申请，人民法院根据具体案情启动鉴定程序，并委托会计师事务所执行法务会计鉴定。会计师事务所应该初步了解案情、评估风险、评估职业能力并确定是否接受委托，接受委托后，搞清鉴定目的、鉴定重点，双方签订鉴定业务委托书。委托书中应明确写明鉴定的具体要求和委托方与被委托方的权利义务。

（二）选派鉴定人员组成鉴定组，指定鉴定组长

鉴定组与委托机关和被鉴定单位办理有关鉴定卷宗、账册等材料交接手续，整理、搜集资料，熟悉案情，编制鉴定工作方案。

实施鉴定的关键是涉案鉴定技术资料。鉴定技术资料主要有以下来源：①当事人在案件审理过程中向法庭提供的财务会计账簿、账册和其他证据资料；②当事人在案件审理过程中向法院提供的相关主张、事实认可、抗辩等，如诉状、答辩状；③司法鉴定委托书；④当事人在司法鉴定过程中的相关主张、事实认可、抗辩等；⑤当事人在鉴定过程中向鉴定人提供的相关资料；⑥鉴定人在鉴定过程中形成的相关资料。上述资料从时间段上分，可分为原始资料与过程形成资料两大类。其中以原始资料为例，虽然是在法务会计鉴定中基本类似，但不同鉴定项目因司法程序及实体规定，赋予其一些特定的内涵和界定，具体会遇到诸如认证问题、举证时效问题、采信问题等，部分资料可能还需要当事人

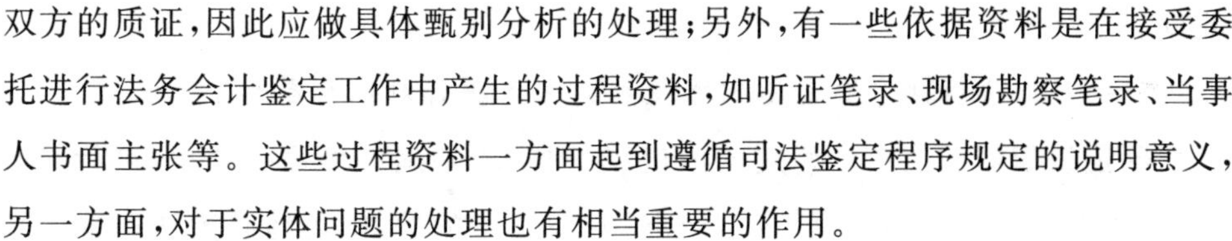

双方的质证，因此应做具体甄别分析的处理；另外，有一些依据资料是在接受委托进行法务会计鉴定工作中产生的过程资料，如听证笔录、现场勘察笔录、当事人书面主张等。这些过程资料一方面起到遵循司法鉴定程序规定的说明意义，另一方面，对于实体问题的处理也有相当重要的作用。

（三）鉴定组开始实施鉴定

首先将鉴定组成员名单告知被鉴定人或其亲属，是否要求回避并记录在案，接着由双方签字。然后根据鉴定项目审查银行账户、会计凭证、账簿、会计报表，检查账款、账物及有关涉案资料。鉴定中如需被审计单位或个人提供或补充有关材料，应向委托机关提出，由委托机关负责办理。鉴定过程中要取足证据材料，分别编制法务会计鉴定事项纪实，由被鉴定单位及相关人员在司法会计鉴定事项纪实上签字、盖章。

法务会计鉴定技术性强，要立足于强调技术上的严谨性，同时注重程序的合法性、规范性，做到技术内容正确，能够说服当事人，同时程序合法规范。

如何做好法务会计鉴定工作，重点在于把握两方面的问题：一是处理好实体问题，二是处理好程序问题。大多问题既是实体问题，也是程序问题，处理得当，两者皆得。

法务会计鉴定实体及程序问题处理的基本原则：①合法原则。鉴定依据应以合法有效为前提，具体为：一是当事人之间合同约定不违反法律的，以约定为准；二是当事人之间合同无约定的，适用定额依据有关规定和会计准则进行计算；三是当事人对约定内容或行为事实有争议的，以委托法院确认为准。鉴定所依据的证据资料应与委托法院认定效力相统一，并以委托法院确认效力为鉴定结论被采信和生效条件。因此，鉴定人假设条件若与庭审质证后委托法院认定不一致时，鉴定结论应依据委托法院的认定做相应的修改或补充。②司法鉴定不涉及对民事行为效力和民事责任的确认。不得以鉴定的方式肯定或否定当事人须向法庭陈述并由法庭质证、认证的事实。对应经法院审查确认的行为事实和民事责任，在委托法院未做出否定性确认前，鉴定人不予否定，但应做相应的假设和限制条件说明。③客观公正、科学合理的原则。④时效原则。在不同时间和市场条件下，工程造价有相应的变化。因此，工程造价的计算应明确相对应的时间。工程造价计算应以一定时期内有效的定额文件、市场价格为依据。

(四)严格遵循法务会计鉴定委托书内容做出针对性鉴定结论

鉴定组根据司法会计鉴定事项记载的事实,整理评价鉴定证据,进行充分讨论,做出初步鉴定结论,起草鉴定书;对较复杂的案件,可请有关法律或其他专业专家帮助论证鉴定书方案和鉴定结论。

法务会计鉴定主要是解决当事人的争议问题。法务会计鉴定委托书是启动鉴定程序的依据,同时也是对争议问题做出界定最直接的内容。鉴定人员应围绕鉴定委托内容,进行相关的了解案情工作,安排鉴定程序的展开,确定基本的技术路线。只有理解和掌握了委托内容,方可解决鉴定过程中的实际问题,才能对委托内容做出有针对性的结论。

会计师事务所主任会计师应该召开由相关骨干成员参加的会议,对该案鉴定书草稿进行讨论,最后确定鉴定结论,定稿后打印并装订好鉴定卷宗。鉴定组人员最后检查法务会计鉴定书及卷宗,核实无误后签字发出。同时向委托机关、被鉴定单位退还鉴定卷宗、账册等材料,并办理相关手续。

二、基于诉讼支持的法务会计鉴定实务中的特殊问题处理

法务会计鉴定实务过程中需要注意的几点程序和方法如下。

(一)关于在法务会计鉴定过程中对委托法院移交资料争议的处理问题

司法鉴定过程中,在来源于委托法院移交的资料一般属于当事人在举证期限内的举证。有时法庭已进行了质证,有时尚未进行质证。应当注意,除非法院对具体的资料有明确的认证意见;否则,即使经过了质证的举证资料也并不属于法院认证采信的证据。当事人如对委托方移交的鉴定资料持有争议,鉴定人可以按照不同情况采取以下处理方法:

第一种情况:法院对移交的资料进行了质证并且有明确的认证意见。在这种情况下,鉴定人应根据委托认证的鉴定资料进行鉴定,未经认证的资料不能作为鉴定依据使用。并将上述鉴定依据使用原则明确告知当事人。

第二种情况:委托法院虽对鉴定资料经过了庭审质证,但并没有认证结论。在这种情况下,针对当事人对有些技术资料的争议,鉴定人可采取两种处理方法,一种是将争议提交法庭进行认证,待法庭对争议资料做出认证结论后,再根

据认证结论进行核定计算等。另一种是先根据相关资料结合不同的争议内容分别做出技术性的结论，同时将当事人的争议一并列入结论的假设与限制条件提交法庭或向法庭出具报告书。

第三种情况：委托法院对移交的资料并没有经过质证程序。在这种情况下，针对当事人对法庭移交资料的争议，仍可参照第二种情况的两种处理方法进行：一是先提交法庭质证，然后再根据法庭质证意见做出结论；二是结合争议问题先分别做出选择性的技术结论，然后将设定争议假设与限制条件的结论提交给法庭质证、认证。

（二）关于对当事人在鉴定过程中提交资料的处理问题

法务会计鉴定资料可能来源于司法鉴定委托前，也可能来源于司法鉴定委托后。在司法鉴定过程中，当事人往往也会提交一些鉴定资料。是否准许当事人向鉴定人提交资料？当事人在鉴定过程中提交的资料是否属于当事人的举证？这些问题均应与委托方进行沟通，即时向委托方通报情况，征询委托方意见。

从广义上来讲，当事人在诉讼过程中提交的资料均属于举证范畴，因此也受到证据规则的制约。当事人在鉴定过程中提交的资料最突出的问题就是是否超过举证期限以及带来的效力认定问题。对此，一般意义上认为鉴定人仅是根据鉴定资料做出技术鉴定，并没有权力行使属于法庭对证据质证、认证的权力。况且，当事人即使超过了举证期限，根据证据规则仅存在是否可质证的问题，并没有要求法庭或鉴定人拒绝接收资料的明确规定。因此，首先，对当事人在鉴定过程中提交的资料应予以接收，并将情况通报委托方和对方当事人。其次，就当事人对在鉴定过程中提交资料的相关争议，应如实向法庭反映。力争先提交法庭质证，然后再根据法庭质证意见做出结论。如不能实现上述程序途径或得到相关结果，可结合争议问题先分别做出选择性的技术结论，然后将设定争议假设与限制条件的结论提交给法庭质证、认证。

（三）关于对当事人在鉴定阶段的相关主张的处理

诉讼主张（包括抗辩）是当事人的一项诉讼权利。当事人在司法鉴定过程中提出相关主张也属于其诉讼主张的范畴。规范、合理、合法地处理好当事人在鉴定过程中的主张意见，是一项重要的工作内容。只有在尊重当事人的主张基础上,才能有效地解决当事人的主张和争议问题,做好鉴定工作,为法庭的审理提供科学、公正的依据。围绕当事人的相关主张,应做到以下几点:一是认真、全面地听取当事人的主张及相关理由。二是尽量要求当事人以书面形式提出主张。因为当事人是第一知情人,通过当事人的鉴定主张,可以有效地集中争议焦点,同时为鉴定工作提供相关的事实、依据和逻辑性理由,使鉴定人的分析技术工作更加扎实。三是除非客观条件不允许,否则鉴定人就应对当事人的主张采取书面形式予以分析回复,类似书面回复可在鉴定报告中予以体现,也可做专项的书面答复。

(四)关于鉴定过程中的勘误问题

由于司法鉴定对程序管理及客观条件所限,鉴定人与当事人既不属于平等的主体地位,也不可能类似一般社会业务作业过程中一样频繁地进行交谈接触。因此,法务会计鉴定技术工作基本完成并做出初步结论后,鉴定人应制作法务会计鉴定报告勘误稿送交当事人进行勘误,通过勘误程序进一步了解当事人的争议问题,纠正鉴定人在鉴定过程中的事实偏差、主观认识偏差和技术偏差。

听证勘误是以鉴定机构出具的听证勘误报告为主线展开的对鉴定依据听证、质疑的过程。听证勘误程序的基本内容为:

(1)当事人对鉴定听证勘误报告所引用、依据的鉴定资料进行公开查阅(按规定应保密的除外)。

(2)当事人对听证勘误报告的具体鉴定内容及相关依据提出听证要求,鉴定人应就这一鉴定内容的事实依据和适用法律、法规、技术规范依据做出说明。当事人可对听证内容提出反驳或申辩。

(3)当事人以书面形式提出对听证勘误报告具体鉴定内容的异议,并对其异议主张负有提出相应依据的责任。

(4)当事人对对方的异议主张进行申辩,并对其举证进行质疑。

鉴定人与当事人在鉴定实体问题上的分歧是客观存在的,尤其是在听证勘误报告送达当事人后,鉴定人的观点已明确,而且听证勘误程序主要以听证勘误报告为主线展开。当事人对听证勘误报告的依据要求听证,对具体内容提出异议,鉴定人应履行相应的义务。在这一程序阶段的责任角色有所变化,对鉴

定人把握程序的顺利进行增加了一定的难度。鉴定人正确处理实体异议当然是问题的关键，但掌握程序上的一些原则和技巧也是十分必要的。

(1)坚持鉴定人主持鉴定的原则。鉴定权是委托法院赋予鉴定人的权利。鉴定权中一项重要的内容就是主持鉴定工作的进程。鉴定人应正确行使鉴定权，主持和引导鉴定工作的顺利进行，不能因当事人的一些异议而乱了阵脚。

(2)尽职尽责地履行听证义务。对当事人提出的听证要求，应认真、全面地进行列举，并做必要的说明。

(3)全面认真地听取当事人的异议主张、反驳申辩理由，并做好相应的记录。

(4)不与当事人辩论。鉴定过程中鉴定人与当事人分歧的实质体现就是对一方有利而对另一方不利的后果。鉴定人在司法鉴定中充当“技术法官”的角色，鉴定人与当事人的辩论实质上会形成鉴定人代替一方当事人进行争辩的不对称后果，同时会使鉴定人和当事人之间形成情绪的对立。鉴定人与当事人的辩论对行使司法鉴定权并没有程序上和实体上确定或影响意义，反而会形成“裁判代理”的误区。因此，只做说明而不辩论是鉴定人应恪守的技巧和原则。

(5)对当事人的异议应逐条逐项进行答复。根据召开当事人会议听证、异议、质疑内容，鉴定人应针对当事人提出的异议进行逐条逐项的答复，并送交当事人。这既是为了保障鉴定的公正性，也是对鉴定人鉴定行为的一项约束机制，同时还是鉴定人对鉴定依据和结论的自我检验过程。鉴定人对当事人异议的答复应作为鉴定报告的附件报送委托方。

(五)关于撰写报告的问题

法务会计鉴定结果不仅应反映特定的技术结论，而且应对所形成的技术结论做出有效支持。这些支持技术结论的内容除了翔实的计算过程以外，还需要通过鉴定报告相应的内容，陈述鉴定所依据的鉴定资料，及对鉴定争议事实问题、技术问题分析处理的过程。以工程造价鉴定为例，根据司法鉴定的有关要求，结合工程造价业务特点，法务会计鉴定报告除符合工程造价咨询报告规范的要求外，还应具备以下内容：

(1)委托人、受委托人名称及鉴定内容。

(2)案情摘要。记述当事人、主要工程事实(如合同内容摘要、施工时间)、当事人争议问题及主张等。

(3)对鉴定过程的说明。鉴定程序的合法和鉴定行为的规范是鉴定结论得以采信的基础。法务会计鉴定应当将鉴定的程序和相关行为过程作为工程造价鉴定报告的内容,向委托法院报告,对鉴定程序的合法性做出说明,支持估价鉴定结论被委托法院采信。

(4)工程造价鉴定依据的资料。列出工程造价鉴定所采用和未采用的依据(相关鉴定材料),以便于委托法院对鉴定依据的实体性审查。

(5)对工程造价鉴定争议问题的分析处理,对适用相关规范及取舍的理由。对一些未确定因素、鉴定结论成立的前提条件、须经法庭质证认证的内容等,均应列入假设与限制条件中予以说明。

(六)关于出庭质证的问题

出庭质证是鉴定人的基本义务,也是力求使委托方采信工程造价鉴定结论的过程。在庭审过程中,针对当事人对鉴定报告的异议,鉴定人应当出庭对形成鉴定结论的事实依据和法律、法规、规范依据予以说明,反驳当事人不合理的异议(这一点与勘误过程鉴定人的角色应有所区别),支持鉴定结论的成立。对经法庭质证后,鉴定结论不被采信的,鉴定人应当尊重和服从委托法院对鉴定结论的采信权;对在庭审中出现新的鉴定证据或委托方认定证据效力与鉴定人不一致,委托法院要求按法庭认定效力重新鉴定的,鉴定人应当尽快做出补充鉴定结论;对委托法院提出适用技术规范与鉴定人意见不一致的,鉴定人有权拒绝做出更正或补充鉴定。

(七)关于鉴定过程的笔录的制作问题

在法务会计鉴定过程中,鉴定人应制作相应的笔录,体现鉴定的过程,反映鉴定的争议,形成解决鉴定问题的相应依据,这也是法务会计鉴定区别于一般社会性委托业务工作的重要特征。鉴定人对此应十分重视。

司法鉴定过程中形成的笔录内容业务主要有:听证会笔录,谈话笔录,现场勘察笔录等。其中,听证会主要是召集案件当事人通过听证会的形式,听取当事人对鉴定的相关主张、争议及依据等。谈话笔录主要记录针对鉴定人想要了解的事实，向当事人询问的过程和结果。现场勘测主要针对鉴定对象的实物进行现状勘测，明确相关实际状况，为鉴定人了解和掌握基本事实、解决当事人的争议提供一定的依据。

根据以上所述，笔录主要有两个作用：一是体现鉴定依照规范的程序进行；二是明确或固定相应的事实。只有掌握住这两点进行笔录制作，笔录才能起到应有的功效与作用。

第五章　基于诉讼支持的法务会计证据问题研究

出纳S涉嫌职务侵占、挪用资金案

一、案件基本情况

2008年6月，受某市某区人民检察院委托，我们对原某市某装饰材料有限公司出纳S涉嫌职务侵占、挪用资金一案进行了检验和鉴定。经过一个多月的繁重而细致的工作，我们按委托要求出具了两份法务会计鉴定书。最终，一件似乎已经山穷水尽的案件在两份司法会计鉴定书的支撑下重新进入审判程序，并且法务会计鉴定结论成为一、二审法院定案的核心证据，险些逃脱法律制裁的罪犯分子终究受到了严惩。

被告人S，男，36岁，江苏省南京市人，大专文化，原系某市某装饰材料有限公司出纳，2006年4月29日被刑事拘留，同年5月17日被逮捕，7月17日被移送至检察院审查起诉。

2007年5月10日，某市某区人民检察院向区法院提起公诉，指控：2005年至2006年间，被告人S利用担任某市某装饰公司出纳时的职务便利，采取记假账、不记账、收取现金不入账等方法，分15笔侵占单位资金47万余元。此外，S还在2005年8月采用收货款后截留的方法，分两笔挪用单位资金3万余元。经过法庭审理，2007年6月27日，区法院数罪并罚判处S有期徒刑14年，没收财产4万元，S随即上诉。市法院经公开开庭后作出裁定：原审事实不清、证据不足，撤销原审判决，发回重审。2008年4月26日，区检察院在经过多种努力

失败后被迫撤回起诉，至次，本案陷入无法起诉、可能撤销案件的严重被动局面。

二、鉴定思路及过程

受理该案鉴定委托、听取区检察院对案件办理的情况介绍之后，我们首先注目于二审裁定内容和被告人的上诉理由。从中发现，区检察院在审查起诉阶段补充的一份“健和会计师事务所审计报告”是提起公诉以及区法院判定有罪的一个最关键的证据，而这份审计报告存在种种缺陷，无法排除合理怀疑，也不能有效驳斥被告人始终坚持的辩解理由，这也恰恰就是二审法院没有定案把握从而裁定证据不足发回重审的主要原因。对此达成共识后，也就确定了法务会计的总体方向和方法：就是在熟悉掌握全案情况特点的基础上，结合本案的其他证据，针对被告人的辩解理由，找出审计报告所存在的错误、模糊、缺漏之处，并对其一一改正、补充、完善。

(一)审阅案卷材料，熟悉案情

审阅案卷材料使我们对案件有了总体的了解，最有价值的是掌握了某市某装饰公司的财务会计制度，包括会计核算方法、手续制度、人员分工、内部控制制度等，并据此归纳出以下关键事实：①涉案的财务会计资料证据主要集中在某市某装饰公司 2005、2006 年“其他应付款—J”明细账及相关记账凭证中；②S 所记的“其他应付款—J”明细账反映的是总经理 H 与某市某装饰公司的资金往来情况(包括 H 直接收下的应入账的销售产品的现金收入、H 交给某市某装饰公司的个人投资款等)；③某市某装饰公司 2005、2006 年“其他应付款—J”明细账与某市某装饰公司总经理 H 所记的日记本记录(以下简称“日记本记录”)及 H 与 S2005、2006 年对账记录(以下简称“双方对账记录”)存在对应关系；④S 将其与 H 和 2005 年的对账结果及 2006 年对账后由 H 交给他的所有收据均销毁；⑤S 之所以能数次侵占公司的资金而一直不被发现的原因在于某市某装饰公司财务管理上存在明显漏洞——账上现金进出量很大且不及时收存银行，入账手续不健全，会计科目使用不规范等；⑥S 侵占公司资金的主要手段为利用公司对其的信任，长时间连续地无据入账、收入不入账、串用发票、串记科目、销毁凭证等。

（二）查找审计不足，力求对症下药

经过仔细研读审计报告，对照本案其他证据，我们列出了审计报告的缺陷和不足，并做了有针对性的补充完善工作：

缺陷之一：审计报告中的部分数额认定前后矛盾。如2005年的一笔5260.03元的侵占数额系10笔款项相加减而形成的结果，减项中就涉及一笔32640元的款项，而后审计报告又将此笔32640元款项认定为挪用数额，明显属于前后矛盾，造成重复认定。

经过对10笔款项逐一检验、分析，我们对5260.03元的侵占数额和32640元的挪用金额均不予认定，转而认定为5笔计40138.03元的侵占数额。

缺陷之二：审计报告对有些数额认定的过程过于简化。如有4笔侵占数额计30余万元的来龙去脉在审计报告中未加分析和论证，结论突兀，难于理解，没有说服力。

对此，我们进行了详细的检验、分析，细化每一笔资金的形成及流向，进行逐笔认定，同时在鉴定书中加强分析说明。

缺陷之三：审计报告后所附的财务资料未能形成逻辑锁链，缺漏严重。如大量的审计结果所引附件不完整、不连贯，不能对照得出结论。

为此，我们在鉴定过程中补充了大量的财务书证附在鉴定书后，以支持各项结论、结果的产生。

缺陷之四：审计报告在依据不足的情况下作出错误认定。如认定2006年一笔22884元的侵占数额，仅根据总经理H的一面之词，而账上未能反映出此款被占为己有，且S也未将账调平，而是在立案前将此款交回了单位。

经检验分析，我们否定了此笔侵占数额认定。

缺陷之五：审计报告属于简式报告，缺少分析论证的过程，关联性和证明力不强，难以鉴别审核。

我们出具的法务会计书，严格按照检验、论证、结论的规范步骤撰写，力求材料翔实，论证严密，便于法官和有关诉讼参与人审核。

缺陷之六：审计报告中出现了多处诸如“侵占、挪用”等具有案件定性意味的结论性用语，违背了只对财务事实进行客观反映的审计原则，有失公正立场，有迎合委托人要求之嫌。

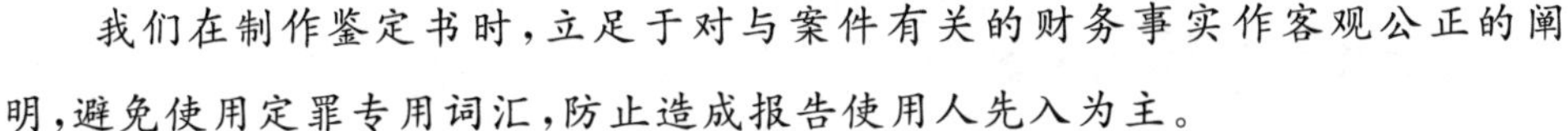

我们在制作鉴定书时，立足于对与案件有关的财务事实作客观公正的阐明，避免使用定罪专用词汇，防止造成报告使用人先入为主。

（三）大量补充证据，夯实鉴定依据

在鉴定过程中，我们对S及其辩护律师提出的审计报告及现有证据未能解决的问题给予了充分关注，对每一笔犯罪金额，分别从犯罪嫌疑人和委托机关两个角度分析各自所依据的证据材料是否客观、充分、合理。在此基础上向区检察院提出补充证据提纲，内容包括缺漏的财务会计书证以及提取不到位或者应当提取而未提取的证人证言，力求达到证明财务事实的证据完整并相互连贯、印证。在我们的要求和协助下，区检察院在鉴定期间补充调取了某市某装饰公司2005、2006年销货收现金业务的账务处理过程涉及的书证和相关业务员的证词。正是这些重新调取的厚达一整本卷的新证据，使得我们的法务会计较之原来的审计报告，附件更加翔实，依据更加充分，证明力大大提高。

此外，为了归类梳理相关证据，防止出现遗漏和前后矛盾，并使鉴定使用人一目了然，方便对照审核。我们进行了大量的数据查找登记和计算工作，制作了分类表格。

鉴于该案犯罪嫌疑人S利用单位财务管理上的漏洞，故意将账实混淆，且原一、二审指控均未对S的辩解进行有力的反驳。为了验证鉴定结论的可靠性和唯一性，我们在假定犯罪嫌疑人和辩护人的辩解成立的基础上进行了归谬反证，通过列示鉴定依据，分析可以支持辩解的各项证据是否充分、合理，最终反证出所认定的每笔金额都有确凿、充分的依据和排他性，经得起各方面的挑剔。

（四）鉴定的作用和效果

本案法务会计的最终结论是被告人S进行了19笔违法账务处理，涉及金额473072.51元。2008年11月，某市某区人民检察院再次对S提起公诉；2009年1月，某市某区人民法院以职务侵占罪一审判处S有期徒刑10年，并处没收财产40000元；同年5月，某市中级人民法院对再次提出上诉的S案书面审理后，裁定驳回上诉，维持原判。再次提起公诉以及再次审判的一、二审法院均全部采纳了法务会计结论意见，并根据法务会计结论将原认定为挪用资金犯罪数额32640元更改了定性。法务会计结论及附件无疑是本案定案的关键性证据，并且对本案的最终定罪处理起到了关键性的作用。

三、本案成功鉴定的体会

（一）鉴定人必须全面掌握案情

鉴定是一个复杂的认识过程，面对日益复杂的经济案件，仅仅依靠办案人的口头介绍和有限的物质性鉴定材料是很难做出科学准确的最终结论的。鉴定中，必须仔细审阅全案材料，才能全面掌握案情。

（二）鉴定人应当深入参与案件

侦查人员欠缺财会知识是一个普遍现象，经常出现财务书证收集、固定质量低下，相关证言提取不到位的情况，尤其是对那些案情复杂、嫌疑人有意混淆账目的案件，即使鉴定人已经开出了需要补充的证据清单，让侦查人员独立取证仍然不能保证证据补充和固定的结果符合鉴定人的要求。这就使鉴定人深入参与侦查活动、指导协助侦查人员补充和固定证据具有现实意义和必要性。

（三）鉴定结论必须有充分的论证

法务会计作为一项专业性极强的技术活动，仅仅从其结论部分进行判断是很难辩明其是否科学合理的。因此，鉴定人在作出鉴定结论前必须充分阐明检验方法、过程、依据，并对结论的产生进行充分而严密的论证，为有关部门和人员进行有效鉴别判断提供途径。鉴定结论不同于审计报告，需要更具权威性和证明力的实质基础。

第一节　基于诉讼支持的法务会计证据概述

基于诉讼支持的法务会计鉴定证据，是指在法务会计的诉讼活动中，法务会计主体据以进行鉴别分析，并作出鉴定结论的事实根据。法务会计鉴定证据与年报审计证据不同，前者的证据是确凿和精确的，它的取得必须进行详细的审计，是司法机关借以对被告量刑定罪、解决经济纠纷的依据。法务会计鉴定证据也不同于一般的诉讼证据，尽管两者作为证据，都具有证实案件事实的法律效果，但法务会计鉴定证据相对于一般诉讼证据具有如下特点：一是通过鉴定转化为关键性科学证据；二是通过专家鉴定成为判断其他证据是否科学的标准。比如，一般具体用于诉讼的财务会计资料证据所能证明案件事实的内容和

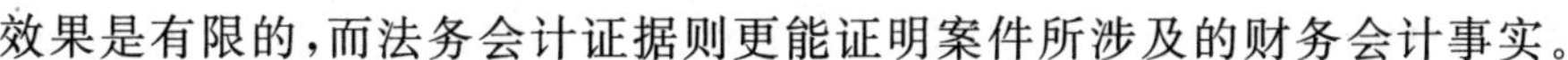

效果是有限的，而法务会计证据则更能证明案件所涉及的财务会计事实。

一、基于诉讼支持的法务会计证据的特征

(一)基于诉讼支持的法务会计证据是查明会计案件事实情况的一切事实

《刑事诉讼法》第四十二条："证明案件真实情况的一切事实，都是证据。"司法机关在办理各种诉讼案件中，依照法定程序调查收集与案件有关的、能帮助查明案情真相的一切客观事实或材料都叫做证据。任何诉讼上的证据，都必须具有客观性、关联性和合法性。法务会计证据也不例外。从表现形式来看，法务会计证据符合法律规定的以书面形式所表现的客观存在的事实。因而，证据学中的有些证据的基本理论以及收集和审查证据的程序方法，也都适合于法务会计。

(二)基于诉讼支持的法务会计证据是法务会计实践中使用的证据材料

法务会计证据反映的与案件有关的财务会计事实资料通常可以单纯作为诉讼证据的书证等被采用。单纯作为书证的弊端是：由于未形成专门的鉴定结论，显得较为单一、机械、散乱，需要办案人员具有一定的财务会计专业知识，而且随着经济犯罪情况日益复杂，犯罪手段日渐隐蔽，涉及的财务会计事实错综复杂，这对于案件承办人和法院的审判而言，不可能也不要求具备扎实的财务会计方面的专业知识去认真审查和甄别，这就需要司法会计专业人员对案件所涉及的财务会计资料进行检验，经检验作为法务会计证据采用，论证后所作的结论，为办案人员查明案件事实，认定案件性质和数额提供一个科学的依据。法务会计证据反映的与案件有关的财务会计事实资料只有在法务会计实践中被使用，才能称之为法务会计证据。法务会计证据包括诉讼活动中使用的各种证据，如与案件有关的财务会计资料证据、勘验、检查笔录、鉴定结论及其他相关书证等，也包括其他诉讼活动中没有使用的与法务会计有关的其他资料。但在法务会计实践使用的财务会计事实资料证据无疑是其中最主要的法务会计证据。

(三)基于诉讼支持的法务会计证据主体的特殊性和方法的专业性

鉴定结论是一种特殊的证据，相对其他证据来说，其特殊性表现在：它针对的是办案过程中的专门性问题，办案人员对专门性问题无法鉴别和判断时，运

用的是专门的科学技术或者科学知识，专业性较强。鉴定本身有一套鉴定程序，程序性较强。作为诉讼证据的法务会计结论，是法务会计证据最终演绎的结果，是法律规定的一种独立的诉讼证据。由于现实生活中发生的刑事案件、经济往来中出现的民事和经济纠纷等，往往都会涉及查清有争议案件事实，认定案件性质，以便分清责任的问题。这些问题的解决往往有赖于各种专门知识。而公安、司法人员不可能通晓专门知识。因此，对鉴定人资格必须由有关法律规定。《刑事诉讼法》第 119 条规定："为了查明案情，需要解决案件中某些专门性问题的时候，应当指派、聘请有专门知识的人进行鉴定。"《民事诉讼法》第 72 条和《行政诉讼法》第 35 条也规定："人民法院对专门性问题认为需要鉴定的，应当交由法定鉴定部门鉴定；没有法定鉴定部门的，由人民法院指定鉴定部门鉴定。"法律对司法会计主体范围有严格限制。它只能是司法机关指派或聘请的精通会计专业知识的人员，运用会计学专业知识对会计账目进行审查以确定收支是否平衡，与实际情况是否相符，在资金流转过程中是否存在舞弊现象等。它仅限于解决所涉及的科学技术问题，而不是就法律问题提供意见。因此，只有严格运用会计核算的原理和方法，才可能作出正确的结论。这是证据学所无法涉及的。

法务会计是对经济纠纷与经济犯罪案件中的经济业务的审查鉴定，其证据的获取除了依据《刑事诉讼法》等相关法规外，也必须依据报表审计的证据规则。同时，法务会计的证据还要受当事人质证(《民事诉讼法》第 66 条)，需要审判人员的判断(《刑事诉讼法》第 156 条)。经济纠纷案件的证据通常由法务会计人员获取，经济犯罪案件则需要懂侦查学、犯罪学等知识的刑侦人员介入，才能取得相关的证据。凡是能够证明案件真实情况的一切事实，都是法务会计的证据。证据的充分与否，将影响法务会计的结论，因此它是法务会计活动的一项中心工作。

二、基于诉讼支持的法务会计证据的作用

提供诉讼支持的法务会计的主要目的是得出鉴定结论，为诉讼提供证据。法务会计结论与其他鉴定结论一样，是属于法定证据之一，应具备证据的客观性、关联性和合法性。但同时作为一种特殊的证据，法务会计结论具有独特性，

具有证据属性，具体如下：

第一，法务会计结论具有科学性，或者说确定性和唯一性。法务会计结论按照结论方向，可以划分为肯定性结论和否定性结论。法务会计结论只在技术上给予确定、唯一的回答，为案件诉讼提供确定的指引。同一案件的同一检材也只能存在一个正确的法务会计结论，即不存在两个或两个以上矛盾但正确的鉴定结论。

但在实践中，存在因事实依据不充分、检材资料残损不全等问题，无法做出肯定或否定性的鉴定结论，出现了常说的或然性结论。虽然这也是法务会计的工作结果之一，但不能作为法务会计结论，不能成为诉讼的证据。如果遇到鉴定材料不齐全又不能补充的情况，应及时中止或中断鉴定工作，并说明原因。而会计核算方法和会计资料鉴定方法，也会导致做出不确定的法务会计结论，存在一定的技术风险。检验方法包含一定的主观性和局限性，不论是主观意思的影响或是鉴定方法的不同都可能会导致不相同的鉴定结论。但这种现实的风险并不能否定法务会计结论的科学性。

第二，法务会计结论是会计学、法学、证据学、鉴定学知识综合运用的结果。法务会计实践是一种运用复合性专业技术的诉讼活动，因此鉴定人员除了应具备会计和审计专业知识外，还需要具备丰富的法律专业知识。例如，在挪用公款案件的会计鉴定中，按照法律规定，必须将每次挪用的金额累计计算。但从会计资金运动的理论来说，如果累计则会造成重复计算。因此必须熟悉刑法上“挪用”的具体含义，才能做出正确的法务会计结论。所以，法务会计结论并不是单纯的会计结论，它也是法学、证据学、鉴定学综合运用的结果，这也是由法务会计结论的法定诉讼证据的性质所决定的。

第三，法务会计结论属于间接证据。法务会计结论不等于司法结论，它只能间接地证明案件的某一方面或某一情节，而不能直接反映和证明全部的案件事实。例如，在贪污案件中，法务会计结论不能直接证实某人实施贪污行为，只能确认账目中有虚假记录或财物短少的事实。

从法务会计鉴定结论特殊的证据属性可以看出，法务会计结论的客观真实，是对案件进行公正处理的依据，在经济案件的侦破、起诉及公证裁判过程中起着重要的作用。首先，法务会计为打击严重经济犯罪和其他财产型犯罪，保护社会主义公共财产和公民的合法权益，维护经济秩序，保障构建社会主义和谐社会起着积极的作用。其次，法务会计证据可以帮助司法人员确认犯罪，证明某人是否犯有经济犯罪，以及犯罪手段、数额、时间等重要事实，是正确认定犯罪案件事实中不可缺少的重要证据；在法庭审判过程中，为定罪量刑提供了重要的证据。再次，法务会计为解决民事经济纠纷提供了依据。随着经济的发展、经济交往的增多，在经济活动中发生的经济纠纷也日益增多。人们法律意识的提高，将经济纠纷诉诸法律，通过法律手段解决纠纷。在处理纠纷中，司法会计提供会计证据，为正确认定债权、债务，明确当事人的权利与义务，保证民事纠纷案件的正常解决，维护当事人的合法权利，保证社会和谐安定和正常的经济秩序起到积极的作用。第四，保护被告人的合法权益，使无罪的人不受刑法的处罚。法务会计的作用体现两方面：一方面要打击犯罪，另一方面要保护被告人的合法权益，并使无罪的人不受处罚。司法会计在鉴定过程中，要实事求是，要站在公正的立场，抱着对工作负责、对人民负责的精神，不受外来的任何干扰，采用客观的标准和特定的方法去计算犯罪数额，既不夸大，也不缩小，实事求是地反映客观事实，使犯罪的人得到应有的追究，使无罪的人不受刑法处罚。

第二节　基于诉讼支持的法务会计证据与诉讼证据的联系

一、诉讼证据及其分类

诉讼证据，是指以一定形式存在，经过收集和固定，用来证明诉讼案件事实的根据。诉讼证据的表现形式可以分为书证、物证、视听资料、证人证言、当事人陈述、鉴定结论、勘验笔录七种。

（一）书证

1. 书证的概念和特征

书证是指以文字、符号、图形等所记载的内容或表达的思想来证明案件真实的证据。这种物品之所以称为书证，不仅因它的外观呈书面形式，而更重要的是它记载或表示的内容能够证明案件事实。从司法实践来看，书证的表现形

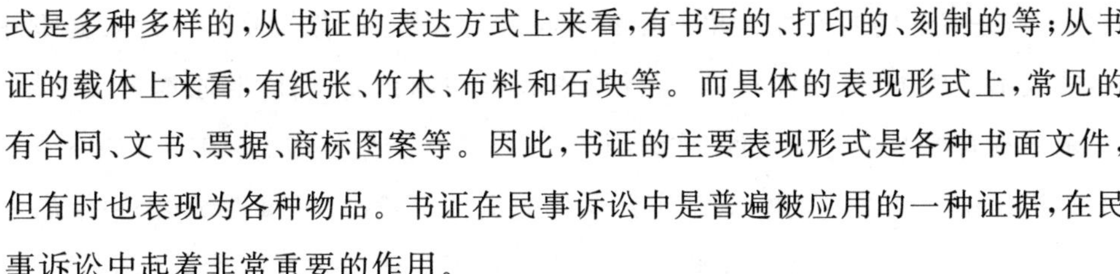

式是多种多样的，从书证的表达方式上来看，有书写的、打印的、刻制的等；从书证的载体上来看，有纸张、竹木、布料和石块等。而具体的表现形式上，常见的有合同、文书、票据、商标图案等。因此，书证的主要表现形式是各种书面文件，但有时也表现为各种物品。书证在民事诉讼中是普遍被应用的一种证据，在民事诉讼中起着非常重要的作用。

2. 书证的分类

书证可以从不同角度按不同标准进行分类，具体如下：

(1)以制作书证的主体为标准进行分类，可分为公文书和私文书。公文书是指国家公务人员在职权范围内和企事业单位、社会团体在其权限范围内制作的文书。私文书是指公民个人制作的文书。区分意义在于判断文书是否真实的方式不同。根据最高人民法院《证据规定》第 77 条第 1 款，国家机关、社会团体依职权制作的公文书证的证明力一般大于其他书证。之所以公文书证的证明力大于其他书证，原因在于单位制作的书证是经国家机关、法人或者其他组织依照一定程序和格式，在行使自己职权范围内制作的各种文书。例如人民法院的调解书、判决书，公证机关制作的公证书，婚姻登记机关颁发的结婚证、离婚证等。该类书证与其他书证相比更具客观性，只要没有相反证据加以推翻的话，其证明力应高于其他书证。

(2)以文书的内容和所产生的法律效果为标准进行分类，可分为处分性书证和报道性书证。处分性书证是记载一定意思表示或行为而能设定、变更或消灭某一特定法律关系的书证，如委托书、遗嘱、契约、合同等。报道性书证是指只是报道具有法律意义的事实，不以引起民事法律关系发生为目的的书证，如日记、信件等。依据该标准进行的划分意义在于，处分性书证能够直接证明有争议的民事权利义务关系，因而具有较强的证明力。报道性书证一般不具有直接的证明作用。

(3)以书证制作必须采用特定形式或履行特定手续为标准进行分类，可以分为普通书证和特定书证。普通书证是指具有一定思想内容，但法律不要求具备特定形式和履行特定手续的书证，如收条、借据等。特定书证是指法律规定必须具备一定形式或必须经过特定程序或履行特定手续否则无效的书证，如公证机关公证收养关系成立的文书、涉外公证的认证书等。

(4)按书证的制作方式和来源的不同进行分类,可分为原本、副本、复印件和节录本。原本(或原件)是指文件制作人最初制作的文件;照原本全文抄录、印刷而具有原本效力的文件,称为副本;复印件是指用复印机复制的材料;节录本是指仅摘抄原本或正本文件部分内容的文件。我国《民事诉讼法》和最高人民法院的《证据规定》对于该类书证的提交有不同的规定,《民事诉讼法》规定:"书证应当提交原件,提交原件有困难的,可以提交复制件……"而《证据规定》第 20 条规定:"调查人员调查收集书证,可以是原件,也可以是经核对无误的副本或复制件。是副本或者复制件的,应当在调查笔录中说明来源和取证情况。"

对书证作上述分类,有助于掌握各种书证的不同特点并认定其法律效力,便于当事人举证,便于人民法院审查核实和判断书证。

(二)物证

1. 物证的概念和特征

物证是指以其存在的形状、质量、规格、特征等来证明案件事实的证据。物证是通过其外部特征和自身所体现的属性来证明案件的真实情况,它不受人们主观因素的影响和制约。因此,物证是民事诉讼中重要的证据之一。民事诉讼中常见的物证有:争议的标的物(房屋、物品等);侵权所损害的物体(加工的物品、衣物等);遗留的痕迹(印记、指纹)等。

物证和其他证据相比,具有如下特征:

(1)物证具有较强的客观性、真实性。争议的案件事实都是已经发生了的,是现实的客观存在。如果能够判定物证是真实的,不是虚假的,通过物证与案件事实的联系,就能够用其来证明案件事实,因而物证具有较强的证明力。

(2)物证具有独立的证明性。物证是一种客观存在的,并不反映人的主观意志,比较容易审查核实的证据,不像证人证言和当事人陈述那样,容易受主观因素和其他客观因素的影响。在大多数情况下,物证能独立证明案件事实是否存在,而不需要其他证据加以印证,即可成为认定事实的依据。例如,在因产品质量而引发的诉讼中,物证就可以直接作为定案的依据。因为,该产品作为争议的标的物本身就是物证。也就是说,只要查明该标的物质量是否符合要求,就可以直接认定案件事实,解决当事人之间的纠纷。从这个意义上讲,物证还具有一定的可靠性,所以有人也称物证是"哑巴证人"。

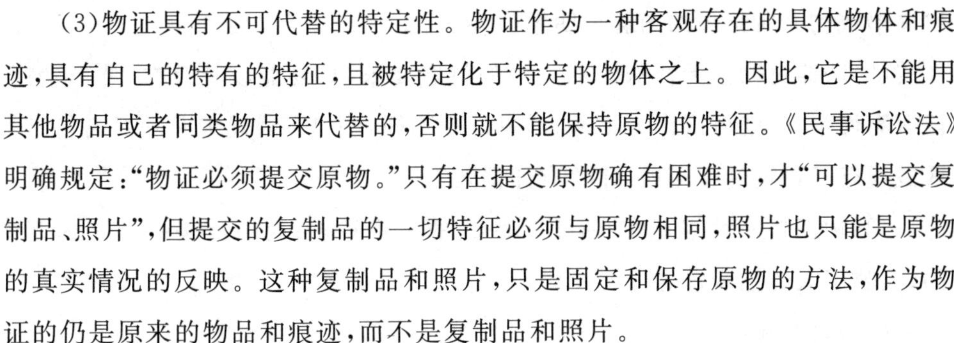

(3)物证具有不可代替的特定性。物证作为一种客观存在的具体物体和痕迹,具有自己的特有的特征,且被特定化于特定的物体之上。因此,它是不能用其他物品或者同类物品来代替的,否则就不能保持原物的特征。《民事诉讼法》明确规定:"物证必须提交原物。"只有在提交原物确有困难时,才"可以提交复制品、照片",但提交的复制品的一切特征必须与原物相同,照片也只能是原物的真实情况的反映。这种复制品和照片,只是固定和保存原物的方法,作为物证的仍是原来的物品和痕迹,而不是复制品和照片。

2.物证的分类

物证可以按照不同的标准进行分类。

(1)按照与争议标的物的关系为标准,分为争议标的物的物证和非争议标的物的物证。争议标的物的物证是指诉讼中的当事人的民事权利义务关系所指向的对象,如双方当事人争议的不动产(房屋、土地)和动产(珠宝、古董)等。非争议标的物的物证是指不是当事人民事权利义务所指向的对象,而是案件所涉及的作为物证的物品,如侵权行为所使用的工具等。

(2)按照物证是否便于保存为标准,分为易保存的物证和不易保存的物证。易保存的物证是指在常规条件下不易改变其原有特性的物证,如彩电、冰箱等。不易保存的物证是指在常规条件下容易改变其原有特性的物证,如药品、水产和食品等。

(3)依物证所起的证明作用不同,可以分为实物物证、痕迹物证、微量物证和气味物证。实物物证是指以物体本身起证明作用的物证,如房屋、汽车等。痕迹物证是物体相互作用遗留的遗迹起证明作用的物证,如指纹、印记等。微量物证是指以存在少量物质起证明作用的物证,如灰尘、粉末等。气味物证是指以某种物质散发的气味来起证明作用的物证,如废气等。

(4)依物证的出处为标准,可分为原始物证和复制物证。原始物证是指凡证明内容直接来源于原始的物品,如劣质产品等。复制物证是指证明的内容来自于原始物证的复制品,如有瑕疵产品的复制件等。

3.物证与书证的区别

物证与书证之间有着明显的区别,其主要区别在于:

(1)物证以其存在、外形等外部特征和物质属性证明案件真实情况;书证则

以文书或物品所记载的内容证明案件事实。

(2)法律对物证无特殊的形式上的特定要求,只要能以其存在、外形、特征证明案件事实,就可以作为物证;对书证则不同,法律有时规定必须具备特定形式或履行了特定的程序后,才具有证据效力。

(3)物证是一种客观实在,不反映人的主观意志;而书证是一定主体制作的,反映了人的主观意志。

(三)视听资料

1.视听资料的概念和特征

视听资料是指利用录音、录像、电子计算机储存的资料和数据等来证明案件事实的一种证据。它包括录像带、录音片、传真资料、电影胶卷、微型胶卷、电话录音、雷达扫描资料以及电脑贮存数据和资料等。外国民事诉讼法一般都没有将视听资料作为一种独立的证据类型对待,仅将其归入书证和物证的种类中,我国民事诉讼法鉴于其具有独立的特点,将其归为一类独立的证据加以使用。

视听资料是通过图像、音响等来再现案件事实的,其特征具有生动逼真、便于使用、易于保管等特点。具体而言,首先,视听资料具有较强的生动性和真实性。由于视听资料是采用现代科学技术手段记录下的有关案件的原始材料,并且通过对该资料的回放能够再现当事人的声音、图像和数据等,它同物证一样不受主观因素的影响,所以能够比较客观地反映案件的事实。其次,视听资料还具有体积小、重量轻等优点,从而易于保管和使用。随着科学技术的发展,录音机、录像机、电脑、传真机等日渐普及,在人们的日常生活中,视听资料的来源和应用上都具有了更多的广泛性。作为证据种类,不仅在民事诉讼中可以应用,而且在仲裁活动和非讼案件中也得以广泛的应用,并越来越受到欢迎。它对人民法院的审判活动以及当事人和其他诉讼参与人的诉讼活动提供了更多的方便。

视听资料虽然具有生动逼真、便于使用、易于保管等特点,但也不能由此认为其是绝对可靠的证据,原因在于视听资料是可以通过剪接手段伪造变换的。因此,对视听资料需进行全面审查,具体分析。根据《证据规定》第22条规定:“调查人员调查收集计算机数据或者录音、录像等视听资料的应当要求被调查

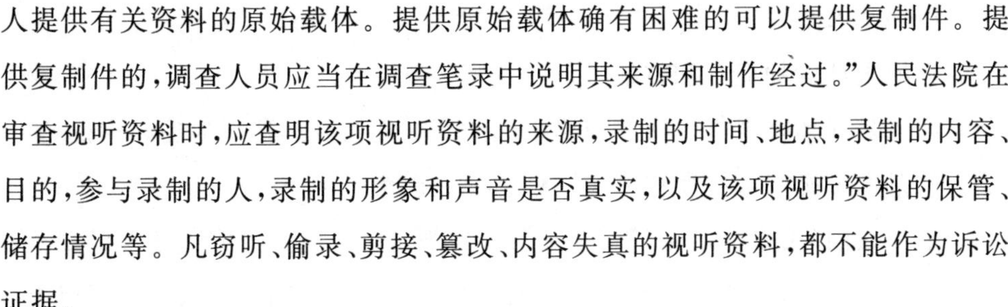

人提供有关资料的原始载体。提供原始载体确有困难的可以提供复制件。提供复制件的，调查人员应当在调查笔录中说明其来源和制作经过。"人民法院在审查视听资料时，应查明该项视听资料的来源，录制的时间、地点，录制的内容、目的，参与录制的人，录制的形象和声音是否真实，以及该项视听资料的保管、储存情况等。凡窃听、偷录、剪接、篡改、内容失真的视听资料，都不能作为诉讼证据。

2. 视听资料的种类

视听资料是我国的诉讼证据上新增添的证据种类，它对于人民法院查明案情，提高审判质量，正确处理民事纠纷有着重要的价值，如何对视听资料这一新的证据种类进行划分，目前尚没有统一的见解和认识。但一般认为，视听资料应包括录音录像资料、电脑储存资料和电视监视资料三大类。

录音录像资料是指用现代科技手段将声音、图像如实地加以记录，通过该记录的重放来证明案件事实的一种证据；电脑储存资料是指通过计算机中储存的数据和信息来证明案件事实的证据；电视监视资料是指对特定人或物通过电视监视手段所获得的图像和声音，并用于证明案件事实的一种证据。

3. 视听资料与书证和物证的区别

(1)视听资料与书证。视听资料与书证既有相同之处也有不同之点。相同之处在于它们都以一定的思想内容来证明案件事实。区别在于，首先，书证是以书面文字形式记载的思想或者行为内容来证明案件事实的。视听资料主要是以音响、图像、数据来反映案件的内容的。但是，并不能否认的是视听资料中也有以文字形式反映人的思想的内容，但绝不是单纯地用文字和符号证明案件事实的。其次，书证是以静态的方式来证明案件事实的，而视听资料则是可以动态的方式来证明案件事实，其具有生动逼真的特点，书证则无可比拟。

(2)视听资料与物证。物证是以外部特征证明案件事实，而视听资料是以资料中的内容发挥证明作用。虽然都能够证明案件的真实，但作为独立的一种证据，两者又有着明显的区别。物证是以自己外部的形态、质量、规格、特征等来证明案件事实的；视听资料也能反映物的外部形状、规格、质量、特征，但却是以科技手段为载体来再现的。

(四)证人证言

1.证人证言的概念和特征

证人是指知晓案件事实并应当事人的要求和法院的传唤到法庭作证的人，证人就案件事实向法院所作的陈述称为证人证言。

根据我国《民事诉讼法》第70条第1款规定:“凡是知道案件情况的单位和个人,都有义务出庭作证。有关单位的负责人应当支持证人作证……”以上规定大致说明了民事诉讼证人的范畴。我国《民事诉讼法》规定的证人,包括单位和个人两大类,即凡是知道案件情况的单位和个人都有义务出庭作证。但这里有一个值得探讨的问题是,单位能否像自然人一样出庭作证呢？单位显然是不能的。《民事诉讼法》第70条第2款规定,不能正确表达意志的人,不能作证。这一条是关于证人的能力方面的规定,在我国自然人作为证人,除必须了解案件的事实外,还须能够正确表达自己的意志。最高人民法院《证据规定》第55条也进一步作了规定,不能正确表达意志的人不能作为证人。无民事行为能力和限制民事行为能力的人当待证事实与其年龄状况相适应的可以作为证人。因此,根据我国法律和司法解释,自然人虽然是无民事行为能力或限制民事行为能力的人,仍然能够作为证人对与自己年龄和智力状况相适应的待证事实作证。

证人证言具有三个方面的特征:第一,证人证言是了解案件事实的人提供证明。也就是说,证人必须是知道案件情况的,只有知道案情的人才能作证,知道案件情况的人并不一定都是亲眼所见,如盲人可以就其听到的事实进行作证。作证的人也并非一定要用言词形式作证才有效力,如聋哑人可以就自己亲眼所见,用哑语表达加以作证。第二,证人证言只包括能够正确表达意志的人就案件事实所作的陈述。例如,精神病人或年幼不能辨别是非,不能正确表达意志的人,所作的证人证言是无效的。第三,证人证言的真实性、可靠性受到多种因素的影响。证人作为自然人,对于案件的事实的感知要受到主观和客观各种因素的制约和限制。因此,证人证言可能有真有假,审判人员应尽可能地结合其他证据对其进行印证,印证后无误的,才可以作为认定案件事实的根据。

2.证人证言的形式和评价

证人证言有两种形式:一是口头形式;二是书面形式。

口头形式是指证人就所了解的案件事实向法庭所作的陈述。该形式是证人作证的基本形式。在审判实践中证人大多是以口头形式向法院陈述的，证人作证以到庭接受口头询问为主，主要是便于当庭质证和确认。依据《证据规定》，当事人向人民法院申请要求证人出庭作证时，应当在举证期限届满十日前提出，并经人民法院许可。且必须指明证人的姓名、住址，以便法院传唤，当事人虽未申请，法院为了查明一定的案情事实，也可依职权主动地传唤证人。

书面形式是指以文字形式向人民法院陈述已知的案件事实。证人作证以到庭接受口头询问为原则，但“证人确有困难不能出庭”的，如年迈体弱或者行动不便无法出庭的；或特殊岗位确实无法离开的；或路途特别遥远，交通不便难以出庭的；或因自然灾害等不可抗力的原因无法出庭的；或其他无法出庭的特殊情况。经人民法院许可，证人可以提交书面证言。书面证言应当庭宣读，听取当事人的意见。但应注意的是，书面证言不应认为是“书证”，而是“证人证言”的一种表现形式。

证人证言应当是证人耳闻目睹的与案件有联系的客观情况，即引起民事法律关系发生、变更或者消灭的事实以及发生争议的事实。对于证人提供的证言只要其能将这些事实陈述清楚即可，并不要求证人对这些事实作主观上的评价。因此，证人陈述与案件无关的事实，不应作为证言的内容；证人的分析认识或者法律评价也不能作为证据。证人证言应是自己亲自所见所闻，如果是别人看到或听到转告的所谓传闻证言，也不能作为证人证言的内容。人民法院在分析证人证言时，还必须查明证人的身份以及他和当事人之间的关系。然后，再仔细地从证人的主观及客观因素两方面来分析研究。在证人的主观因素方面，应考虑他的文化水平，对事物的理解程度，以及他的认识能力和表达能力等。在其客观因素方面，则应考虑证人当时所处的客观环境，如光线明暗、距离远近、室内或室外、嘈杂还是安静等。对证人证言分析判断时，应综合案件的全部情况及其他证据，加以全面地分析、认真研究，只有这样才能确定证言的真伪及其效力的大小。

(五)当事人陈述

1. 当事人陈述的概念和特征

当事人陈述是指当事人在诉讼中就与本案有关的事实，向法院所作的陈述。当事人陈述作为证据的一个种类是我国的民事诉讼证据种类划分中的一大特色。当事人是民事诉讼法律关系的主体，由于与诉讼结果有着直接的利害关系，决定了当事人陈述具有真实与虚假并存的特点。因此，审判人员在运用这一证据时应注意防止将虚假的证据作为认定案件事实的根据，对于当事人的陈述应结合本案的其他证据进行审查核实，以确定作为认定案件事实的根据。

2. 当事人陈述的形式

当事人陈述分为口头陈述和书面陈述，也可以分为对案件事实的陈述和当事人的承认两类。当事人对案件事实的陈述，其目的在于取得有利于自己的后果。当事人的承认是指一方当事人向另一方当事人所证明的事实的真实性表示同意的一种陈述。

当事人的承认又可以分为审判上的承认和审判外的承认两种。审判上的承认，是指在审判案件时，当事人向法院所作的承认。这种承认是一方当事人对对方当事人所作的关于事实的陈述表示同意，一旦承认即免除了对方当事人的举证责任。该承认的主体仅限于原告、被告、法定代理人、第三人、诉讼代表人和经被代理人特别授权的诉讼代理人等。审判外的承认，是当事人在法院外对某些事实所作的承认。这种承认不能作为免除举证责任的根据，因其没有人民法院的参与，对法庭不存在任何拘束力。

人民法院对当事人陈述的可靠性的判断，必须综合全部案情和其他证据加以判定。在判断承认时必须审查承认是否系当事人自愿，如果存在着受欺诈、恶意通谋和重大误解的情况，则不能认定承认的效力。

(六)鉴定结论

1. 鉴定人的概念

鉴定人是指那些接受聘请或指派凭借自己的专门知识对案件中的疑难问题进行科学研究并做出具有法律效力结论的人。我国民事诉讼理论中普遍认为鉴定人是诉讼参与人，并在某种意义上认为鉴定人就是法官的帮手。在国外一般是将鉴定人纳入证人范畴，称为专家证人。

鉴定人与证人的不同之处在于：①法律对他们知识结构的要求不同。法律要求鉴定人必须具备某种专门知识，且能够解决案件中的专门性问题。证人则不一样，法律并未要求他们具备专门知识，只要他了解案情即使是文盲也可出

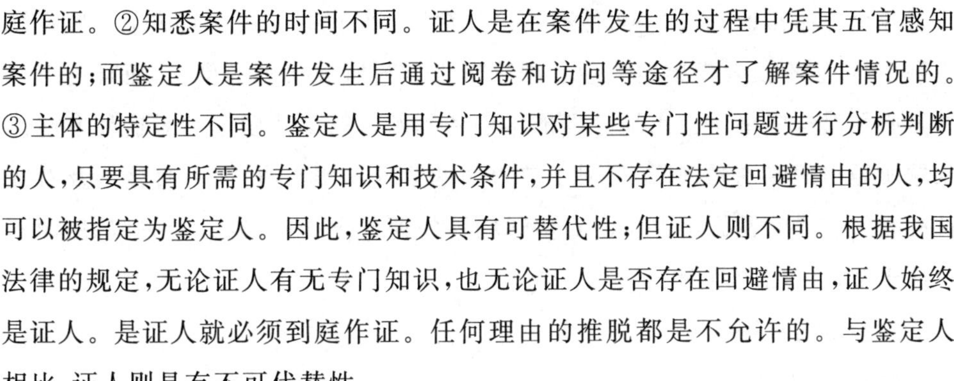

庭作证。②知悉案件的时间不同。证人是在案件发生的过程中凭其五官感知案件的;而鉴定人是案件发生后通过阅卷和访问等途径才了解案件情况的。③主体的特定性不同。鉴定人是用专门知识对某些专门性问题进行分析判断的人,只要具有所需的专门知识和技术条件,并且不存在法定回避情由的人,均可以被指定为鉴定人。因此,鉴定人具有可替代性;但证人则不同。根据我国法律的规定,无论证人有无专门知识,也无论证人是否存在回避情由,证人始终是证人。是证人就必须到庭作证。任何理由的推脱都是不允许的。与鉴定人相比,证人则具有不可代替性。

2.鉴定人的诉讼权利与义务

为了保证鉴定人能顺利地进行鉴定和认真地做出科学鉴定结论。鉴定人在鉴定活动中应依法享有一定的权利并承担一定的义务。

鉴定人主要的诉讼权利是:①有权了解全部案件情况,并有权要求人民法院提供为进行鉴定所需要的材料;②有权询问当事人、证人以及参加检验证据和现场勘验等活动;③有权拒绝鉴定;④有权用本民族语言文字作鉴定结论;⑤有权请求给付必要的鉴定费用和劳务报酬。

鉴定人主要的诉讼义务是:①鉴定人接受鉴定任务后,除有正当理由外,必须按时到庭陈述鉴定结论;②鉴定人必须忠实地进行鉴定,对所需要鉴定的问题,必须认真负责地进行科学的实验、分析,做出科学的判断;③鉴定人必须接受审判人员、检察人员、当事人和诉讼代理人对所鉴定的内容、结论提出质询,并应给予科学的回答和说明;④要遵守鉴定纪律,妥善保管提交鉴定的物品的材料;⑤对鉴定中涉及国家秘密的内容,必须严格保密。

3.鉴定结论的概念和特征

鉴定人运用专业知识、专门技术对案件中的专门性问题进行分析、鉴别、判断后做出的结论,称为鉴定结论。民事诉讼中的鉴定结论具有广泛性和多样性,通常有医学鉴定结论、文书鉴定结论、痕迹鉴定结论、事故鉴定结论、产品质量鉴定结论、会计鉴定结论、行为能力鉴定结论等。

鉴定结论作为诉讼证据中的一种,它具有三个基本特点:一是独立性。它是鉴定人根据案件的事实材料,按科学技术标准,以自己的专门知识,独立对鉴定对象分析、研究、推论做出的判断。二是结论性。其他证据仅就某一个方面或某几个方面作证，通常不可能有结论性意见。结论只能由法官去下。鉴定结论则不然，它不仅要求鉴定人叙述根据案件材料所观察到的事实，而且更重要的是必须对这些事实做出结论性的鉴别和判断。三是范围性。对这种专门性问题所做出的鉴别和判断，只限于应查明的案件事实本身，而不直接涉及对案件的有关法律问题做出评价。对法律问题的评价，应由审判人员去解决，而不应属于鉴定结论的范围。

4.鉴定的程序

(1)鉴定人的确定

根据最高人民法院《证据规定》第25条规定，当事人申请鉴定，应当在举证期限内提出。对需要鉴定的事项负有举证责任的当事人，在人民法院指定的期限内无正当理由不提出鉴定申请或者不预交鉴定费用或者拒不提供相关材料，致使对案件争议的事实无法通过鉴定结论予以认定的，应当对该事实承担举证不能的法律后果。《证据规定》第26条同时规定，当事人提出申请鉴定，经人民法院同意后，由双方当事人协商选择鉴定机构和鉴定人；如果协商不成也可以由人民法院加以指定。

《证据规定》第27条规定，当事人对人民法院委托的鉴定部门作出的鉴定结论有异议申请重新鉴定，提出证据证明存在下列情形之一的：①鉴定机构或者鉴定人员不具备相关的鉴定资格的；②鉴定程序严重违法的；③鉴定结论明显依据不足的；④经过质证认定不能作为证据使用的其他情形。对有缺陷的鉴定结论，可以通过补充鉴定、重新质证或者补充质证等方法解决的，不予重新鉴定。另外，一方当事人自行委托的部门作出的鉴定，另一方当事人有证据足以反驳并申请重新鉴定的，人民法院应予准许。

(2)鉴定部门的确定

鉴定部门的确定有两种情况：一种是法律或行政法规明确规定鉴定部门，例如，根据最高人民法院《医疗纠纷事故处理办法》中规定医疗纠纷的鉴定采用的是由医学会建立专家库，当事人可随机抽取进行的鉴定。另一种是法律和行政法规未对鉴定部门规定，由人民法院根据具体情况加以指定。

(3)鉴定结论的审查和判断

审判人员对鉴定人出具的鉴定书，应当审查是否具有下列内容：①委托人姓名或者名称、委托鉴定的内容；②委托鉴定的材料；③鉴定的依据及使用的科学技术手段；④对鉴定过程的说明；⑤明确的鉴定结论；⑥对鉴定人鉴定资格的说明；⑦鉴定人员及鉴定机构签名盖章。

鉴定人有责任在法庭上回答审判人员、当事人及其诉讼代理人提出的有关鉴定方面的问题。鉴定人应当出庭接受当事人质询。鉴定人确因特殊原因无法出庭的，经人民法院准许，可以书面答复当事人的质询。在法庭上进行的比较简单的鉴定，鉴定人也可以口头形式向法院提出鉴定意见，由书记员记入笔录，并由鉴定人在笔录上签名或盖章。不论以书面或口头方式提出鉴定意见，如有必要，当事人及其诉讼代理人都可以要求鉴定人对鉴定意见作补充说明或解释，这些说明和解释，也应记入法庭笔录。如果数个鉴定人的鉴定意见互相抵触，或鉴定人未能提出肯定的意见，或者人民法院对鉴定意见有怀疑时，除可要求鉴定人进行补充说明或补充鉴定外，还可以另行指定鉴定人再行鉴定。

（七）勘验笔录

所谓勘验，是指人民法院审判人员，在诉讼过程中，为了查明一定的事实，对与案件争议有关的现场、物品或物体亲自进行或指定有关人员进行查验、拍照、测量的行为。对于查验的情况与结果制成的笔录叫勘验笔录。勘验笔录是一种独立的证据，也是一种固定和保全证据的方法。

在勘验物证或者现场时，勘验人员必须出示人民法院的证件，邀请当地基层组织或者当事人所在单位派人参加，当事人或者他们的成年家属应当到场；拒不到场的，不影响勘验的进行。有关单位和个人根据人民法院的通知，有义务保护现场、协助勘验工作的进行。人民法院勘验物证或者现场，应当制作笔录记录勘验的时间、地点、勘验人、在场人、勘验的经过、结果，由勘验人、在场人签名或者盖章。对于绘制的现场图应当注明绘制的时间、方位、测绘人姓名、身份等内容。勘验笔录应把物证或者现场上一切与案件有关的客观情况，详细、如实地记录。在开庭审理时，审判人员应当庭宣读或出示勘验笔录和照片、绘制的图表，使当事人都能了解勘验的事实情况，并听取他们的意见。当事人要求重新勘验的，可以重新勘验。

勘验笔录是以文字、图表等记载的内容来说明一定案件事实，从这个意义上来说，它与书证有相似之处，但不能认为它是书证。两者主要区别是：①产生的时间不同。书证一般是在案件发生前或在发案过程中制作发生的；而勘验笔录则是在案件发生后，即在诉讼过程中，为了查明案件事实，对物证或者现场进行检验后制作的。②制作主体不同。书证一般是由当事人或有关单位及公民制作的；而勘验笔录则是办案人员或人民法院指定进行勘验的人，执行公务依法制作的一种文书。③反映的内容不同。书证一般是用文字、符号来表达其内容，本身能直接证明案件的事实情况，是制作人主观意志的外部表现；而勘验笔录的文字、图片记载的内容，是对物证或者现场的重新再现，其内容不能有制作人的主观意思表示，完全是一种对客观情况的如实记载。④能否重新制作不同。书证不能涂改，也不能重新制作，要保持其原意；而勘验笔录则不同，若记载有误或不明确，可以重新勘验，并作出新的勘验笔录。

二、基于诉讼支持的法务会计证据与诉讼证据的比较

两者作为证据，都具有证实案件事实的法律效果。两者互有涵盖，相互渗透，是包含与被包含的关系。法务会计证据本身是一种诉讼证据，所有的法务会计证据都可以作为诉讼证据使用。现在的经济犯罪案件大多涉及财务账目，作为经济活动的记录，账务证据因具有账务后果而大多较为客观、真实、可靠。但法务会计证据在证明案件事实上，除个别情况外，很少有既单一又直接且能全面地证明案件特定的事实，绝大多数单一法务会计证据存在证明不全的情况。这是由于任何一项经济活动都有一个过程，财务手续也往往不是一次所能完成的缘故。因此，在案件事实的证明上，既需要法务会计证据之间的相互印证，也需要收集与之有关的其他证据，以便组成一个完整的证据体系。然而具体用于诉讼的财务会计资料证据所能证明案件事实的内容和效果是有限的，而法务会计证据则能证明案件所涉及的财务会计事实的具体内容。两者的区别也是明显的，具体表现在以下几个方面：

(1)两者虽有重复，但作为定案根据的诉讼证据，不会都被用作法务会计的根据；反之，作为鉴定根据的法务会计证据也不都会用来作为定案的直接根据。

(2)诉讼证据的证明力是依其对案件主要事实的证明程度而定的。而法务会计证据的证明力则是依其对作出鉴定结论所需确认的事实的证明程度而定的。因为，法务会计是为侦查提供线索，为审判提供依据，其最终最重要的是体

现在法庭审理案件的过程中，为法官查明案件事实真相及映证其他证据起到证明作用。

(3)《刑事诉讼法》第 42 条第 2 款规定了证据法定表现形式，即物证，书证，证人证言，被害人陈述，犯罪嫌疑人、被告人供述和辩解，鉴定结论，勘验、检查笔录，视听资料。它们是以制作方式和具体表现形式来划分的。

基于诉讼支持的法务会计是以财务会计痕迹为技术检验对象的一种司法技术鉴定。所谓财务会计痕迹，是指人们从事财务会计活动时遗留的各种印迹，它反映了财务会计活动的轨迹，所以法务会计证据表现形式较为单一，都是以书面形式表现，不包括物证。具体的表现形式有：①财务会计资料；②勘验、检查笔录，主要是指司法会计检查笔录；③其他各类鉴定结论，主要是指笔迹、印章、商品等级等检验鉴定的检验报告、鉴定结论等；④当事人的叙述和证人证言等。

(4)诉讼证据一般具有客观性、相对性和合法性三个基本属性，而作为法务会计证据主要组成部分的财务会计资料证据，除具有诉讼证据的三个基本属性外，还具有双重性、间接性、技术性等特殊属性。

(5)根据我国《诉讼法》的有关规定，诉讼证据必须经过查证属实，才能成为定案的根据，认定的主体一般是指专门的司法机关。而财务会计资料证据的认定方面，存在着识别分工，即主要指法务会计人与案件承办人(送检人)之间，在财务会计资料证据识别问题的职责分工。其分工的基本原则是：识别的内容涉及财务会计技术方面问题的，如对会计分录、账户记录、财务会计报告内容、会计处理方法和核算方法真实性和正确性等由法务会计人识别；识别的内容不涉及财务会计技术或涉及其他专业技术的，如发票等各类原始凭证的真伪、财务业务的真实性问题、财务会计资料所反映的财务行为的刑事法律属性识别问题，则应由案件承办人或其他专业技术人员识别。

(6)诉讼证据狭义上讲的是能够直接用于作为定案根据的各种证据。这纯属法学的范畴。而法务会计证据是法务会计人员用以进行鉴别分析并据以作为法务会计结论来源的根据。法务会计学涉及会计学、审计学、法学等多门类学科。因此，它与侦查学、刑法、民法、经济法、行政法等也有着密切的关系。

三、言词证据作为法务会计鉴定证据的考虑

言词证据是诉讼证据的一种形式，能否作为司法会计鉴定证据在司法会计理论界一直存有争议。从司法会计实践中我们发现，涉及财务会计内容的言词证据具有能够反映财务事实的起因、过程和情节的优点，它有助于我们在司法会计鉴定中判断财务会计事实的性质，分清财务会计错误事项形成的过程和原因。比如审计实践中，言词证据是发现审计线索，促进审计目标实现的必要审计证据形式之一。诉讼支持中，只要我们在法务会计鉴定中克服言词证据不稳定等有关问题，科学地运用言词证据，发挥言词证据在法务会计鉴定中的特殊作用，将有助于提高法务会计鉴定的质量效率。法务会计诉讼支持过程运用言词证据有其现实的必要性，随着我国改革开放不断深入，社会主义市场经济得以建立和发展，各种经济纠纷也越来越多，各种贪污、挪用等涉及财务会计业务的犯罪也愈演愈烈。实践中存在账册虚假、账外设账、私设账外资金，甚至有隐匿、销毁原始凭证，单位财务混乱等情形，给法务会计鉴定带来了一定的困难。在这种情况下，发挥言词证据在司法会计鉴定中的作用，将会起到事半功倍的效果。

但是，在法务会计鉴定中运用言词证据应注意的方面是，由于言词证据并非直接反映财务会计事实，而是由人用言词叙述他们所知道的财务会计事实。所以，不仅客观因素、陈述者的主观倾向能够影响其真实性和完整性，而且还容易受到陈述者的感受力、记忆力、判断力、表述力等因素的影响。这就导致在诉讼过程中言词证据具有不稳定性，甚至会出现虚假言词证据的弊端。

第三节　财务会计资料证据

一、财务会计资料证据的特征

财务会计资料证据，即以财务会计资料形式所表现的诉讼证据。财务会计资料证据是由侦查人员依照法律程序收集的，能证明案件事实，并以财务会计资料形式所表现的客观依据，是各种经济案件中非常重要的书证，是司法鉴定

过程中的主要证据资料。正确认识财务会计资料的特征，对于引导正确收集和审查财务会计资料证据，确保案件质量，具有十分重要的意义。

财务会计资料依法被司法机关收集并作为证明涉案事实的依据，就成为一种诉讼证据，即财务会计资料证据。由于财务会计资料的形成具有一定的专业技术特性，所以这种证据除具备一般诉讼证据的客观性、相关性和法律性的基本证据特征外，还具有双重性、间接性和技术性的特有特征。

(1)所谓双重性，是指财务会计资料同时具有物证和书证双重证明意义的证据特征。物证意义是指财务会计资料能够以其载体的特征，制作印迹及其所在场所等客观情况，证明案件事实。如财务会计资料中的格式或书写特征，能够证明该资料由谁采用什么工具制作；财务会计资料中的指纹印迹，能够证明谁接触过资料等。书证意义是指财务会计资料证据能够从其记载的文字语言所表达的客观情况来证明案件事实。双重性要求在收集这类证据时，要尽量收集到物证原件，因原件可以保持财务会计资料的全部物质痕迹和书证内容。

(2)所谓间接性，是指财务会计资料证据通常只能间接证明案件事实的证据属性。任何一份财务会计资料，都不能够独立直接证明案件的主要事实。具体的财务资料可以直接地证明案件的某一具体事实情节，但因其不能反映财务会计事实的全貌，无法用来独立地证明案件的主要事实，而账簿或财务会计报告是根据具体的财务资料，按照一定的会计记录方法和原则连续系统反映经济事项内容并逐步生成的间接资料，又不可能用来直接地证明案件的主要事实(除完整记录犯罪过程的备忘录文件外)，故只能将各类财务会计资料证据系统地联系起来，才能发挥其证明案件主要事实的作用。这就要求这类证据必须尽可能全面地收集，并据实评价每一份财务会计资料所能证明的案件事实的具体内容。

(3)所谓技术性，是指财务会计资料大多是由有特定技术结构的各种数据关系和技术性术语含义的资料来反映有关财务事实的属性。收集财务会计资料证据时，应根据其技术构成，完整地搜集证据；应根据其特征充分考虑便于审查、示证、质证的要求，确保财务会计资料证据的质量；应注意分析财务会计资料中技术用语的含义；应采用相应技术方法和技术对策。在收集财务会计资料证据时，努力为司法机关依法处理案件提供坚实的证据基础。

二、财务会计资料的种类

财务会计资料的形成与诉讼活动无关，只是因其内容涉及有关的案件事实而被引入诉讼活动中作为证据材料，一般包括以下三类。

（一）会计核算资料

会计核算资料既是会计活动的主要结果，又是会计记录和反映经济活动的主要载体。其包括会计凭证、会计账簿、会计报表以及相应的说明等。

（二）会计相关资料

会计相关资料是指虽然作为会计核算依据或参考，但并未作为原始凭证直接纳入会计凭证的资料，是正确进行会计核算，使会计核算结果能客观真实地反映和记录相应经济业务活动所必不可少的。其主要包括：①与会计活动有关的单位规章制度（内部管理制度）；②各种文件，如与会计主体经济活动相关的合同、协议等；③各种权益凭证；④资金往来和结算资料；⑤反映商品或非商品交易进行或完成情况的记录资料；⑥记载实物流转和结存的有关资料；⑦各种与现金、财产实物有关的备查登记簿等。

（三）经济业务原始记录

经济业务原始记录是指各种本应作为会计核算中原始凭证的，但实际上并未用于进行会计核算的、能直接记录和反映经济业务活动情况的原始记录资料，如银行进账单、转账支票存根等。我国规定，应进行会计核算的单位，在进行经济业务活动时应取得记录和反映经济业务活动发生情况的原始记录资料，用以证明相应经济业务活动的发生或存在情况，并将这类记录资料作为原始凭证进行会计核算，从而生成会计核算资料。但实践中，有的单位对进行会计核算的经济业务活动未进行会计核算；有的单位对部分经济业务活动内容另设“账外账”进行核算。在涉及经济犯罪的案件中，还存在着销毁会计核算资料以隐匿犯罪证据的情况。虽然这些经济业务原始记录尚未以会计核算资料形式（如会计凭证、会计账簿或会计报表）来反映有关的经济业务活动，但是其记录和反映经济业务活动的基本属性仍然存在，法务会计可以借助这些资料对其所涉及的经济业务活动事实进行“解读”，以了解和掌握其所记录和反映的经济活动事实之发生或存在情况，从而查清和证明与此相关的事实。

三、财务会计资料证据的收集

(一)总体思路

财务会计资料的特征及其复杂性要求其证据的收集要设计总体的思路:首先,要根据具体的经济纠纷或经济案件的性质来确定证据收集的目标。其次,还必须要熟悉经济活动的正常流程,了解其中每一个环节所涉及的财务会计资料。要清楚每一个经济业务都有其自身的运作条件和运行规律,它们互相衔接、环环相扣,形成一个庞大的经济系统。最后,搜集证据要注意反映经济业务运作过程中环环相扣的序列关系,有进有出、有来有往的对偶关系。财务资料证据的收集必须从动态平衡的角度去考察问题,既要认识到资金运动规律、会计核算方法的特定性,又要认识到财务会计方法的相对稳定性。不同的财务会计资料,证明对象及证明程度是不同的。如不同联次的财务会计资料,基本要素不完整的财务会计资料,复合的财务会计资料等,其证明对象及证明程度都有很大差异。

法务会计活动中,取得涉案会计主体的会计资料已属不易,获得相关会计主体的会计资料更是很难。因此,准确认识哪些是对形成鉴定结论至关重要、不可或缺的鉴定资料(即那些与案件事实存在内在必然关联性的主要的、重要的部分),高度关注、严格查核这些鉴定资料的真实性、完整性并适当地补充调取相关资料,是贯穿法务会计活动始终的一项重要工作。

(二)财务会计资料证据的收集方式

作为法务会计对象和依据的财务会计资料必须具备以下条件:第一,必须是有必要而且通过运用财务会计专门知识能够解决财务会计专门性问题的财务会计资料。第二,必须是在案件中所涉及的财务会计活动过程中形成的财务会计资料,这是保证法务会计结论科学客观的必备条件。经济组织的财务会计活动是十分频繁的,由此而形成的财务会计资料也很多,但是,对于具体案件来讲,只有记录案件所涉及的财务会计活动的财务会计资料才能成为此案法务会计的收集对象。第三,必须是经法定程序收集的财务会计资料,这是对法务会计对象的程序性保证。具体收集和发现财务会计资料证据,保证法务会计人能迅速、准确地作出鉴定结论。经法定程序搜集、发现的证据一般包括如下财务会计资料。

1.本案卷宗

卷宗应按排列顺序装订成册，并编写页码，防止在送检过程中材料散失。提供案卷给鉴定人，首先可以使鉴定人了解案件的性质，案件涉及的资金运行规律；其次可以了解犯罪嫌疑人或被告人对会计资料的影响程度，一般意义上讲，犯罪嫌疑人与会计资料越接近，其作案的可能性就越大；第三，了解已掌握线索的特点，根据这些已掌握的证据或线索，初步确定其作案手段的特点；第四，了解有关证人证言，全面掌握情况，便于作出正确的判断。司法会计在办理法务会计案件时，除要求提供相关财务资料外，均要求送检部门提交涉案的卷宗。通过阅卷，对送检的鉴定要求进行司法会计评估，判断是否按送检部门提出的鉴定要求作出鉴定。这是因为，基层检察院送检部门在提交鉴定要求时，往往是笼统而不是具体的。只是因案件涉及财务会计问题并产生困惑时，具体办案人员觉得有必要提出司法鉴定，从而再行鉴定，所提出的鉴定要求是不明确的。故需要司法会计人员自己通过阅卷，从案件的性质、涉案的财务资料来判断应从哪个角度、哪个方面来进行法务会计，进而作出对案件有重要证明作用，甚至是有决定性的证明效力的鉴定结论。

2.涉案单位的会计制度

涉案单位的会计制度，包括记账方法、会计机构的内部制度、单位内部会计工作组织形式，以及会计机构与其他部门的相互关系。鉴定人只有了解发案单位的会计制度和会计核算的特点，才有利于核对、判断送检材料的真实性和可利用性。通过这些材料的分析研究，法务会计就能判断发案单位经济业务内容，如企业单位的行业类别，主营业务、销售收入的主要来源，主要原辅材料的品种、用量，主要销售产品的品种、销量等；机关、事业单位的主要经费来源渠道，是全额财政拨款还是差额拨款、主要费用支出的去向等方面，就会使法务会计花费更多时间从账务上、凭证上来了解这些相关内容，可能造成因法务会计人手少、时间紧等原因，不能及时提供鉴定结论供侦查人员使用，甚至会无法发现账务中存在的问题而不能做出鉴定结论。发案单位的经济业务性质，可以从企业营业执照、工商等级资料、企业章程中了解，也可以向企业负责人、财务人员询问了解，还可以向其主管部门了解。

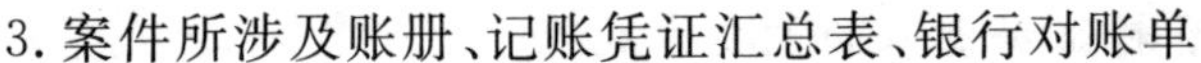

3. 案件所涉及账册、记账凭证汇总表、银行对账单

账册包括总账、明细账、现金日记账、银行日记账。按照有关会计制度规定，单位会计账册账账相符，记账凭证汇总表与记账凭证的汇总金额相符。当犯罪嫌疑人在某一环节作案时，要么是牵一发而动全身，对其他账目均作相应的改动，形成连锁反应；要么就会出现账账不符或账证不符的现象，所以送检的账册要把握会计证据的关联性特点，全面收集。还有个别案件收集银行对账单也很重要，有的出纳会通过伪造对账单的手段瞒天过海，对单位资金进行侵占、挪用，这种情况下，只查会计凭证和账册的做法效果不大。

4. 案件所涉及的会计凭证

会计凭证是记录经济业务，明确经济责任，作为记账依据的书面证明，它分为原始凭证和记账凭证。原始凭证是在经济业务发生时填制的，说明经济业务执行情况和完成情况的书面证明，是进行会计核算的依据。在送检的资料中，尤其是涉及采用涂改发票、虚报冒领犯罪手段的经济案件，对原始凭证的收集要特别注意，最好是收集原件，复制件、复印件的凭证一定要字迹清楚，复制准确无误。

5. 实物盘存

个别情况需要法务会计人员监盘实物盘存或取得盘存资料，比如需要的送检材料包括库存现金盘点表，或者有关物品盘点表如库存现金盘点表、供物品盘点表等。需要注意的是，涉及案件根据需要现金盘点表和物品盘点表必须及时取得，及时组织单位会计、单位负责人在场情况下盘点，在盘点时严格按照有关会计制度规定执行。如果没有及时取得盘点表，很可能造成案件无法获取必要的实物证据。

在诉讼过程中，有时也可以根据不同情况或鉴定人员的要求，再收集某些特殊资料送检。

四、会计电子数据证据

采用会计电算化单位的会计账务的查证，就需要电算化数据库中的数据，可采用大容量U盘或移动硬盘复制、光盘刻录等办法进行数据的收集。然后，还要安装与之相配套的电算化软件或数据库软件进行查阅和检索。

(一)会计电子数据资料证据调取的主要方式

(1)现场通过电脑查询。疑问可当场解答,不易泄密;但多少会影响企业电子系统工作的运转,若历史资料多,更是查找不便,现场查询存在投入时间多、效率低的问题。

(2)电子数据资料调取通过打印机输出到纸张的电脑书面账,并可以在现场当场签证,这是目前最直接、最常用的取证方式;但如果电子数据资料很多的情况下,有的要打印好几天书面账页,这样稽查人员就不可能在现场的几个小时内完成,待在企业现场取证几天,存在着时间上的不便问题。

(3)电子数据输出到磁盘方式或者通过联网方式调取资料。缺点是各企业应用软件不同,即使将资料下载到磁盘上,不使用相配的软件也读取不出来;若需调取大量资料,磁盘容量不足,需用光盘,企业未必备有光盘刻录机;而且将存储方式不同的数据输出到磁盘可能因电脑病毒造成数据的改变和丢失;还有可能存在着当场电子数据签证的难点,若不当场签证,改天企业就否认是本企业的电子数据资料,从而掩盖了电子数据资料,使税务稽查取证陷入困境。

(二)会计电子数据资料取证值得注意的难点问题

电子数据证据具有以下特性:一是证据内容的可修改性。电子证据的修改有两种情况:证据固定前可能已被修改;采用拷贝方式收集的电子证据,从证据固定到使用的过程中,也可以被修改。二是证据的可灭失性,即计算机储存的信息会因人为删除、病毒感染、物理破坏等原因灭失。三是取证的技术性。

电子数据取证过程中,防止企业可能存在以下三种情况:

(1)提供虚假资料,不如实反映情况,或者拒绝提供有关资料的;

(2)拒绝或者阻止税务机关记录、录音、录像、照相和复制与案件有关的情况和资料的;

(3)转移、隐匿、销毁有关资料的。

第四节　基于诉讼支持的法务会计资料真实性和完整性

基于诉讼支持的法务会计实质上是从鉴定资料中提取相关信息,还原客观事实真相的过程,因此,鉴定资料真实完整是法务会计获得正确结论不可或缺的客观基础。鉴定资料的真实性和完整性实际上是其在质和量两方面特征的具体表现。法务会计资料包括会计资料(包括会计核算资料、会计相关资料和经济业务原始记录,下同)和相关证据材料(在诉讼中形成,其制作主体是司法机关)。法务会计资料的主要部分是会计资料,认识和判断其真实性和完整性的途径和方法明显有别于其他类别鉴定,需紧密结合会计资料的固有特点进行。

一、鉴定资料真实性、完整性缺陷的危害

法务会计主要用于经济犯罪和经济纠纷案件中。会计资料形成、保管、提取状况的多样性,使其极易出现真实性、完整性缺陷。法务会计实践中,除少数涉案单位会计资料较为真实完整,因而法务会计较易进行外,大部分涉案单位会计核算不规范、相关管理混乱,甚至有故意伪造、篡改、隐匿、毁损会计资料的情况。尽管这些会计核算不规范或与此相关的管理混乱可能是犯罪或纠纷的原因,也可能是犯罪的结果,但都无一例外地影响了会计资料的真实性、完整性,给法务会计工作造成了极大障碍。

一般而言,在经济犯罪案件中,会计核算不规范或与此相关的管理混乱甚至是故意伪造、篡改、隐匿会计资料等情况与发生犯罪行为之间的因果关系存在以下几种情况:①因单位管理不善使犯罪行为人容易钻空子从而导致经济犯罪发生;②犯罪行为人为了实施犯罪故意伪造、篡改、隐匿相关经济业务原始凭证、做假账等;③经济犯罪发生后犯罪行为人为了混淆视听、掩盖犯罪事实而伪造、篡改、隐匿相关经济业务原始凭证、做假账等;④单位为了逃避监管而不遵照会计制度进行核算,造成会计资料不完整、不真实,从而掩盖各种违法乃至犯罪行为。在经济纠纷案件中,也大量存在由于管理水平低或者为了逃避监管等原因而不遵照会计制度进行核算,造成会计资料不完整、不真实,使经营者与股东之间、供应方与采购方之间容易发生争议,而且发生争议后难以明辨是非。

由于获得的会计资料常常在真实性、完整性上存在缺陷(甚至是严重缺陷),使得法务会计活动所必须面对的情况变得非常复杂,造成的结果是:一方面,司法实践中存在大量需要法务会计解决的问题,而法务会计不能完成,无法满足司法实践的需求;另一方面,司法鉴定机构和鉴定人未意识到所依据的会

计资料在真实性、完整性上存在严重缺陷，在不具备鉴定条件的情况下出具与实际情况不符的鉴定结论，造成对案件事实认定的错误。这些情况，极大地阻碍了法务会计的健康发展。

二、对鉴定资料真实性的认识

（一）真实性是对鉴定资料的基本要求

真实的鉴定资料是得出正确鉴定结论的前提和必要条件。由于鉴定结论要作为诉讼证据使用，担负着证明案件事实的职能，应具备真实性是显而易见的。为保证其真实性需做到以下几点：

(1)所有诉讼参与人应严格遵守诉讼程序，为取得真实的鉴定资料提供法律保障；

(2)在鉴定资料的收集（提取、调取、提供）过程中，应采用科学的提取手段和保全措施，使鉴定资料能够保持与其原有状况一致；

(3)鉴定人充分运用专业知识和经验对鉴定资料的真实性进行识别和判断，为鉴定结论所依据鉴定资料的真实性提供技术保障。

（二）保证鉴定资料真实性的责任

按照规定，委托人提供鉴定资料并对其真实性负责，但实际情形是两者常常不一致，即委托人是司法机关，但鉴定资料则由有关单位或个人直接向鉴定人提供（可认为他们是按司法机关要求提供鉴定资料），由此，保证鉴定资料真实性实际上需要司法机关和鉴定资料提供者（可能是鉴定资料拥有者或保管者）都承担法律规定的义务。具体而言，司法机关在收集或调取鉴定资料时，不仅应严格遵守诉讼法律规定，保证所收集或调取的鉴定资料具备合法性，还要采用科学合理的方法和措施（包括提取和保全鉴定资料的措施和方法）保证所取得的鉴定资料与原有状况一致；诉讼当事人提供鉴定资料时，应实事求是、客观公正，并要为自己故意提供不真实鉴定资料的行为承担法律责任。此外，鉴定人应从专业技术上避免鉴定资料真实性缺陷对鉴定结论正确性的不利影响，尽管鉴定人无须对鉴定资料的真实性负责，甚至可以找到相关的行业规范等，但毫无疑问，一旦鉴定结论错误，这种免责托词是脆弱的，也违背了鉴定活动本身还原客观事实真相的宗旨。

(三)影响鉴定资料真实性的因素

影响鉴定资料真实性的因素可分为两类:一类出现在鉴定资料形成过程中;另一类出现在鉴定资料收集、提取、保管、提供过程中。

(1)在鉴定资料(以下未经特别说明均指会计资料)形成过程中,可能受各种因素影响而造成鉴定资料本身不真实,即不能客观真实反映所记载的经济活动,这样的鉴定资料客观上不真实(或称为固有不真实)。造成这种后果的原因可从主观上分为两类:过失和故意。前者指由于会计人员专业水平低、工作责任心差等造成对经济业务原始记录理解错误、核算错误、计算差错等,导致形成的鉴定资料不正确(不能真实反映已经发生的经济活动);后者则指为了隐瞒或歪曲经济活动真实情况而故意造假,使所形成的鉴定资料不真实。一般而言,对前一种情况可运用会计专业方法进行检查加以纠正,后一种情况则需采用更综合的手段才能识别和判断,是本书所关注的重点。

(2)在鉴定资料收集、提取、保管、提供过程中,可能会因提取手段和保全措施不科学或不恰当,导致获得的鉴定资料与其原有状况不一致。会计资料为纸质(或纸质备份)系统的情况下,这种情形比较容易避免,且即使出现也较易发现;但在会计核算普遍电算化以及大量经济业务原始记录以电子数据形式保存的情况下,如果没有相应的纸质备份系统,此问题就应特别注意。

三、对鉴定资料完整性的认识

(一)鉴定资料完整性是影响鉴定结论正确性的关键因素

会计核算资料是通过对一系列经济业务进行核算而形成的,每一项经济业务的核算可能在会计资料不同部分以不同形式进行记载和反映:在凭证中,不仅以会计分录形式分别记载借方和贷方发生额,而且要附上原始凭证(经济业务原始记录);在账簿中,凭证记载的借方和贷方发生额分别记入不同账户,并以其发生额影响科目余额;在报表中,每一笔经济业务情况(发生事由和金额)虽不能直观看到,但其发生事由及所记入的账户(科目)会决定应归入报表的哪个项目,且相应金额也会影响对应项目在报表上列示的金额。会计核算资料这种特征使其在很多情况下是通过一个结构体系(一系列的会计核算资料)来反映案件事实,而不是仅凭一份材料(书证),这明显有别于在许多物证鉴定中是根据一份检材，如一滴或几滴血、一段毛发、一块生物组织来进行鉴定。由于会计核算资料存在这种结构体系特征，因此，鉴定资料完整性往往成为影响鉴定结论正确性的关键因素。譬如，在确定某个期间收入的鉴定中，如果未将该期间的每一笔收入都计入，其结果肯定不正确。

可以看出，与采用以点代面的鉴定不同（如物证鉴定中可以一滴血的特性代表生物个体某方面特性，其内在原因是相应特征在系统内各处具有一致性），法务会计则往往是要以面证点，即利用全面、系统的信息去证实、证明某个事实（案件真相），其实质是运用系统（甚至可以是多个子系统构成的大系统）内各部分信息内在的关联性来反映系统情况。

（二）鉴定资料完整性是一个相对的概念

鉴定资料完整性与委托鉴定要求相对应，鉴定要求确定了需要通过鉴定解决的问题的范围，客观上对需要提交的鉴定资料提出了要求。对鉴定资料完整性的判断直接依赖于鉴定人对鉴定资料所反映经济业务活动的了解和认识，与鉴定人对委托要求的理解和对有关经济业务活动的了解密切相关。

（三）保证鉴定资料完整性的考虑

既然鉴定资料完整性与委托要求相对应，委托要求不同，鉴定资料的内容和范围自然不同，因此，委托人和鉴定人应充分沟通情况，根据案件具体情况合理确定委托要求。

(1)明确案件需要法务会计做什么。了解具体案件情况，包括案件类型（刑事案件、民事案件），明确哪些犯罪构成要件（对刑事案件）或者争议事实（对民事案件）需要通过法务会计证明。

(2)分析法务会计能够做什么。结合法务会计的特点分析其所能解决的问题（能够证明什么），恰如其分地定位鉴定结论在整个证据体系中的地位和作用。

(3)判断法务会计可以做什么。结合对具体案件中已经和可能取得的鉴定资料的了解，判断法务会计实际可以做到的程度。

(4)确定法务会计委托要求。分析综合上述案件要求、法务会计特性、鉴定资料情况，再结合对鉴定完成时间的要求以及费用等情况，合理确定鉴定委托要求。

四、查核鉴定资料真实性的方法

鉴定人应充分运用专业知识（必要时应为进行相关鉴定业务而学习所涉领域的专门知识或利用相关专业人员的咨询服务），对鉴定资料的真实性进行鉴别、作出判断，主要可从以下几方面入手。

（一）查核涉案会计主体的会计核算资料

正常情况下，会计核算以实际发生的经济业务为依据。其中，原始凭证是已发生经济业务的直接记录，记账凭证依据原始凭证记载内容并按照规定会计处理方法生成，账簿和报表也是按照会计制度的规定和会计工作规范的要求登记和编制的，同一会计主体的会计核算资料各个部分（凭证、账簿、报表）具有符合会计制度规定和会计工作规范要求的一致性，在数量（金额）上具有钩稽关系。因此，可以通过对凭证、账簿、报表相互之间一致性的比较或差异性的分析，鉴别判断鉴定资料的真实性。譬如，判断账簿中记载的某项经济业务的真实性，应查阅对应的会计凭证，包括：审阅记账凭证和原始凭证，既要看记账凭证与账簿记载是否一致（是否证账一致），更要看其是否恰当地反映了原始凭证所记载的经济业务内容（是否证证一致），在法务会计中，后者常常更重要。

当记账凭证与原始凭证之间，或者凭证与账簿之间，或者账簿与报表之间存在差异，或者本来应有的部分出现缺失或遗漏，并且没有合理的原因，则相应会计核算资料的真实性不能得到认定。譬如，对于一张未附原始凭证的记账凭证，如果所记载内容不属于结账和更正错误，则该记账凭证所记载或反映事项的真实性不能确定，相应事项在账簿对应账户（科目）和报表相应项目中的金额也不能作对应认定。

应该注意的是，即便证证相符、证账相符、账表相符也只是说明会计核算正确而不能保证会计核算资料真实。只有在原始凭证真实反映经济业务（即会计核算的基础和起点都真实）的情况下，正确会计核算所形成的会计核算资料才具有真实性。

实践中，涉案会计核算资料常常存在以下情况：核算方法或程序不规范、核算内容不完整、核算依据不充分等。实际上难以或无法核对同一会计主体的会计核算资料的各个部分，需要借助其他方法判断鉴定资料真实性。

（二）获取涉案会计主体的会计相关资料和经济业务原始记录

当会计核算反映的经济业务很复杂或所涉及的基础数据量庞大时，仅从会计核算资料难以全面了解经济活动发生情况，一般需获取涉案会计主体的会计相关资料或经济业务原始记录。譬如，在涉及对金融工具尤其是衍生工具等复杂经济业务的会计核算时，应查阅相应合同以了解具体内容，从而判断会计核算的正确性。再如许多商品批发或零售企业如超市等，其销售情况主要以电子数据形式保存，取得这部分经济业务原始记录才能核对会计资料所反映销售情况的真实性。

（三）从银行取得与资金运动有关的资料

现代经济活动中，银行是资金流转的重要中介，单位资金大多要存入银行，许多资金收付通过银行转账，因此，获取银行资料是查证资金运动变化情况的重要途径。实践中，既存在单位资金保管人（如出纳等）为掩盖窃取单位资金的事实而伪造、变造经济业务原始记录或篡改会计核算记录的情况，也存在单位本身为了种种目的（如逃税、掩盖非法经营事实等）隐匿资金去向或来源的行为（在走私、金融诈骗等经济犯罪案件中，隐匿资金去向或来源的洗钱行为广泛存在）。在这些情况下，会计核算资料中记载的资金运动变化（现金存取或转账收付）信息很可能出现虚假，获取银行资料不仅可验证会计核算资料所反映资金运动变化情况的正确性，还可帮助查清真实的资金运动变化情况。

以查证资金流向为例，若资金流转过程全部通过银行转账，向银行调取资料可以查清资金流转所经过的每个环节。既可采用顺查也可采用倒查，前者以付款人为起点逐步跟踪资金去向直至查到真正的收款人，而后者则以收款人为起点逆向追溯资金来源找出真正的付款人。如果涉及现金收付，相应情况更复杂。对于从银行提取现金，或者通过票据质押开出票据，然后又将票据进行贴现取得资金等运用银行所提供的金融服务隐匿资金流向的情况，查明资金流向的难度大大增加。但是，通过确定提取现金的经手人、所取得金融票据的流转记录等，仍然可以获取进一步掌握资金流向的线索。

当银行作为涉案主体时，应对其所提供的记录保持合理怀疑，并尽可能通过其他途径取得资料，譬如从与其有业务往来的其他银行调取资料等。

（四）调取有关机构保存的经济活动记录

参与某些经济活动如证券、期货交易需要在特定场所，管理这些场所的机构会保留交易记录；政府监管经济活动的专门机关也保留有大量经济活动记录，如税务机关有纳税记录、海关有进出口货物报关及纳税记录、工商管理部门有公司注册登记记录等。上述由独立于涉案单位和个人的机构所保存的记录都可有效用于验证会计资料的真实性。

（五）比较交易（业务往来）各方的会计核算资料

交易（业务往来）不是单方经济行为，所涉各方一般是不同会计主体，除了保留相应记录，往往还进行独立会计核算，因此，比较交易（业务往来）各方对同一交易（业务往来）的会计核算记录自然成为验证会计核算资料中所记载交易（业务往来）真实性的重要途径。如在商品购销业务中，有买方必有卖方，买卖双方之间业务往来的内容既包括实物（商品）流转（卖方发货、买方收货），也包括对价支付（买方付款、卖方收款），在正常会计核算中这些都有记录可查，一方（买方或卖方）的记录（会计核算资料）可用于验证对方的记录。一般而言，从买方会计记录中可了解下述情况：①实物流转，账面一般反映为存货相关科目借方增加，原始凭证主要有入库记录（如入库单）、验收记录（如验收单）等；②支付对价，付款方式大致可分为货到付款、赊购、先付款后收货以及混合型等四种，依付款方式不同，相应的原始凭证和会计核算科目也不同。卖方作为买卖交易中买方的对方，应有与买方记录对应的记录，只是资金和货物运动方向与买方相反，卖方记载的是资金流入和货物流出。只要调取对应记录即可验证买方会计资料真实性，反之亦然。在交易真实且交易记录真实的情况下，买卖双方的资料是完全可以相互印证的。

以上所列只涉及两方的情况，实践中还存在由第三方代收代付交易结算价款，因此需要对交易（业务往来）所涉及各方的情况进行核对和比较，才能作出判断。

（六）比较交易（业务往来）各方的会计相关资料

发生交易（业务往来）时，除形成记载或反映交易（业务往来）结果的记录（会计核算资料），通常还有记载或反映洽商、订立、履行契约等情况的记录，在反映同一经济业务时，这些记录的内容应该具有一致性，因此可用于验证鉴定资料的真实性。譬如在厂房、商铺等租赁业务中，承租方可能是私营企业主、个体商户等，很多情况下，可能因为税收管理不要求或者经营管理不规范等原因，他们并不进行会计核算，租金交纳也常常以现金支付。在这种情况下，要判断出租方会计资料中所反映租金收入的真实性，主要应比较双方签订的厂房（商铺）租赁合同，尤其是承租方所持有的租赁合同。再如，在工程承发包业务中，许多承接工程施工的承包方采取到税务机关开具建筑安装工程专用发票的方式缴纳税款，并不进行规范的会计核算，要判断发包方会计资料中工程款支付的真实性，应重点查阅双方签订的施工合同以及由承包（施工）方编制、报送并经发包方审核、批准的施工图预算、工程变更签证、竣工结算等资料。

（七）分析记载或反映同一经济活动不同方面情况的资料

一项具体经济活动中，除涉及交易（业务或者资金往来）双方，还可能涉及其他主体，如在进出口贸易活动中，除了买方（进口方）和卖方（出口方），一般还可能涉及货物运输方（如承运货物的轮船公司）、货物检验机构、办理货款结算的金融机构（如信用证开证行、议付行等）、海关等，通过分析记载或反映同一经济业务不同方面情况的资料可以查证会计资料真实性。

例如在走私活动中，常用手段之一是将实际进口的价值较高的货物（如药品、奶粉等）按价值较低的货物（如纸质制品等）名称报关，这样，报关单的内容与真实情况不符，按照报关单所缴纳的关税及相应的海关代征税少于应交金额。不仅如此，由于走私进口商品按照正常价格销售，而其成本远低于正常成本，为了掩盖走私进口商品的真正来源并加大其成本以减少企业所得税或者抵扣增值税销项税，进行走私活动的公司还要买入或虚开发票。在这类公司的会计资料中，经过查证所反映的情况往往是：除了与销售收入相关的资料比较真实（一般是因为买方需要发票且是通过银行付款）外，其余部分入账的原始单据（尤其是商品采购部分）大多不真实。

（八）分析对比鉴定资料与其他证据材料是否能相互印证

司法实践中会接触到这样一些会计资料：其凭证和账簿记载连续、数据之间符合钩稽关系，但真实的情况却是：这些貌似完整的会计资料，或者是某些单位为逃避税收监管等政府监管措施而设置的所谓“内账、外账”等多套账簿（假账）中的一套；或者是单位负责人和财务人员为了掩盖其侵吞、窃取单位资金、财产而编造的假账。对于这类鉴定资料真实性的查核，除可采用以上所列各种方法外，也可通过将其与其他证据材料所反映情况进行对比来初步判断。譬如对于“两头在外”(原材料进口、产品出口)的生产型企业，可能通过在有关资料(包括报关、会计核算等)中加大或减小原材料和(或)产品进出口的规模，掩盖走私倒卖进口原材料或者逃避外汇管制转移资金(跨境洗钱)等行为，对于这类情况可以根据其生产场所的规模、有无外包加工、外包加工的情况等测算其生产能力，判断其会计资料所记载的采购、生产、销售情况是否可能，是否真实。

五、查核鉴定资料完整性

在委托要求已经确定的情况下，鉴定人对鉴定资料完整性的判断主要基于对鉴定资料所反映经济业务的了解和认识。由于经济活动具体情况千差万别，鉴定人的经验和专业判断将在这个过程中起重要作用。下面，对应该遵循的原则作一些归纳。

(一)鉴定资料记载或反映经济业务的范围应与鉴定要求对应

(1)应以鉴定要求所涉及经济业务的时间跨度确定调取会计资料的时间范围。例如，若需确定某单位某年度收入情况，需要调取该年度涉及收入情况记录的全部会计资料。再如，若要了解在某时点某项债务的情况，需取得该债务从形成开始至相应时点的对应会计资料。

(2)应以鉴定要求所涉及经济活动主体的范围确定应调取哪些单位的会计资料。譬如，若需查清两个单位之间经济往来，一般调取这两个单位的会计资料；而要查清某个单位某种原材料的采购情况，除了取得采购方资料外，一般还需要各供应方的资料。

(3)关注期前、期后事项。实践中，不少单位出于种种考虑或由于经验或水平不足，可能将某些会计事项提前或延后进行核算。因此，在确定某期间经济业务情况(如实现的收入或发生的费用)时，应关注期前、期后事项，避免鉴定结论偏离事实。

(二)检查鉴定资料本身记载的连续性

检查记载某项业务内容的会计资料是否连续、有无缺漏，其方法可视具体鉴定要求不同而异。譬如，若鉴定要求是确定某期间收入，则应检查提交的会计账簿记录所核算的收入发生额与余额之间是否具有连续性(即期初余额加本期累计发生额是否等于本期余额),并且要检查对应每一笔发生额是否有相应会计凭证。(收入核算是否有依据?)

(三)分析鉴定资料所记载或反映经济业务内容的连贯性

若相关资料结合起来能完整反映一项经济业务,可认为这些资料对于反映该经济业务是完整的。譬如委托要求是确定某单位某银行账户某一笔资金的流向,在一项具体鉴定中根据资金流转方式不同,需要取得不同的鉴定资料,对资料完整性的具体要求也不尽相同。

(1)从银行账户提取现金。该项经济业务的过程一般是:①申请领用支票;②审批;③填写支票各项内容;④加盖印鉴;⑤提取现金;⑥会计核算。

完整反映这笔提现业务,需要有单位会计核算资料和从银行调取的资料,前者包括:①核算这笔业务的会计凭证(支票存根);②相应的现金和银行存款日记账,是否还需总账或其他明细账视具体情况而定。后者包括:①提现发生期间相应银行账户的对账单;②支票。(包括正面和背面)两部分资料结合可完整反映该经济活动:单位会计资料反映提现是否经过审批、资金用途(备用金或其他)及收款人等情况,而银行资料则能证实支票提现使单位银行账户资金减少以及提取现金的经手人等情况。

(2)转账付款。转账付款与提现一般有类似流程,所需资料也相似,差异主要在于:银行资料提供的收款方信息不同:提现情况下反映的是提取现金的经手人,而在转账付款情况下,反映的是收款方的账户名称(单位名称或个人姓名)、账号和开户银行。

六、不同委托人对鉴定资料真实性和完整性保障能力的差异分析

虽然总体要求委托人应对鉴定资料的真实性和完整性负责,但由于不同委托人(诉讼参与人)在诉讼中的目的、责任、对案情的了解以及拥有的调查案件的资源等不同,其对鉴定资料真实性和完整性的保障能力亦有所不同。认识这种差异,有助于鉴定人准确判断业务风险所在,合理规划关注、查核鉴定资料真实性和完整性的重点。

(1)刑事案件侦查机关在刑事案件侦查阶段作为委托人。侦查机关以查清

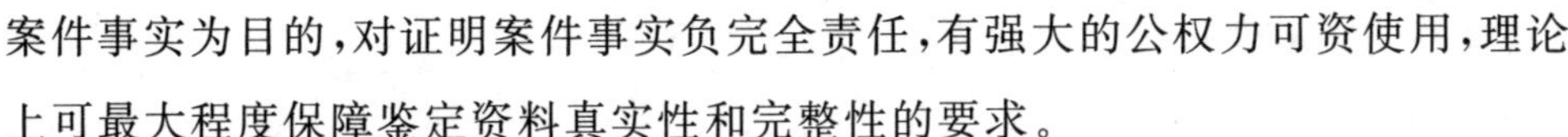

案件事实为目的，对证明案件事实负完全责任，有强大的公权力可资使用，理论上可最大程度保障鉴定资料真实性和完整性的要求。

(2)民事案件当事人，主要在诉前准备阶段作为委托人。当事人负有举证责任，其委托鉴定是以证明己方诉讼请求的合理性为目的，虽然要对提交鉴定资料的真实性和完整性负法律责任，并且直接掌握部分涉案证据材料，相当了解涉案事实，但一般没有强有力的证据调查手段。因此，客观上不易保障鉴定资料完整性要求，主观上容易有为规避对己方不利结果而损害鉴定资料真实性和完整性的动机。

(3)审判机关，在案件审理阶段作为委托人，而且主要在民事、行政案件审理阶段，刑事案件涉及的鉴定以侦查机关委托为主。审判机关以查清案件事实为目的，负责认定案件事实，决定证据(包括鉴定结论)是否被采信，可以用符合法律规定的手段调查取证，有强大的公权力可资使用，理论上也可最大限度地保障鉴定资料的真实性和完整性。但囿于其职权(如不应主动收集法律没有规定应由其收集的证据)、诉讼时限及诉讼成本的限制，可能亦不能保障鉴定资料的真实性和完整性。实际上，在很多民事诉讼案件的鉴定中，虽然委托人是法院，但是提交鉴定资料的是当事人，而且鉴定资料并未经过当事人双方质证，由此常常出现当事人对鉴定结论不予认可甚至强烈反对的情形。

第六章　基于诉讼支持的法务会计与损失计量研究

法务会计损失计量是一个新兴的研究方向，是制约涉损民事案件纠纷解决的瓶颈。它综合运用会计学、审计学、财务学、评估学、精算学、证据学、法学等多学科的知识、方法，为涉损法律问题的解决提供专业的技术支持。近年来，随着市场经济的发展，经济行为内容的复杂化，涉损法律问题越来越突出，许多民事纠纷案件经历了漫长的诉讼过程仍然得不到解决，很重要的一个原因就是损失不能可靠地计量或者损失计量结果不能得到法官的采信。但法务会计理论上有关损失计量的研究还比较少，涉及领域还比较单一，形成对法务会计损失计量的需求越来越大，与损失计量理论研究匮乏的矛盾越来越突出。而法务会计具有会计、审计和法律等多学科知识的综合，为该问题的解决提供了可能。法务会计在诉讼支持中要进一步发挥损失计量的优势，在解决涉损法律问题中发挥了更为重要的作用。

问题的提出——东盛科技虚假陈述案

2010 年 4 月 13 日，因东盛科技 2002 年至 2008 年期间，没有按规定披露将资金提供给控股股东及其他关联方使用，未按规定披露对外担保事项，未按规定披露银行借款事项。时任东盛科技董事长郭家学、时任东盛科技总裁张斌等责任人未能忠实、勤勉地履行职责，中国证监会对东盛科技、郭家学、张斌等 15 名责任人因虚假陈述作出了行政处罚决定。

在中国证监会作出上述行政处罚决定后，原告王霞琴等 148 名小股东以东盛科技的虚假陈述行为使其在投资东盛科技股票中遭受投资差额损失及印花税、佣金、利息损失，请求西安市中级人民法院依法支持其诉讼请求。

案件进入调节程序后，就双方争议较大的揭露日时点、系统性风险、赔偿额的计算等问题在当事人中间进行协商，直到2012年11月7日至2012年12月7日，法院才依据双方达成的和解协议，制作并送达了148份民事调解书。

本案提出了一个虚假陈述损失计量的问题。早在2003年1月9日最高人民法院发布了《关于审理证券市场因虚假陈述引发的民事赔偿案件的若干规定》(以下简称《规定》)，标志着我国真正进入证券民事赔偿制度司法实践阶段，相关案件呈不断增加趋势。在会计信息虚假陈述引发的证券民事诉讼案中，基于诉讼支持的法务会计在虚假陈述认定、因果关系认定、归责与免责认定、损失认定、专家证人等方面应发挥重要作用。实践中，赔偿数额往往成为控辩双发争议的焦点，需要专业人士在损失计量方面给予诉讼支持。

第一节　基于诉讼支持的法务会计损失计量概念与原则

一、损失计量的概念构架

(一)损失的概念

“损失”首先是一个日常用语，也是一个会计术语。《现代汉语词典》对“损失”的定义为：①没有代价地消耗或失去；②没有代价地消耗或失去的东西。在精算学中，损失被定义为：保险标的在保险事故中遭到的实际损失额。[1] 按《国有企业资产损失认定工作规则》，会计学上“损失”分两种：一种是直接计入所有者权益的损失，即不应计入当期损益、会导致所有者权益发生减少变动的、与向所有者分配利润无关的损失；另一种是直接计入当期利润的损失。根据《企业会计准则——基本准则(2006)》的规定，损失是指由企业非日常活动所发生的、会导致所有者权益减少的、与向所有者分配利润无关的经济利益的流出。可见，不同学科对损失有不同的定义，“损失”出现在不同的地方，其含义也有不同。

〔1〕 王静龙等．非寿险精算．北京：中国人民大学出版社，2004:14.

在法律制度中，尤其是在民事损害赔偿制度中，与损失较为相近的一个概念是“损害”，是指违约方用金钱来补偿另一方由于其违约所遭受到的损失。损失与损害在概念上两者基本上等同，法律上更注重表达损害赔偿。尽管表达有不小区别，损失本质上都表现为利益的减损，张苏彤给出的定义：“由致损事由所致或致损事件所引发，能够确认并可用货币单位加以计量的经济利益的减损，包括收入与利润的减少、成本费用的加大、财产物资的丧失或减少、人身的损害以及精神上的创伤等。”[1]

法务会计涉及损失主要是为了计量损失为诉讼服务，因而在定义损失时更注重符合法律特征。[2]

(1)损失的本质是经济利益的减损。

(2)须有致损事由的出现或致损事件的发生。损失的产生必有其一定的原因，而且有很多种原因。依据损失的产生因素，可把其归结为两大类：一是致损事由；二是致损事件。

(3)损失招致利益减损的形式具有多样化。损失必将带来一定的经济利益的减损，但减损的形式是多种多样的，包括收入或利润的减少、费用或成本的加大、财产物资的丧失或减少、人身的损害以及精神上的创伤，但又不仅仅局限于上述形式，也可能是单一的减损形式，也可能是多种减损形式的混合体。经济利益的减少可以是即期的也可以是远期的，表现为经济利益流失；财产物资的丧失或减少表现得比较直观，直接体现为由于损失的发生而导致财产物资上的丧失或减少，包括全部的或者是部分的；人身的损害以及精神上的创伤是对个人而言的，人身损害，如造成的肢体损害或者是器官功能的下降或丧失等。精神损害则是指对个人所造成的精神上的创伤。

(4)发生的损失是可计量的。损失的可计量是指损失的程度是能够用货币单位准确加以定量化描述的。

(5)存在对损失进行赔偿、补偿和弥补的需要。随着损失的发生，会伴随着当事人的经济利益的减损，会给当事人造成一定的损失、损害。这就需要从不同的角度出发对损失进行赔偿、补偿和弥补。例如，由于致损方的行为造成了

---

[1][2] 张苏彤.法务会计的诉讼支持研究.北京：中国政法大学出版社，2012：106.

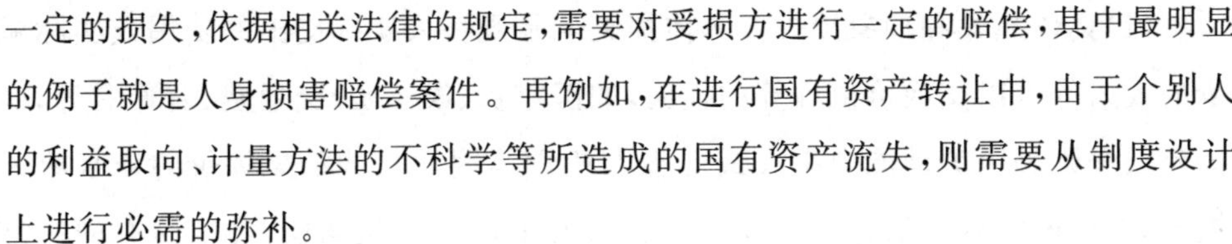

一定的损失，依据相关法律的规定，需要对受损方进行一定的赔偿，其中最明显的例子就是人身损害赔偿案件。再例如，在进行国有资产转让中，由于个别人的利益取向、计量方法的不科学等所造成的国有资产流失，则需要从制度设计上进行必需的弥补。

（二）损失的分类

损失按照不同的标准，有不同的分类，具体如下：

(1)直接损失与间接损失。按照损失与致损事由或致损事件的关联关系为标准可分为直接损失和间接损失。直接损失是指与直接责任者的行为有直接因果关系而造成财产毁损的实际价值，是致损事由的出现或致损事件的发生所带来的直接的、显然的损失。间接损失是相对于直接损失而言的，是行为介入了其他因素而造成的后果，是一种间接因果关系。两者在计量方法、赔偿范围及法律适用上都存在着差异性，例如在民事法律制度中，一般而言对直接损失予以赔偿，而对间接损失不予赔偿。

(2)积极损失和可得利益损失。积极损失是指因违约造成现有财产的减损灭失和费用支出，积极损失与可得利益损失相比较更易确定。可得利益损失是指一方未全面履行合同等违约行为导致守约方所丧失的财产性损失，即在合同履行前并不为当事人所拥有的，而为当事人所期望在合同全面履行以后可以实现和取得的财产权利。通常情况下，只要构成违约行为即可能导致对方可得利益的损失。如因一方延期交付（或延期调试）设备、原材料或交付的设备、原材料质量不符合约定而导致另一方延误生产期间的损失。

(3)人身损失和精神损失。人身损失是指受害人遭受人身损害，因就医治疗支出的各项费用以及因误工减少的收入，包括医疗费、误工费、护理费、交通费、住宿费、住院伙食补助费、必要的营养费，赔偿义务人应当予以赔偿。精神损失是指受害人依法律之规定，就无形损害请求金钱救济的制度。应注意的是，对精神损害金钱救济是必要的，但只有在金钱赔偿对于受害人受到侵害的精神和心理状况恢复正常的确有必要时，才应当考虑金钱赔偿，在任何具有精神损害后果的案件中，受害人首先应当承担的是停止侵害、恢复名誉、赔礼道歉等民事责任，只有在上述民事责任不能起到救济作用的情况下，才承担赔偿损失的责任。

(4)具体损失和抽象损失。具体损失就是受害人实际支出的费用或实际减少的收入等可以交换价值计算的损失,如医疗费、误工费、交通费、营养费等;而抽象损失则是因劳动能力丧失或受害人死亡等因素只能抽象评价的未来收入损失,如对残疾者生活补助费和死亡补偿费采取定型化赔偿,设定固有的标准和期限。

(5)即期损失与远期损失。这是以损失与致损事由的出现或致损事件发生的时间关系为标准进行的分类。即期损失是指当致损事由的出现或致损事件的发生后随即就产生的损失,在时间上不间断。远期损失是指致损事由的出现或致损事件的发生后经过一段时间间隔后才呈现的损失,在时间上存在着滞后性。两者在选取计量基准时点上存在着技术差别。损失的远期性需要经过很长的时间间隔,至少在目前的一段时间内是显现不出来的。对远期损失的计量需要借助一定的技术手段,采用特定的计量方法来进行。

(三)损失计量

损失计量理论界有不同的表述,比较有代表性的有:损失计量是特定主体综合运用会计学、财务学、审计学、评估学、精算学、证据学、法学等多学科知识,采用专业的方法与程序,按照一定的标准,以特定的报告形式,采用货币计量单位对损失额进行计算与量化的过程,其目的是为司法活动提供技术支持,以解决涉及损失的法律问题。[1] 损失计量是指运用会计、财务等方法对涉损法律事项的数据问题进行核算。[2] 损失计量主要有以下一些特征:

(1)损失计量的范围广泛。只要是涉及损失的法律问题,都需要损失计量的专业支持,其包含但不限于以下方面:财产损失赔偿、精神损害赔偿、人身损害赔偿、国有资产流失、无形资产损失、海损事故的损失、保险事故的损失、环境污染的损失和有关证券市场损失赔偿等的损失计量。

(2)损失计量的方法多样化。其具体体现在:在价值构成上包括直接价值损失、间接价值损失、选择价值损失与存在价值损失等;在计算方法上既可采用成本重置法、收益估算法、现实市场价格法,也可采用替代成本法、模拟市场价

〔1〕 张苏彤.法务会计的诉讼支持研究.北京:中国政法大学出版社,2012:113.

〔2〕 白岱恩.法务会计.北京:知识产权出版社,2008:231.

格法等市场内部化价格法;在计量模式上可选用名义货币或一般购买力计量单位,可选用历史成本、现行成本、现行市价、可变现净值与未来现金流量现值等计量属性。

(3)损失计量的学科知识综合性。损失计量需要借助会计学、财务学、审计学、评估学、精算学、证据学、法学等多学科知识,结合运用相关的技术、手段、方法,对特定法律问题中的损失进行量化,是相关多学科知识的融合。

(4)损失计量的法律属性。损失计量往往是为了协助解决法律纠纷中的赔偿问题,必须严格遵循相应的法律制度。其具体体现在损失计量的主体要合法,即程序合法性和标准合法性。损失计量的主体应该具有一定的职业资格和良好的职业道德;损失计量必须遵守相应的司法程序,严格按照损失计量的相关标准,认定涉及损失的相关法律事项,依法对损失进行确认与计量。

(四)赔偿损失

赔偿损失是一种法律责任形式,它对损失计量的方式方法有比较大的影响。所谓赔偿损失,是指合同当事人由于不履行合同义务或者履行合同义务不符合约定,给对方造成财产上的损失时,由违约方以其财产赔偿对方所蒙受的财产损失的一种违约责任形式。赔偿损失是世界各国所一致认可的也是最重要的一种违约救济方法。它不仅适用于违约责任,也适用于侵权行为及其他一些民事违法行为所造成的损失,即适用于有效合同的违约行为,也适用于无效合同所造成的损害赔偿。损失赔偿有如下一些特征:

(1)赔偿损失是合同违约方违反合同义务所产生的责任形式,赔偿损失的前提是当事人之间存在有效的合同关系,并且违约方违反了合同中约定的义务。如果当事人一方违反的不是合同约定的义务,或者合同没有成立、合同无效、合同被撤销等,其所要承担的不是违约的赔偿损失责任,而是应当承担缔约过失等其他责任。

(2)违约的赔偿损失具有补偿性。违约的赔偿损失是强制违约方给非违约方所受损失的一种补偿。违约的赔偿损失一般是以违约所造成的损失为标准。这与定金责任、违约金责任等违约责任有所区别。

(3)违约的赔偿损失具有一定的随意性。我国《合同法》允许合同当事人事先对违约的赔偿损失的计算方法予以约定,或者直接约定违约方付给非违约方一定数额的金钱，体现了合同自由的原则。

(4)违约的赔偿损失以赔偿非违约方受到的实际全部损失为原则。合同当事人一方违约，对方会遭到财产损失和可得利益的损失，这些损失都应当得到补偿。

二、损失计量的原则

(一)损失计量的基本原则

简单的理解，原则是说话或行事所依据的法则或标准，是观察问题、处理问题的准绳。损失计量作为一种科学的过程和方法手段，必须遵守相应的原则。损失计量中的基本原则主要包括以下方面。

1. 客观公正性原则

客观是指按事物的本来面目去反映，不掺杂个人的主观意愿，也不为他人意见所左右。公正就是平等、公平、正直，没有偏失。当然公正是相对的，世上没有绝对的公正。客观公正是一种理想目标。损失计量涉及有关各方的利益关系，必须坚持公正的态度和独立的立场，才能使其结果真实可靠地反映资产价值。损失计量的客观公正性原则要求损失计量必须真实，以事实为依据，不偏不依客观地反映实际的损失事项。进行损失计量时，尽可能获得现实的、客观的数据，从实际出发，不带有任何主观偏见；必须以客观存在的事实为依据，不作任何无事实根据的妄断、臆测，不受任何外在因素的影响、制约，不得因追求特定的经济利益而产生偏向。

2. 专业性原则

损失计量的专业性原则是指在进行损失计量时，必须由具有从事损失计量的专业机构和专业人员来进行。专业机构必须是由财务、管理、会计、法律等多门学科的专业人士组成的。从业人员必须是具有专业的知识背景、高尚的职业道德及实践经验，其计量结果也要有专业的格式。

3. 科学性原则

损失计量必须掌握足够的资料，选择适用的标准，采取适当的方法，制定科学的损失计量方案，科学地运用会计学、财务学、审计学、评估学、精算学、证据学、法学等多学科知识，综合考虑各种可能影响损失价值计量的因素进行系统

分析，从而对损失计量做出合乎逻辑的判断，保证损失计量结果的准确性和科学性。

4.可行性原则

可行性原则体现在：一是损失计量方法要简便易行，容易掌握和了解。二是损失计量机构和人员是合法的，损失计量程序是规范的，所用方法是科学的，评估结果应当是可信的并具有法律效力的。

5.替代原则

损失发生所造成的影响，一部分是可以还原的，但大部分是难以还原的，即使存在理论上还原的可能性，但在实践中很难恢复到完全的初始状态。在损失计量时尽可能地考虑与之相同或者相似的情况，进行对比，分析损失的相关特性。在损失无法还原的情况下，尽可能地选定合理的替代参照，以确保损失计量结果的最大公允性。

6.外部经济原则

一项损失经常受本身以外的经济、政治、人文地理、科学技术进步等各种经济性和非经济性因素的影响。因此，在损失计量时除了分析损失本身外，还要注意这些外在因素对损失的影响及其变化趋势。

7.合法性原则

损失计量的原则是指损失计量必须严格以法律为准绳，遵循相关法律制度的规定。损失计量的主体要具有一定的从业资格，损失计量的工作内容要合乎法律的规定和指引，损失计量的程序、方式要符合法律的规定，不仅在实体上合法，在程序上也要合法。

8.期望原则

损失是一个渐进的过程，损失计量时选取的是特定时点上的损失，这一时点上的损失可能是全部损失，也可能是部分损失。更多的情况是，有的损失是一个长远的影响过程，必须要从长远的角度出发，全面考虑，以科学合理的计量方法、途径对未来损失有清醒的预期。损失计量不完全是按照过去实际发生的成本或价格来确定的，有时需要根据对未来收益的期望值来确定的。

9.平衡原则

损失计量受多种因素影响，涉及多种社会经济利益关系，各种因素在经济生活中是相互制约的,一个因素发挥多大的作用依赖于其他因素发挥作用的程度。损失计量需要平衡利益关系和不同因素的影响以达成损失计量目标的实现。

10. 贡献原则

损失一般来说并不是孤立存在的,构成某一系统的每一部分的价值的大小取决于它对系统中的整体所起作用的大小,每一部分的价值是以它存在时能为该项系统增加多少价值或者它不存在时使该系统减少多少价值来测定的。这一原则对于整体系统的评估十分重要,有的单项损失的价值贡献几乎等于整体系统的总价值,而有的却几乎为零。损失计量中需要考虑对每一部分损失贡献的影响,还要考虑损失在整体中的影响。

(二)损失计量所依据的损失赔偿原则

诉讼支持的损失计量必须遵守赔偿原则,这是损失计量目标所决定的。其赔偿原则主要有以下几个。

1. 完全赔偿原则

所谓完全赔偿原则,是指因违约方的违约行为使受害人所遭受的全部损失,都应由违约方负赔偿责任。换言之,违约方不仅应赔偿对方因其违约而引起的现实财产的减少,而且应赔偿对方因合同履行而得到的履行利益。完全赔偿是对受害人的利益实行全面的、充分的保护的有效措施。从公平和等价交换原则来看,由于违约当事人的违约而使受害人遭受损害,违约当事人也应以自己的财产赔偿全部损害。当然,《合同法》中所称的完全赔偿是指对受害人遭受的全部财产损失予以赔偿,同时此种赔偿应限制在法律规定的合理范围内。

根据完全赔偿原则,违约方不仅应赔偿受害人遭受的全部损失,还应赔偿可得利益损失,即包括合同履行后可以获得的利益损失。

2. 合理预见原则

完全赔偿原则是对非违约方的有力保护,但从《民法》之基本原则出发,应将这种损害赔偿的范围限制在合理的范围之内。许多国家及国际公约均将之限定在可预见的范围内。中国《合同法》第 113 条规定:赔偿损失不得超过违反合同一方订立合同时预见到或者应当预见到的因违反合同可能造成的损失。从该条规定来看,《合同法》采取了合理预见原则、合理预见原则,又称为可预见

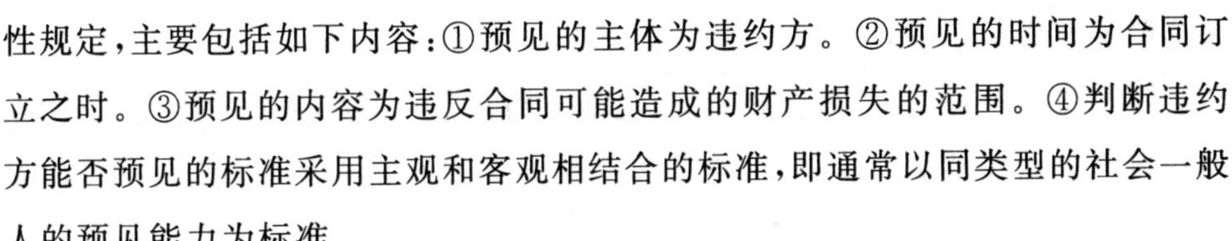

性规定，主要包括如下内容：①预见的主体为违约方。②预见的时间为合同订立之时。③预见的内容为违反合同可能造成的财产损失的范围。④判断违约方能否预见的标准采用主观和客观相结合的标准，即通常以同类型的社会一般人的预见能力为标准。

3.减轻损害原则

减轻损害原则，亦称之为采取适当措施避免损失扩大原则，是指在一方违约并造成损害以后，受害人必须采取合理措施以防止损害的扩大，否则，受害人应对扩大部分的损害负责，违约方此时也有权请求从损害赔偿金额中扣除本可以避免的损害部分。

中国《合同法》第 119 条亦作出了明确规定，即“当事人一方违约后，对方应采取适当措施防止损失的扩大；没有采取适当措施致使损失扩大的，不得就扩大的损失要求赔偿。当事人因防止损失扩大支出的合理费用，由违约方承担”。

由此可见，减轻损害原则是中国法律所一贯遵循的原则。在司法实践中，应明确减轻损害原则的构成要件，从而更好地适用该原则。详言之，减轻损害原则的构成要件为：

(1)损害的发生由违约方所致，受害人对此没有过错。

(2)受害人未采取合理措施防止损害扩大。

4.损益相抵原则

损益相抵，又称之为损益同销，是指受害人基于损害发生的同一原因而获得利益时，应将所受利益从所受损害中扣除，以确定损害赔偿范围，即违约方仅就其差额部分进行赔偿。坚持这一原则，更能体现民事责任的补偿性，有利于平衡当事人之间的物质利益关系。

损益相抵是确定赔偿责任范围的重要规则。根据这一规则，在受害人所遭受的损害和所获得的利益是基于对方违约行为而发生，也就是说违约既使受害人遭受了损害，又使受害人获得了利益时，法院应责令违约方赔偿受害人全部损害与受害人所得利益的差额。

在违约损害赔偿中，损益相抵具有下列构成要件：

(1)违约损害赔偿之债已经成立，是适用损益相抵的前提要件，即只有构成违约损害赔偿之债时，才有必要确定损害赔偿范围，而损益相抵恰恰是限制损害赔偿范围的因素。

(2)违约行为造成了损害和收益,也即违约行为不但给受害方造成了损害,而且还为受害方带来了收益,损害和收益是同一违约行为的不同结果,违约行为与损害和收益都具有因果关系。

5.责任相抵原则

责任相抵原则是指按照债权人与债务人各自应负的责任确定赔偿范围的制度。我国《合同法》第120条规定:"当事人双方都违反合同的,应当各自承担相应的责任。"这体现了责任相抵原则。同时,应明确,在中国《合同法》理论上,责任相抵是一种形象的说法,不是指当事人的责任抵消,是在确定各自应负的责任基础上确定赔偿责任。

责任相抵原则的构成要件是:

(1)当事人双方都违反合同。

(2)双方各自承担相应的责任。

6.经营欺诈惩罚性赔偿原则

针对交易中各种严重的欺诈行为,特别是出售假冒伪劣商品产生的欺诈行为的严重存在,《消费者权益保护法》第49条明确规定:"经营者提供商品或者服务有欺诈行为的,应当按照消费者的要求增加赔偿其受到的损失,增加赔偿的数额为消费者购买商品的价款或接受服务的费用的一倍。"这就在法律上确立了经营欺诈惩罚性损害赔偿制度。

经营欺诈惩罚性赔偿原则的构成要件:

(1)经营者提供商品、服务有欺诈行为的存在。常见的有:直接出售假冒商品的行为;故意缺斤少两的行为;消费加工承揽中偷工减料、偷换原材料的行为;在修理服务中偷换零件、虚列修理项目、增报修理费的行为等。

(2)消费者受到损害。

第二节　损失计量的技术方法

如前所述,损失计量是一个多学科交叉的新兴研究方向,从目前的研究看,应该说尚未形成自身完整的方法体系,具体的实践操作中采用多学科专业技术

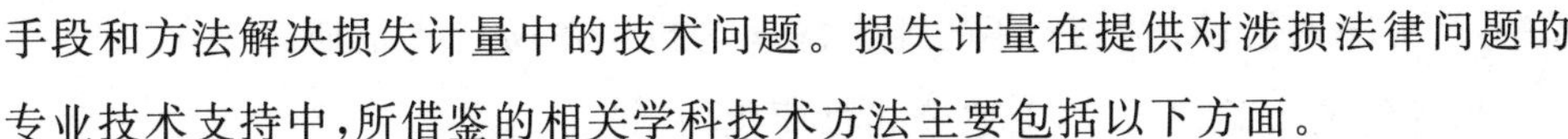

手段和方法解决损失计量中的技术问题。损失计量在提供对涉损法律问题的专业技术支持中，所借鉴的相关学科技术方法主要包括以下方面。

一、资产评估技术方法在损失计量中的应用

资产评估，即资产价值形态的评估，是指专门的机构或专门评估人员，遵循法定或公允的标准和程序，运用科学的方法，以货币作为计算权益的统一尺度，对在一定时点上的资产进行评定估算的行为。资产评估就是对资产重新估价的过程，是一种动态性、市场化活动，具有不确定性的特点，其评定价格也是一种模拟价格。资产评估某种意义上说就包括资产损失评估，因此资产评估方法在损失计量中的运用是最有理论指导及实践操作的指导意义的，资产评估的相关基础理论、资产评估方法在很大程度上都可为损失计量所借鉴。

值得注意的是，损失计量与资产评估两者也存在本质上的区别，资产评估中的资产较为具体、稳定，而损失计量中的损失相对来说更为抽象。资产评估，评估的是资产的价值，而损失计量通常涉及诉讼赔偿，从性质上讲是需要恢复原样而得到补偿的价值，需要在尊重客观事实的前提下，体现公平对等原则。损失计量在理论构建、实践操作方法上并不完全同于资产评估。因此，损失计量在借鉴资产评估方法时还要注意结合损失计量自身特点。

损失计量所借鉴运用的资产评估方法主要有收益现值法、重置成本法、现行市价法等。

(一)收益现值法

收益现值法又称收益还原法，是指通过估算被评估资产的未来预期收益并折算成现值，借以确定被评估资产价值的一种资产评估方法。该方法的基本逻辑是从资产购买者的角度出发，购买一项资产所付的代价不应高于该项资产或具有相似风险因素的同类资产未来收益的现值。

收益现值法运用于损失计量，其实质是将损失的未来收益折算成现值作为计量损失的依据。收益现值法的基本理论公式可表述为：损失价值＝该损失预期各年收益折成现值之和。

$$P = \sum_{i=I}^{n} R_i (I + r)^{-i} \tag{6-1}$$

式中：P 为净现值；R_i 为第 i 年的纯收益；r 为折现率；n 为评估期。

当各年纯收益相同时，上述公式可简化为

$$P=\frac{R}{r}\left[1-\frac{I}{(1+r)^n}\right] \tag{6-2}$$

收益现值法是一种着眼于未来的计量方法，它主要考虑损失假定未发生的未来收益和货币的时间价值。其主要影响因素有：

(1)超额利润；

(2)折现系数或本金化率；

(3)收益期限。

超额利润是指损失假定没有发生则可带来的未来年收益；折现系数或本金化率是指货币的时间价值受同等风险市场收益率的影响；收益期限为损失假定没有发生则预期持续期间，它和相应损失资产的性质有关。

(二)重置成本法

重置成本法，就是在现实条件下重新购置或建造一个全新状态的评估对象，所需的全部成本减去评估对象的实体性陈旧损失、功能性陈旧损失和经济性陈旧损失后的差额，以其作为评估对象现实价值的一种评估方法。

重置成本法可以运用于损失计量。用成本重置法进行损失计量时的一个基本前提是，被计量的损失假设并未发生，仍还能继续发挥功效并带来一定的收益。

重置成本法的基本公式为：

损失计量值＝重置成本－实体性损失－功能性损失－经济性损失

该公式主要适用于设备损失，下面以设备损失为例说明。

(1)实体性损失。实体性损失是指损失资产损失前在存放或使用过程中，由于使用磨损和自然力的作用，造成实体损耗而引起的损失。实务中考虑由于使用磨损和自然损耗时设备的功能、使用效率的影响程度，判断设备的成新率，从而估算实体性损失。其计算公式为

设备实体性损失＝重置成本×(1－成新率)

(2)功能性损失。由于无形损耗而引起损失资产损失前价值的损失称为功能性损失。估算功能性损失时，主要根据损失设备损失前的效用、生产能力和

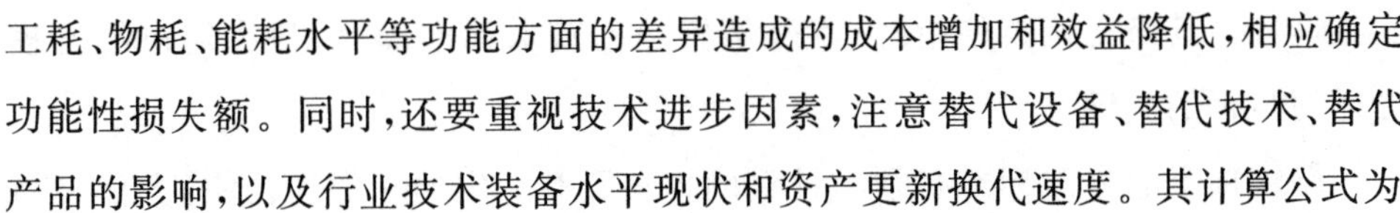

工耗、物耗、能耗水平等功能方面的差异造成的成本增加和效益降低，相应确定功能性损失额。同时，还要重视技术进步因素，注意替代设备、替代技术、替代产品的影响，以及行业技术装备水平现状和资产更新换代速度。其计算公式为

$$功能性损失 = \sum (被评估设备年净超额运营成本 \times 折现系数)$$

(3)经济性损失。由于外部环境变化造成的设备减损称为经济性损失。计算经济性损失时，主要是根据产品销售困难而开工不足或停止生产，形成资产的闲置、价值得不到实现等因素，确定其损失额。

成本重置法的法理依据类似于承担民事责任的方式之一——恢复原状，考虑的是一种可行的恢复、保持发生损失前的相同或相似状态。因此，运用成本重置法进行损失计量的损失的形态、性质就具有一定的局限性，一般用于计量如物品、机器设备、房地产、固定资产的损失。成本重置法侧重于考虑现时的损失，借助损失前的状态为计量的起点，其缺陷就在于不能充分考虑给远期损失所带来的影响。

(三)市场比较法

市场比较法，多用于房地产的评估，是指将估价对象与估价时点近期有过交易的类似房地产进行比较，对这些类似房地产的已知价格作适当的修正，以此估算估价对象的客观合理价格或价值的方法。市场比较法是房地产估价最重要、最常用的方法之一，也是一种技术上成熟、最贴切实际的估价方法。

损失计量中，运用市场对比法是从市场条件下选定的参照标准入手，即通过对损失发生时的类似状态选定多个参照标准，通过对多个参照标准的计量、比较、调整、分析，最终确定损失值的计量方法，市场对比法的理论基础是均衡价值论。市场对比法是从多个参照标准入手，是相对最具客观性的计量方法。

损失计量选用市场比较法，前提条件是：

(1)需要一个充分发育且较活跃的市场。市场交易越频繁，与估价对象相类似房地产的价格越容易获得。

(2)参照物及估价对象可比较的指标、技术参数等是可以收集到的。运用市场比较法计量损失，重要是能够找到与所计量损失相同或相似的参照物。与计量损失完全相同的参照物是不可能找到的，这就要求对类似损失参照物进行

修正调整。其修正调整的指标、参数等资料的获取和准确性，是决定市场比较法运用与否的关键。

能被选定的参照标准必须与计量的损失具有一定的相似性，并且大体之间是可以替换的。在现实条件下找到与计量的损失完全一致的参照标准是不现实的，选定参照标准要充分考虑时间因素、空间因素、功能因素等。在数量方面一般要选取多个，避免偶然性因素的影响，并且参照标准具有一定的可比性，能较为真实、全面地反映计量损失的形态、性质等。通过分别对多个参照标准的计量、比较、调整、分析，取各个参照标准总和的平均值，以此来确定损失的计量值。

二、会计技术方法

会计技术方法是指实现会计的目标、完成会计的职能的各种技术方法。会计技术方法一般认为包括以下方法：会计核算方法、会计分析方法、会计检查方法、会计预测方法和会计决策方法。

会计技术方法是形成主要会计资料及进行报表分析以提供决策所需要信息的技术和手段，财务资料及财务报表直观地反映了公司的经营、财务等方面的总体情况，在遇到经济纠纷时财务会计资料往往提供了可资依赖的可靠资料来源和对损失计算分析的主要证据资料。损失计量过程中通常需要借鉴会计技术方法，特别是会计核算方法应用更为广泛，会计核算方法主要有会计确认的方法和会计计量的方法。

所谓会计确认，是指企业发生的交易或事项依照规定的标准判别其是否属于会计对象并作为会计要素加以计量以及是否列入会计报表的辨认进程。会计计量是指用货币或其他量度单位计量各项经济业务及其结果的过程。其特征是以数量（主要是以货币单位表示的价值量）关系来确定物品或事项之间的内在联系，或将数额分配于具体事项。其关键是计量属性的选择和计量单位的确定。作为财务会计的一个重要环节，会计计量的主要内容包括资产、负债、所有者权益、收入、费用、成本、损益等。

在损失计量中，会计方法很多时候可能会被直接采用，比如计算固定资产的损失，通常的计算方法是以账面价值为基础计算净值和残值之差；存货损失的计算可能要用盘存法、毛利率法等估算的方法，也有可能需要采用个别计价或后进先出等存货计价方法计算；利润的损失计算更需要运用会计的基本核算方法来计算。

另外，财务报表的一些分析方法也经常会被用到，如运用对比分析法、比率分析法、趋势分析法、因素分析法、平衡分析法、综合分析法等来分析相关数据反映涉损法律问题中涉及的经济变量的变化和运动趋势。

损失计量运用会计方法时值得注意的问题是会计反映的是历史信息，而许多资产的计价采用的是历史成本原则，实际并没有反映损失当时的现实价值。因此，利用会计数据或会计方法进行损失计量需要考虑会计信息的局限性，必要时应对相应会计数据或方法做出一定调整才能使用。

三、审计技术方法

审计技术方法是注册会计师为了形成审计结论、实现审计目标而实施的具体方法和程序。审计技术方法的主要目的就是收集审计证据以形成审计结论。审计所应用的具体方法和程序，大体可以分为审查书面资料的方法、证实客观事物的方法和审计调查方法。审计程序和方法按执行的过程划分，可以分为：计划阶段、外勤阶段和完成阶段；按执行的审计程序划分，可以分为风险评估程序和针对识别的风险实施进一步审计程序，即控制测试程序和实质性测试程序；按审查书面资料的技术划分，可分为核对法、审阅法、复算法、比较法、分析法；按审查资料的顺序划分，可分为逆查法和顺查法；按审查资料的范围划分，可分为详查法和抽查法。审计工作还必须取得实物存在方面的资料，即证明落实客观事物的形态、性质、存在地点、数量、价值等，以审核是否账目相符，有无错误和弊端。这类方法主要有盘点法、调节法和鉴定法。审计调查是审计方法中不可缺少的一个重要组成部分。审计实施过程除了审查书面资料和证实客观事物外，还需要对经济活动及其活动资料以内或以外的某些客观事实进行内查外调，以判断真相，或查找新的线索，或取得审计证据，这就需要审计人员深入实际进行审计调查。审计调查方法包括观察法、查询法、函证法、专题调查法。

损失计量在诉讼支持服务活动时，其性质在搜集证据、出具损失计量报告等，与审计有一定的相像之处，其程序和方法需要借助于审计程序技术。在通常情况下，审计方法和技术会在损失计量中使用。损失计量人员需要对涉及某项法律事项的所有相关资料及相关事实进行全面审查书面资料，证明落实客观事物的形态、性质、存在地点、数量、价值，开展调查等，这些都离不开相关审计技术与方法的运用。

四、法律条文适用法

所谓条文适用法，就是依据现行法律法规及相关司法解释对损失进行直接计量的一种方法。该方法的使用依赖于对法律条文的细致理解和明确程度，比如对我国侵权责任法律条文适用，比较有代表性的研究为《中华人民共和国侵权责任法条文理解与适用》[1]一书，研究审判实践中如何适用《侵权责任法》，特别是解读了审判实践中适用该法有关条文应注意的问题，对损失计量实践采用条文适用法有一定的帮助。

条文适用法计量损失主要集中在损害赔偿的相关规定中，例如人身损害赔偿、精神损害赔偿、证券民事赔偿以及合同违约的损害赔偿、侵害财产权的损害赔偿、侵害知识产权的损害赔偿等。损害赔偿一般按照使用条文计算即可，比如以人身损害赔偿为例，一般的人身损害赔偿金包括医疗费、误工费、护理费、交通费、住宿费、住院伙食补助费、必要的营养旨及精神损害抚慰金；致残的损害赔偿金，包括残疾赔偿金、残疾辅助器具费、被抚养人生活费，以及因康复护理、继续治疗实际发生的必要的康复费、护理费、后续治疗费、精神损害抚慰金；死亡的损害赔偿金，包括医疗费、误工费、护理费、交通费、住宿费、住院伙食费补助费、必要的营养费、丧葬费、被抚养人生活费、死亡补偿费以及受害人亲属输丧葬事宜支出的交通费、住宿费和误工损失等其他合理费用、精神损害抚慰金等。由于不同损害赔偿的方式方法不尽一致，适用法律条文也都比较多，相关方面也有相应研究。例如，严建的《合同违约损害赔偿计算标准》[2]对合同违约损害赔偿的方式方法标准进行了研究。

条文适用法依据法律条文对相应的损失计量按照明确法律规定计算，其范

---

〔1〕 奚晓明.中华人民共和国侵权责任法条文理解与适用.北京：人民法院出版社，2010。

〔2〕 严建.合同违约损害赔偿计算标准.北京：中国法制出版社，2005.

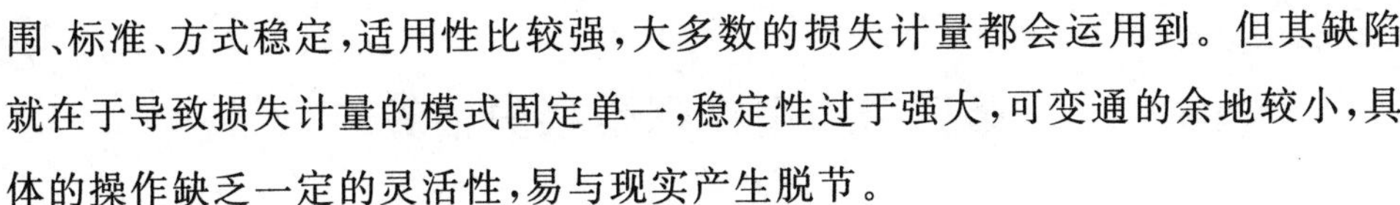

围、标准、方式稳定，适用性比较强，大多数的损失计量都会运用到。但其缺陷就在于导致损失计量的模式固定单一，稳定性过于强大，可变通的余地较小，具体的操作缺乏一定的灵活性，易与现实产生脱节。

五、其他适用的方法

损失计量除了以上方法以外，还有如下方法。

（一）精算技术方法

精算是依据经济学的基本原理，利用现代数学方法，对各种经济活动未来的财务风险进行分析、估价和管理的一门综合性的应用科学。精算方法和精算技术是现代保险、金融、投资科学管理的有效工具。其中非寿险精算中的损失的理论分布对损失计量提供一定的借鉴意义。例如，三个常用的赔偿额理论分布：对数正态分布、帕累托分布和伽马分布，三个常用的赔款次数理论分布：泊松分布、二项分布和负二项分布。

（二）证据技术方法

损失计量离不开证据的支持，可以采用证据的各种形式，保证证据形式、内容、收集上的合法性、有效性，各个证据之间能形成一个完整的证据链，并有相关的佐证来支持，具有完整的证明力。证据的采用必须满足客观性标准、关联性标准与合法性标准。

（三）计算机技术方法

随着计算机应用的普及和发展，损失计量的很多分析工作依靠计算机成为可能，数据库处理技术在损失计量工作中有了快速、全面、深入的发展与应用，从而较为明显地提高了损失计量效率，提升了损失计量质量。同时损失计量工作非常烦琐和复杂也要求借助计算机相关技术方法。

第三节　财产保险损失估算

一、财产保险损失估算的相关概念

(一)财产保险与保险公估

1.财产保险概念

财产损失保险是指狭义的财产保险,是指以各种有形财产及其相关利益为保险标的的财产保险。财产损失保险的保险标的须是以物质形式存在、可以用货币价值衡量的财产。财产损失是指某一财产的毁损、灭失所导致的财产价值的减少或丧失,包括直接物质损失以及因采取施救措施等引起的必要、合理的费用支出。财产损失保险种类:①企业财产保险;②家庭财产保险;③运输工具保险;④货物运输保险;⑤工程保险;⑥特殊风险保险;⑦农业保险。

2.保险公估

保险公估是指接受保险当事人委托,独立的对保险事故所涉及的保险标的进行评估、勘验、鉴定、估损、理算等活动的行为。“保险公估”不仅包括出险后保险财产损失价值的评估,还包括保险双方当事人为确定保险标的价值、保险金额以及保险合同有效期内保险财产价值发生变化时对保险财产的价值进行的评估。

(二)保险财产损失价值的评估目的、基准日和评估方法的特殊考虑

1.评估目的的特殊性

财产保险价值评估受保险合同的制约,评估目的具有特定性。保险财产价值评估并不只是评估保险财产出险时的公允价值,也不只是评估保险财产部分受损情况下的修复费用,而是为了确定被保险人因保险事故造成保险财产损失的金额,为保险人理赔提供了价值参考依据。

2.评估基准日的确定

由于保险财产损失价值的评估是在保险合同约定的事故发生时才可能进行,因此,评估基准日应是保险事故的发生时间。

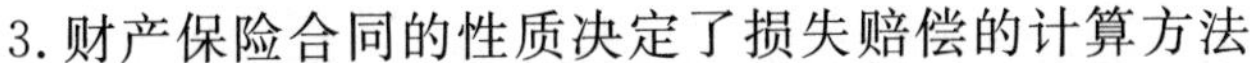

3.财产保险合同的性质决定了损失赔偿的计算方法

由于保险合同的性质不同，这就决定了保险财产事故时损失赔偿计算方法的不同。保险合同分为定值保险合同和不定值保险合同，其相应的保险财产损失价值评估计算方法就有所不同。

二、定值保险合同下保险财产损失价值的评估

所谓定值保险合同，是指合同双方当事人在订立合同时即已确定保险标的的价值，并将其载之于合同当中的保险合同。定值保险合同成立后，一旦发生保险事故，双方在合同中约定的保险价值就应该成为保险人支付保险赔偿金数额的计算依据。如果保险事故造成保险标的的全部损失，则无论保险标的实际损失如何，保险人均应支付合同所约定的保险金额的全部，不必对保险标的重新估价；如果保险标的仅遭部分损失，那么只需要确定损失的比例，该比例与双方确定的保险价值的乘积，就是保险人应支付的保险赔偿金额，同样无须对保险标的实际价值进行估算。定值保险合同一般适用于以某些不易确定价值的财产为保险标的的财产保险合同，如字画、古董、船舶等。

在定值保险合同下，保险财产损失金额计算公式如下：

损失金额＝标的保险价值×损失程度

或　　损失金额＝标的保险价值×(1－完好程度)

上述公式表明保险财产损失金额由保险标的的价值和损失程度确定。其中，保险标的的价值已在保险合同中约定，无需重新评定。因此，该保险财产损失价值的评估关键在于评估其损失程度。

损失程度又可分为两种情况，一种情况是：出险后保险财产被认定为全损或推定为全损，损失程度为100％；另一种情况是：保险财产发生事故导致保险标的部分损失，部分损失程度的范围在15％～100％。损失程度评估，可以采用直接法或间接法。直接法是指保险事故发生后评估人员根据现场勘测及专业判断鉴定出保险财产完好程度，推测出实际损失程度；间接法是指保险事故发生后评估人员根据现场勘测及专业判断估算出保险财产恢复到出险时的状态所需要的修复费用，修复费用占投保价值的比例即为损失程度。

三、不定值保险合同下保险财产损失价值的评估

不定值保险合同是指保险双方当事人在订立合同时不预先确定保险标的的保险价值，而在保险事故发生后再估算价值、确定损失的保险合同。不定值保险合同下的损失金额可按下列两种情况分别评估：

(1)若保险财产发生全损或推定为全损，已无修复价值，其损失金额是按出险时保险财产的评估价值扣除净残值来计算，公式如下：

损失金额＝出险时重置全价×理论成新率－净残值

其中，成新率可以采用适当方法估算如专家估算，通常情况采用理论成新率来计算，理论成新率＝尚可使用年限÷会计制度规定的折旧年限，并应适当考虑其功能性贬值和经济性贬值；净残值可以按照保险双方当事人根据清理拆除的具体处理方式，协商约定处理保险财产的残值或预计净残值计算，预计净残值＝预计清理费用－预计可收回价值，如果净残值较低，或预计清理费用与可回收残值相当，评估时可以不考虑净残值。

重置全价＝建安成本＋配套费用＋资金成本

(2)若保险财产发生部分损坏，但处于修复的状态下，其损失金额按恢复到出险时功能所花费的修复费用来计算，公式如下：

损失金额＝修复费用×理论成新率

或　　损失金额＝修复费用－折旧

这里值得一提的是，修复后的保险财产达到全新状态，其功能达到或超过原保险财产功能时，修复费用中应扣除改善、改进部分的费用，同时还应扣除折旧；折旧不能仅按账面已提的折旧，而应按理论成新率计算的折旧，防止账面多提或少提折旧影响损失金额的计算。

第四节　虚假陈述损失赔偿额的计算

一、会计信息虚假陈述的民事责任

虚假陈述是指单位或个人对证券发行、交易及相关活动的事实、性质、前

景、法律等事项作出不实、严重误导或包含有重大遗漏的任何形式的陈述，致使投资者在不了解事实真相的情况下作出投资决定。依据《规定》第十七条，会计信息虚假陈述具体包括虚假记载、误导性陈述、重大遗漏和不正当披露四种形式。

会计信息虚假陈述民事赔偿责任从性质上说是一种侵权责任，构成要件包括损害事实、会计信息质量缺陷及两者因果关系，归责原则适用于过错推定原则。责任主体的认定应以与信息披露具有关联性为标准，表现出了多样性，归纳起来包括四类：①发行人及公司发起人；②发行公司重要职员，包括董事、监查人、经理及其在文件中签章的其他职员；③会计师、律师、工程师、评估师或其他专业技术人员等提供中介服务的人员；④承销商。依照《规定》，在证券市场上从事证券认购和交易的自然人、法人或者其他组织，因为证券虚假陈述遭受损失的，可向人民法院提起民事赔偿诉讼。

侵权法上的诉讼形式，从诉讼当事人的角度可分为单独诉讼和共同诉讼。由于证券市场上的侵权行为往往针对不特定的众多投资人，根据目前市场的实际情况，权益受到侵害的投资人少则几百人，多则几十万人；证券违法行为特别是违反信息披露义务的行为主体往往也不是单数。因此，证券市场侵权行为引起的诉讼更适合共同诉讼。

二、美国虚假陈述损害赔偿的计算方法借鉴

虚假陈述损害赔偿的计算由于价格形成因素的多重性，在计算赔偿额的标准上，如何排除非欺诈因素对股价的影响成为关键，由此形成了以直接损失法为主，并辅以其他方法的计算方法群。结合美国 1933 年《证券法》第 11、12 条以及 1934 年《证券交易法》10b-5 规则的规定，虚假陈述损害赔偿的计算方法归纳起来大致有以下三种：

(1)直接损失法，即按照股票价值与实际交易价格之间的差额来确定原告的损失，其在直接交易市场或者公开证券市场中均可适用。对于受欺诈的卖方来说，其损失数额为，股票在出售时的真实价值减去所得到的价款或者其他形式的对价(指不以金钱方式付款或换股等情形)在当时的公平价值；对于受欺诈的买方来说，则为他支付的购买价(或者其他形式的对价在当时的公平价值)与

股票在当时的真实价值之间的差额。此方法是应用最多的一种损害赔偿的而计算方法，如日本、韩国，虽然规定不甚相同，但基本效仿美国，采用直接损失法居多。

(2)交易价差计算法，即根据投资者在进行证券交易时的价格与虚假陈述暴露之后一段时间内证券价格之差进行计算。

(3)撤销交易法，美国1933年《证券法》第11条规定原告可以撤销交易，如果原告已不再持有该证券的可以要求损害赔偿，责任人承担解约或救济责任。第12条a(1)规定，对于违反《证券法》登记要求的，购买人可以提起撤销之诉。原告可以撤销交易，拿回本息，至于利率则按照对原告可能适用的通行利率加以确定。

三、我国关于证券市场虚假陈述损害赔偿计算方法的相关规定

我国《证券法》第26条规定："国务院证券监督管理机构或者国务院授权的部门对已作出的核准证券发行的决定，发现不符合法定条件或者法定程序，尚未发行证券的，应当予以撤销，停止发行。已经发行尚未上市的，撤销发行核准决定，发行人应当按照发行价并加算银行同期存款利息返还证券持有人。"

2003年《规定》对发行市场和交易市场赔偿的损失分别作出了规定：《规定》第七部分"损失认定"将证券市场分为发行市场与交易市场分别规定。依据《规定》第29条，发行市场上，若因证券虚假陈述行为致使证券未发行时，投资人可就"所缴股款及银行同期活期存款利率的利息"受偿；若发行成功，投资人因虚假陈述遭受损失则有权比照在证券公开交易市场上确定的损害赔偿标准受偿。根据《规定》第30、34、35条，对于虚假陈述行为人在证券交易市场承担民事赔偿责任的范围，是以投资人因虚假陈述而实际发生的损失为限。投资人实际损失包括：①投资差额损失；②投资差额部分的佣金和印花税；③前两项所涉资金的利息。投资人持股期间基于股东身份取得的收益，包括红利、红股、公积金转增所得的股份以及投资人持股期间出资购买的配股、增发股和转配股，不得冲抵虚假陈述行为人的赔偿金额。

对《规定》在计算方法时几点说明：

(1)《规定》确定的计算方法以实际损失规则为主，以推定损失规则为补充。

采用“交易价差额计算法”，即原告必须是虚假陈述发生日至揭露日期间买入证券，并在该期间内或揭露日以后的合理时间内卖出或继续持有证券而形成负数价差损失。对于一直未卖出股票的投资者，《若干规定》第33条吸收了美国和我国台湾地区的立法经验，采用了用于计算损失的“基准日”价格，避开了计算股票实际价值的困难，以合理地推定投资者所受的损失。该种方法只计算证券买卖差价，不考虑证券的真实价值。

(2)《规定》投资差额损失计算的基准日，是指虚假陈述被揭露或者更正后，为将投资人应获赔偿限定在虚假陈述所造成的损失范围内，确定损失计算的合理期间而规定的截止日期。基准日分别按下列情况确定：①揭露日或者更正日起，至被虚假陈述影响的证券累计成交量达到其可流通部分100%之日，但通过大宗交易协议转让的证券成交量不予计算。②按前项规定在开庭审理前尚不能确定的，则以揭露日或者更正日后第30个交易日为基准日。

(3)《规定》第34条规定，股东的法定收益，不得冲抵虚假陈述行为人的赔偿金额。投资者的这些收益都是投资者在持股期间基于股东身份而当然享有的权利，因此，不得将其从损害赔偿额中加以扣除。

根据以上规定，我国在证券市场虚假陈述损害赔偿的计算方法上采取的是“交易价差计算法”。计算公式为：

投资者实际损失＝投资差额损失＋投资差额损失部分的佣金和印花税＋前款所涉资金投资期间的银行同期活期利息

另根据《规定》第31、32条规定，投资差额损失的具体计算公式为：

投资差额损失＝买入平均价格×买入总数量－卖出平均价格×卖出总数量－揭露日至基准日平均收盘价剩余数量

第五节　可得利益损失计量

在诉讼实践中认定可得利益损失是比较困难的问题，也是经常出现争议的问题。多年来，由于相关认定规则比较模糊并难以把握，因此不少法院在判决中支持的并不多，且关于其计算方法和标准也是多种多样。裁判结果也有较大悬殊，司法实践中赋予了法官太多的自由裁量权，如何提供相关诉讼支持，更好

地统一或者规范可得利益损失计量成为民商事审判中需要进一步研究的课题

一、可得利益的概念和特征及构成要件

可得利益，也称预期实现和取得的财产增值利益，是指合同在全面、实际、及时、适当履行以后，当事人可以实现和取得的财产利益。原《涉外合同法》、《技术合同法》及现行《合同法》第一百一十三条均明确规定违约赔偿应当包括可得利益。

可得利益具有以下特征，①合法性。主张可得利益必须依据合法有效的合同，并且须是依据该合同可以得到的合法利益。倘若当事人就借出款项主张高利贷的利息，虽亦为合同约定及当事人所预期，但该可得利益显然不为法律所支持。②将来性。可得利益是一种将来利益，它尚未为合同当事人所实际享有，而必须通过合同的实际履行才能得到实现。③期待性。可得利益是当事人订立合同时期望通过合同的切实履行所获取的利益，是当事人在订约时已经预见并期求的利益，而可得利益的损失也是当事人甚至包括违约方所能够预见的损失。④现实性。可得利益已具备实现的条件，一般只要如约履行，就会被当事人所获得。通常情况下，当事人已为履行合同做好准备，甚至已经部分履行，因此可得利益转化为实际利益就守约方来讲，已具备了现实的物质基础。⑤不确定性。正因可得利益是将来发生的利益，所以其实现与否及实现多少并非必然确定，尚须依赖相当的客观条件，在预期的客观环境发生变化如发生不可抗力、第三人侵权等时，也有不得实现的可能；在与合同履行息息相关的因素发生变化如市场行情波动、机器设备故障等时，可得利益有增加或减少的可能。正因为其不确定性，故在违约责任中确定可得利益的数额是一个棘手的问题。

可得利益损失赔偿的构成要件

在违约责任归属原则方面，我国《合同法》采取的主要是严格责任规则，所以违约损害赔偿应当具备以下三个要件：

(1)当事人必须有违约行为发生。

(2)要具备损害的具体事实。

(3)违约行为与损害事实之间存在因果关系。

二、对可得利益的计算认定

由于可得利益损失赔偿是在违约方已经违约的情况下评价合同在正常履行时的状况，而可得利益的取得常常须具备各种条件，即可得利益是假定相关条件成立的条件下取得。司法实践中，对于可得利益的计算认定，法官通常通过运用其自由裁量权判定。当遇到比较复杂的情况，可得利益的计算确定会需要法务会计的诉讼支持，通常由法院委派会计师事务所或相关专家进行法务会计鉴定。实践中计算认定可得利益通常采用的方法如下：

（一）约定计算法

根据当事人事先约定的可得利益的数额或因一方违约产生的可得利益损失赔偿额，计算可得利益损失的方法来确定赔偿责任。依《合同法》第一百一十四条规定，当事人可以事先约定一方违约造成对方可得利益损失时，应根据约定情况向对方支付一定数额的违约金。在约定的违约金低于受害人的可得利益损失时，受害人可以请求人民法院予以适当增加；在约定的违约金高于受害人的可得利益损失时，违约方可以请求人民法院予以适当减少。此外，当事人也可以事先约定因一方违约产生的可得利益损失赔偿的计算方法和最高限额。司法实务中应注意的是，只要可得利益损失赔偿纠纷案件当事人事先有此约定，且不违反法律禁止性规定，不损害国家、集体利益或第三人合法权益的，人民法院应确认此约定有效，并优先适用此方法计算可得利益损失赔偿额。

（二）收益对比法

收益对比法是指依通常方法比照受害人相同条件下所获得利益来确定应赔偿的可得利益损失。此种方法又可分为平均收益对比法和同类收益对比法。前者是指以受害人在上一收益时间段的收益作为参考标准，来确定应赔偿的可得利益损失。如以受害人在上一年或上一月的利润作为参考标准来确定其可得利益损失。后者是指以同类合同、同时期内实际履行所取得的财产利益，同类企业在某个时期获得的平均利润，或以某项设备投入正常运行时所获得的财产利益等作为参考标准，来确定受害人的可得利益损失。此种收益对比法一般适用于那些能获得比较稳定的财产收益的情况。采用该计算方法的关键在于准确确定参照对象。确定参照对象应注意受害人的相关条件，或与受害人在某个时期的情况相同或相似，参照对象与受害人的相关条件和情况越相同或越相似，则受害人的可得利益损失赔偿额的计算越精确。

合同纠纷中可得利益损失通常表现为：由于违约方违约造成未实现利润损失，这种损失的计算通常要由法务会计人员结合会计审计技术方法，采用收益对比法进行未实现利润的计算。

经常发生的情况有以下几种：

(1)生产利润损失。生产利润损失经常发生在生产设备、原材料的买卖合同违约当中，在这种情况下买方因卖方迟延交货而耽搁生产所遭受的生产利润损失，即为可得利益损失。其一般可根据延误的生产期限与可比利润率来计算。在一个财务制度非常健全的生产企业或者公司，这种可比利润率是受害人在以往一定期间内平均的经营利润，实践当中也经常出现这个生产企业和公司财务制度不健全，无法计算出其同期的平均的生产利润率，这时就要考虑到同类企业在相同的市场环境下，其月、季或者年平均生产利润率。

当然，在应当采取减损措施的情况下，所延误的生产期限应计算至已经或可以采取减损措施之日为止。

(2)经营利润损失。经营利润损失多与承包、租赁合同及劳务、服务合同等有关，因一方违约造成的可得利益损失通常属于经营利润损失。在通常情况下，非违约方的经营利润损失可以参照已履行期间的利润率来计算剩余期间的利润损失。

(3)转售利润损失。转售利润损失多与商贸公司有关，在连环购销当中更是经常出现。这类损失一般为转售合同与原合同价款的差额，再扣除必要的转售成本。当然，此处的转售合同必须是在违约发生之前签订，这里面有一个时间界限。

计算中值得注意的是，要求赔偿的可得利益应当是纯利润，不应当包括为取得这些利益所支出的费用及税收等，同时也要考虑到几个因素，比如价格的因素、行情变化、原材料供应状况、守约方的生产条件等，这些对利润的取得都有影响。

(三)衡情估算法

衡情估算法是指人民法院在审理可得利益损失赔偿纠纷案件中难以准确

地确定受害人的可得利益损失数额时，可根据案件的具体情况，衡情估算，依自由裁量权，责令违约方支付一个大致相当的赔偿数额，以合理填补受害人所遭受的可得利益损失。司法实务中，在采取此种方法计算可得利益时，首先应看是否有法律规定。如果有法律规定，应按法律规定处理；如果没有法律规定，则应按合同的性质、目的，本着公平、合理的原则，衡情确定，以兼顾双方当事人的利益。

结合以上计算规则及计算方法可得出相对比较具体的可得利益损失计算公式：

可得利益损失赔偿额＝可得利益损失总额－违约方不可预见的损失－非违约方不当扩大的损失－非违约方因违约获得的利益－非违约方过失造成的损失－必要的交易成本

第六节　损失计量案例

浙江A公司诉山西B机械有限公司逾期履约损失赔偿案

一、案情介绍

浙江A公司因技术改造需要，于2004年6月8日与山西B机械有限公司签订了合同编号为ZJGH02的《设备采购合同》，2004年11月29日又对该合同内容更改后签订了《设备补充协议》，合同对设备交付及安装调试约定：所有设备供方于2005年2月10日前交付，调试最迟截止期限为2005年4月30日前。合同约定供方未按规定日期交货（包括样机）或者未按规定日期调试结束的，供方应承担相应损失，损失从本合同约定的调试最迟截止期限第二天起算，该损失按技术改造停滞产生的所有损失及无法履行定单产生损失计算，包括但不限于下列损失：需方客户索赔产生的损失、可得利益损失、场地停工损失、设备停工损失、投资资金占用损失、无法履行出口定单造成的退税损失等。

设备安装调试情况：上述设备与浙江A公司向其他厂家采购的圆排车等

设备共同组成10条机芯生产线。根据浙江A公司提供的设备移交验收单，其中：2005年7月15日安装调试完毕交付生产部门生产线2条；2005年9月10日安装调试完毕交付生产部门生产线2条；2005年10月10日安装调试完毕交付生产部门生产线2条；2006年2月20日安装调试完毕交付生产部门生产线1条；2006年4月7日安装调试完毕交付生产部门生产线2条；2006年6月20日安装调试完毕交付生产部门生产线1条。

浙江A公司（原告）鉴于供方违反了合同约定给公司带来损失，遂对山西B机械公司（被告）提起诉讼，提出对山西B机械公司延迟交货造成的损失进行索赔。浙江某会计师事务所接受法院委托，要求就该案中对被告延迟交货造成原告的场地停工损失、设备停工损失、投资资金占用损失、出口退税损失、可得利益损失进行审计。

二、法务会计鉴定

（一）鉴定依据

（1）浙江A市人民法院提供的民事起诉状等诉讼材料。

（2）浙江A公司提供的财务资料、合同、设备移交验收资料等。

（3）从浙江A公司生产现场核实取得的原始资料。

（二）法务会计鉴定情况说明

根据提供和取得的相关资料，对因被告延迟交货造成原告的投资资金占用损失、场地停工损失、设备停工损失、可得利益损失和出口退税损失，按浙江A公司起诉时间分2005年5月1日至2006年1月21日期间和2006年1月22日至2006年6月20日两个时段分别列示。鉴于浙江A公司在涉案生产线施工同期，尚有另外两条同性质生产线在生产，鉴定是参照另外两条生产线生产和销售情况进行。具体审计情况说明如下：

1.投资资金占用损失

因被告山西B机械有限公司延迟交货造成原告浙江A公司的投资资金占用损失946353.03元，其中2005年5月1日至2006年1月21日期间为795095.85元、2006年1月22日至2006年6月20日期间为151257.18元。

投资资金占用损失的计算，包括场地投资占用资金损失和设备购置占用资金损失。其中：场地投资占用资金损失，根据浙江A公司为安装上述10条生产线新建厂房(包括厂房内所需电力设备等相应配套设备)所实际支付的资金，从2005年5月1日开始至第一条生产线交付日2005年7月15日止，按该期间浙江A公司实际发生的银行借款利率计算得出；设备购置占用资金损失，根据浙江A公司购置上述10条生产线实际支付给山西B机械有限公司和其他配套设备厂家的设备款，从2005年5月1日至各条生产线安装调试完毕期间各时段分别占用的资金余额，按相应期间浙江A公司实际发生的银行借款利率计算得出。

2. 可得利益损失

对可得利益损失的计算，以相应延迟交货的生产线如正常交付预计可实现的产品销售收入扣减相应的产品销售成本、产品销售税金及附加和应计的销售费用、管理费用、财务费用后得出，其中：

产品销售收入：因延迟交货造成浙江A公司减少的销售收入共计为37263778.35元，其中2005年5月1日至2006年1月21日期间为31484713.69元、2006年1月22日至2006年6月20日期间为5779064.66元。

对因延迟交货造成减少的产品销售收入的计算以浙江A公司相应各期间实际平均销售单价乘以相应期间各条生产线的可生产量计算得出。其中销售单价分别根据浙江A公司相应两个期间实际发生的扣除内部关联单位后对外全部销售收入除以相应的销售数量(已含补损发货量)计算得出。经计算，其中2005年5月1日至2006年1月21日期间对外平均销售单价为1.6159元/支。

销售数量根据浙江A公司原有生产线相应两个时段每天每条生产线实际完成的产量乘以相应各时间段的应计工作天数计算得出。其中浙江A公司原有生产线两个时段每天每条生产线实际完成的产量，根据经核实后的浙江A公司车间、仓库统计资料计算得出，分别为2005年5月1日至2006年1月21日期间14951支/天、2006年1月22日至2006年6月20日期间14450支/天；各时间段的工作天数按劳动和社会保障部于2006年1月3日发布的《关于职工全年月平均工作时间和工资折算问题的通知》中计算的月工作日按年工作日250天除以12月，乘以相应各期间的天数得出。

产品销售成本：因延迟交货造成浙江A公司减少的上述2U、3U销售收入

相应的销售成本共计为29947882.14元，其中2005年5月1日至2006年1月21日期间为25285174.96元、2006年1月22日至2006年6月20日期间为4662707.19元。

对因延迟交货造成减少的销售成本的计算以浙江A公司相应上述各期间的产量乘以相应期间各品种的单件成本计算得出。其中，单件成本的计算分别根据浙江A公司相应两个期间各品种实际耗用的材料总额、总量及相应期间各品种的实际产量进行分析计算后得出各品种的单件材料成本；根据浙江A公司相应两个期间各品种实际发放的工资总额及相应期间各品种的实际产量进行分析计算后得出各品种的单件工资成本；根据新生产线所需机器设备、厂房及其他配套设备的购买安装成本、动力配置情况，以及计算的相应期间产量，计算得出各品种的单件折旧费、动力费用；根据相应各期间浙江A公司实际发生的车间制造费用和相应期间实际产量进行分析计算得出各品种的单件制造费用。根据上述方法计算，其中2005年5月1日至2006年1月21日期间2U单件成本为1.1112元/支、3U单件成本为1.4096元/支；2006年1月22日至2006年6月20日期间3U单件成本为1.4063元/支。

主营业务税金及附加：对因延迟交货造成减少的2U、3U预计销售收入需发生的主营业务税金及附加为100218.02元，其中2005年5月1日至2006年1月21日期间为84726.94元、2006年1月22日至2006年6月20日期间为15491.08元。

销售税金及附加的计算以上述产品销售收入、产品销售成本数据，根据浙江A公司实际应计缴2%的地方教育费附加、0.1%的水利建设基金和0.024%的印花税计算得出。

销售费用：对因延迟交货造成减少的2U、3U销售预计共需发生销售费用935996.42元，其中2005年5月1日至2006年1月21日期间为840641.86元、2006年1月22日至2006年6月20日期间为95354.57元。

销售费用的计算分别根据浙江A公司2005年度和2006年1—6月期间实际发生的销售费用占销售收入的比率2.67%和1.65%，乘以相应各期间段销售收入计算得出。

管理费用：对因延迟交货造成减少的2U、3U销售预计共需发生管理费用

2568607.76元，其中2005年5月1日至2006年1月21日期间为2232266.20元、2006年1月22日至2006年6月20日期间为336341.56元。

管理费用的计算分别根据浙江A公司2005年度和2006年1—6月期间实际发生的管理费用占销售收入的比率7.09%和5.82%，乘以相应各期间段销售收入计算得出。

财务费用：对因延迟交货造成减少的2U、3U销售预计共需发生财务费用1058165.88元，其中2005年5月1日至2006年1月21日期间为959128.92元、2006年1月22日至2006年6月20日期间为99036.96元。

财务费用的计算根据浙江A公司2005年度和2006年1—6月期间实际发生的应收账款平均周转率约2.59次/年和4.92次/年，和相应期间浙江A公司取得的银行借款实际利率计算得出。

可得利益损失：对因延迟交货造成可得利益损失为2652908.12元，其中2005年5月1日至2006年1月21日期间为2082774.82元、2006年1月22日至2006年6月20日期间为570133.30元。

可得利益损失的计算如下：

可得利益损失＝产品销售收入－产品销售成本－产品销售税金及附加－销售费用－管理费用－财务费用后得出。

出口退税损失：由于未发现浙江A公司相应各期间段有2U、3U的出口销售情况，因被告山西B机械有限公司延迟交货造成原告浙江A公司的出口退税损失为零。

其他事项说明

(1)对相应山西B机械有限公司提供的设备实际安装完工交付的日期，根据浙江A公司提供的设备移交使用验收单记载的日期，其中购货合同中所指的平头机6台、封口机6台、2U接桥机1台、螺旋灯洗管涂膜联合机2头和螺旋灯烤管机2台已于2005年4月30日以前交付，其余交付时间分别为：2005年7月15日交付涂擦联合机2台、烤管机2台、平头机2台、封口机2台、弯管机2台和割管分类机2套；2005年9月10日交付涂擦联合机2台、烤管机2台、平头机2台、封口机2台、2U接桥机2台、弯管机2台和割管分类机2套；2005年10月10日交付涂擦联合机2台、烤管机2台、平头机2台、封口机2

台、弯管机2台和割管分类机2套；2006年2月20日交付涂擦联合机1台、烤管机1台、平头机1台、封口机1台；2006年4月7日交付涂擦联合机2台、烤管机2台、平头机2台、封口机2台；2006年6月20日交付涂擦联合机1台、烤管机1台、平头机1台、封口机1台。

本报告中资金占用损失、可得利益损失的计算均以上述设备交付的时间为准，具体应由司法部门核实后确定。

(2)本报告计算的可得利益损失，主要数据以浙江A公司原有2U、3U生产线实际发生的每日产量、单支实际耗用的材料成本等为依据计算得出，并假设所有生产量均能在当期全部实现对外销售。

(3)由于未发现浙江A公司相应各期间段有2U、3U的出口销售情况，故在计算可得利益损失中未考虑可能取得的出口退税收入。

(4)对预计生产量的计算中，对各时间段的工作天数按劳动和社会保障部于2006年1月3日发布的《关于职工全年月平均工作时间和工资折算问题的通知》中计算的月工作日按年工作日250天除以12月，乘以相应各期间的天数得出。浙江A公司实际工作时间可能与此不同。

三、案例分析

本案例涉及直接损失(积极损失)和可得利益损失计量。由于积极损失并不多，关键是可得利益的计量问题。

可得利益是指合同在适当履行以后可以实现和取得的财产利益，具有如下特点：

一是未来性。即可得利益是一种未来利益，它在违约行为发生时并没有为合同当事人所实际享有，而必须通过合同的实际履行以及合同当事人的一定的付出才能得以实现。

二是期待性。可得利益是当事人订立合同时期望通过合同的履行所获得的利益，是当事人在订约时能够合理预见的利益。

三是现实性。可得利益已具备实现的条件，只要合同如期履行，就会被当事人所获得，在通常情况下，当事人为实现这一利益作了一些准备，具备了转化为现实利益的基础条件。

在本案中，山西B机械有限公司没能按照合同规定按时向浙江A公司交货，已经构成对浙江A公司的违约。根据我国《合同法》第113条规定：当事人不履行合同义务或履行合同义务不符合合同约定，给对方造成损失的，损失数额应当相当于因违约所造成的损失，包括合同履行后可以获得的利益，但不得超过违约合同一方订立合同时预见或者应当预见到的因违反合同可能造成的损失。依据这一规定，山西B机械有限公司除了要赔偿浙江A公司造成的实际损失外，还应该赔偿给浙江A公司造成的合同可得利益的损失。本案中，浙江A公司因此遭受的实际损失非常有限，然而其所遭受的利润损失(即可得利润损失)却非常巨大。因此，山西B机械有限公司是否应该向浙江A公司赔偿可得利益损失以及应该赔偿的数额是案件的关键所在。对于山西B机械有限公司是否应该向浙江A公司赔偿可得利益损失，解读的关键点在于：

(1)浙江A公司所遭受的该可得利益损失是否源于山西B机械有限公司的违约行为。

根据双方合同的执行情况看，浙江A公司按合同约定支付合同货款，而山西B机械有限公司则延期交货和调试，从而使预期可以投产的生产线长期处于闲置状态，造成损失。这里的关键点有三个：第一，山西B机械有限公司是否存在违约；第二，浙江A公司是否遭受了可得利益损失；第三，浙江A公司所遭受的该可得利益损失是否源于山西B机械有限公司的违约行为。

(2)如果山西B机械有限公司不违约，浙江A公司是否一定能获得该可得利益损失。

积极损失是大陆法上的一个概念，是指因违约造成的现有财产的减损、灭失和费用的支出，有的立法称为所受损害，是现实利益的损失。对于积极损失，法律上一般不加限定，违约方均应予以赔偿，以使受害人达到合同订立以前的状态。违约损害赔偿包括积极损失与可得利益损失，两者均予赔偿则可使守约方处于合同如约履行时的状态。只有赔偿了全部损失，才能使守约方获得相当于合同得到正常履行情况下的同等收益，才能督促当事人有效地履行合同。如果只赔偿积极损失，而不赔偿可得利益损失，则只能使守约方恢复到合同订立前的状态。这不仅对守约方来讲不公平，实质上在某种意义上也纵容了违约方。但是，为了鼓励交易，保证交易安全，对违约造成损失的赔偿也应当限定在法律规定的合理范围内,正确把握的其中一个标准就是守约方如果合约得以履行是否一定能获得可得利益损失。

浙江A公司是在与山西B机械有限公司签订改装部分生产线,在延迟交付调试期间,浙江A公司产品供不应求,生产的产品没有库存积压等情况,预计如果所改装生产线按时投产,则生产产品销路应该不存在问题。这里存在的疑问是,浙江A公司改装的生产线投产后,生产出产品到销售还有一个过程,中间会不会遇到其他情况,以及所生产产品是否销售没有任何问题确实存在一定的未知数。这成为考量的一个关键问题。

(3)山西B机械有限公司是否完全有能力预见到自己的违约必然会导致浙江A公司利润的损失。

《合同法》第113条但书规定了可得利益赔偿的预见性(但不得超过违反合同一方订立合同时预见到或者应当预见到的因违反合同可能造成的损失)。我们知道,在一条法律规则中,但书是对该规则的限制,是指在对案件适用该规则的同时应满足但书所规定的条件或在但书所限定的范围内。在司法实践中,该条规则但书往往容易被忽略,而以想当然的结果取而代之。

预见性有三个要件:一是预见的主体为违约方,而不是非违约方。二是预见的时间为合同订立之时,而不是违约之时。三是预见的内容为立约时应当预见的违约损失,预见不到的损失,不在赔偿范围之列。

但书的规定,实际上也是从鼓励交易、保证交易安全角度出发的,是对可得利益损失的赔偿的一个限定性条款,也是分析本案例的一个关键问题。

(4)浙江A公司所遭受的可得利益损失额完全在C主观预知范围之内。

可得利益有着将来性、不确定性,倘若违约造成的可得利益损失大大超过违约方的预期,而仍要求违约方赔偿,则未免责之太苛,超越了意思自治的范畴,反而打击了市场交易、合作的积极性。法律实践中也确实存在债权人主张时漫天要价,将间接损失、"机遇损失"等计入可得利益。故法律应予相应的衡平。《合同法》第113条第一款规定,违约损害赔偿应包括可得利益,但总额"不得超过违反合同一方订立合同时预见到或者应当预见到的因违反合同可能造成的损失。"根据一般理解,若违约方有证据证明订约时已知违约将造成的损失额,即为"预见到",应以该额度为准。若违约方不能举证,又不认可对方主张,

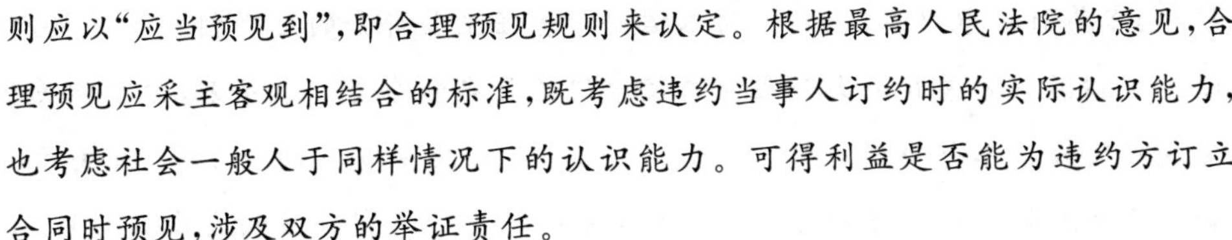

则应以“应当预见到”，即合理预见规则来认定。根据最高人民法院的意见，合理预见应采主客观相结合的标准，既考虑违约当事人订约时的实际认识能力，也考虑社会一般人于同样情况下的认识能力。可得利益是否能为违约方订立合同时预见，涉及双方的举证责任。

四、案例审理的结果

本案经过一审法院审理，认为：浙江 A 公司与山西 B 机械有限公司之间的合同合法有效，并采信了某会计师事务所的有关损失的法务会计鉴定，判定山西 B 机械有限公司赔偿因违约给浙江 A 公司造成的直接损失和可得利益损失共计 3499261.15 元。判决后，山西 B 机械有限公司不服一审判决提起上诉，二审法院认为一审认定事实清楚、证据确凿，维持原判。

法院判决以后，山西 B 机械有限公司对法务会计鉴定提出异议，并向中国注册会计师协会发出紧急投诉函。提出如下异议：某会计师事务所出具的审计报告，虽然是受法院的司法鉴定委托，但是，其对可得利益的损失进行鉴定无任何依据，违反了注册会计师业务准则。根据 2006 年财政部发布的由中国注册会计协会制定的 48 项执业准则中，《中国注册会计师其他鉴证业务准则第 3111 号——预测性财务信息的审核》是对预测信息的审核，且是对委托单位编制好的预测信息进行审核。注册会计师应严格根据执业准则执业，出具审计报告。某会计师事务所应当按照上述审计准则，勤勉尽责，指定相应的审计程序，充分、适当地取得审计证据。然而，本案中，某会计师事务所没有依据审计准则进行工作，在未获得充分、适当证据的情况下出具的审计报告显然违反了注册会计师业务准则的规定。

五、案例启示思考

本案例的启示：可得利益是将来发生的利益，所以其实现与否及实现多少并非必然确定，尚须依赖相当的客观条件，在预期的客观环境发生变化如发生不可抗力、第三人侵权等时，也有不得实现的可能；在与合同履行息息相关的因素发生变化如市场行情波动、机器设备故障等时，可得利益有增加或减少的可能。正因为其不确定性，故在违约责任中确定可得利益的数额是一个棘手的问题,也容易引起争议。例如,作为本案赔偿责任主要部分的可得利益该不该赔、赔多少却因双方差距太大而成为本案争议的焦点和难点。多年来,由于相关认定规则比较模糊并难以把握,因此不少法院在判决中支持的并不多,且关于其计算方法和标准也是多种多样,司法实践中赋予了法官较多的自由裁量权,裁判结果悬殊较大。有鉴于此,合约双方在订立合同时应尽可能对可得利益损失做出明确的约定,这样更容易保护双方合法利益。

本案例是一个典型的法务会计损失计量案例,即涉及了直接经济损失的计量,更涉及可得利益的计量问题。本案例提出了以下几个值得思考的问题:

(1)损失的法律责任和损失赔偿责任。

(2)损失如何计量,采用什么样的方法计量?

(3)可得利益损失的法律责任和赔偿问题;

(4)可得利益计量应该依据什么方法和标准?

(5)法务会计鉴定应该执行审计准则吗?

第七章　完善我国基于诉讼支持法务会计的设想和建议

第一节　我国基于诉讼法务会计的现实问题分析

随着市场经济的发展，企业、社会经济组织、单位以及个人之间的经济交往、经济联系越来越广泛、深入和复杂。基于经济利害关系不同，在经济交往过程中产生摩擦而形成的经济纠纷案件越来越频繁，内容和表现形式上也更趋错综复杂，从而为法务会计的诉讼支持活动提供了土壤。但是，在法务会计诉讼支持实践中也出现了许多需要解决和研究的实际问题。

一、我国基于诉讼法务会计的现实问题

（一）法务会计执行机构不健全、执业地位不明确、素质偏低

我国现有的法务会计执行机构主要分为两种，一种是司法机关内部的法务会计中心，或内部司法鉴定机构或部门，另一种是得到司法机关授权从事法务会计服务的会计师事务所，或专门的司法鉴定所偶尔也有委托给具体的鉴定人。司法机关的内部鉴定机构容易造成自侦自鉴、自审自鉴、自检自鉴，由于缺乏必要的制约和监督，行政干预和人情鉴定难以避免，违背了诉讼的原则，也降低了法务会计鉴定的权威性，损害了司法公正，引发了种种腐败。鉴定人员往往有行政单位的官僚作风。鉴定案件缺乏效率，影响审判工作的顺利进行。2005 年《决定》中规定司法鉴定机构须在司法行政部门登记，侦查机关根据侦查工作的需要设立的鉴定机构不得面向社会接受委托，人民法院和司法行政部

门不得设立鉴定机构。此后,作为诉讼支持的主要形式的鉴定就委托给中介机构如会计师事务所进行。

但是,《决定》并没有把法务会计鉴定人和鉴定机构列入登记范围,司法部出台的《司法鉴定人员管理办法》和省人大出台的《省司法鉴定管理条例》也未将法务会计鉴定人和鉴定机构列入登记范围。这就使法务会计鉴定主体地位不明确,注册会计师签发的鉴定很容易受到社会的质疑,也不容易被法官采信。注册会计师应该是鉴定人或者是专家证人,应该属于法官职能的延伸或者就是为当事人提供服务。

同时,提供法务会计诉讼支持服务的法务会计人员普遍素质比较低,我国还没有规范的法务会计人员资格认证制度,对从业人员资质要求也没有明确规定,因而出现了法务会计从业人员素质参差不齐的情况,难以保证法务会计工作的质量

(二)缺乏法务会计诉讼支持工作规范和执业准则

任何职业的工作结果要想获得外界人士的信任,必须要有一套完整、科学、权威的工作规范和执业标准。法务会计也需要制定相关准则,以明确其任务和职责,指导其工作,规范从业者的行为,保证工作质量。但是,我国目前还没有形成法务会计行业规范,法务会计还缺少统一执业技术标准,比如法务会计鉴定,注册会计师在鉴定过程中通常会依据《中国注册会计师鉴证业务基本准则》(以下简称《鉴证准则》)。《鉴证准则》第五十八条规定:注册会计师执行司法诉讼中涉及会计、审计、税务或其他事项的鉴定业务,除有特定要求者外,应当参照本准则办理。注册会计师根据这一规定,按照鉴证业务标准进行操作法务会计鉴定业务。实际上,法务会计鉴定业务与注册会计鉴证业务的操作差异很多,按照《鉴证准则》进行法务会计鉴定,不仅可能导致注册会计师在执行法务会计鉴定业务时出现差错,也使导致产生不良诉讼后果的风险增大。主要原因是:①由于法律诉讼中存在着诉讼分工,法务会计鉴定人只能采用技术手段(检查、计算、分析性复核验证等)来对会计的专门性问题完成相关财务或者会计事实的鉴定,往往和注册会计师的鉴证不同。例如,按照《鉴证准则》,注册会计师采用询证方法获取证据,但按照《刑事诉讼法》的规定,无论是向犯罪嫌疑人"询证"还是向证人"询证"都属于刑事侦查权、检察权、审判权、辩护权(利)的范畴,

而法务会计鉴定人如果行使了这些权力（权利），其工作结果必然会受到质疑。②注册会计师在鉴定中发现与案件有关的重要线索或证据时应当由案件承办人员决定，鉴定人无权（力）自行决定，但《鉴证规则》则规定注册会计师可以根据需要自行决定增加相应的审计程序来处理审计中发现的可能影响鉴证结果的各种问题。按照《鉴证准则》来处理法务会计鉴定业务中发现的新问题，也可能导致法务会计鉴定意见的违法性。③法务会计鉴定意见只能依据基本证据（财务会计资料、财务会计资料证据和司法会计检查笔录）作出，而不能采信诸如当事人陈述、证人证言、其他鉴定结论等参考证据；而鉴证业务结论则可以依据注册会计师收集的各种证据，按照《鉴证准则》进行法务会计鉴定所形成的鉴定意见，从证据法学角度看无法起到鉴定意见的证据作用。按照我国的司法实践，法务会计鉴定结论的目的是要满足司法机关作为案件证据的要求，需要符合作为证据的标准和规范。按照《鉴证准则》采用一般审计报告的格式，并不利于司法机关确定鉴定结论。

显然，由于法务会计涉及会计、审计、法律等诸多方面，是提供给诉讼支持活动的，同审计鉴证有本质的区别，注册会计师从事法务会计鉴定单单参照审计准则和管理咨询准则不能起到规范法务会计行业的作用。法务会计鉴定是有关的专业人员依据专门知识、技术、经验、方法对一些会计与财务专门性问题进行分析、研究、推断的一种诉讼证明活动，它既是法律问题，也是会计科学技术问题。为了保证法务会计鉴定中的科学性、客观性、公正性，就必须有一个比较统一的、科学的行业技术标准和技术操作规程。目前，我国法务会计实践尚未形成一个统一的技术标准，法务会计工作中的很多问题还无“法”可依，各省市、各地区、各专业技术人员对于相同的问题，由于依据的技术标准不同，往往会作出不同的结论，造成实践中出现很多混乱现象。这种状况一方面不利于法务会计结论权威的树立和法务会计学科的发展，另一方面由于法务会计作为鉴定人的特殊地位，一定程度上会影响到司法机关公正执法的形象和司法活动社会公信力的确立。有鉴于此，我们认为应尽快组织力量进行科研探讨，在总结经验的基础上制订出切实可行的诉讼支持的法务会计技术标准。

（三）注册会计师从事法务会计鉴定工作实践中的问题

注册会计师在法务会计鉴证实践中有如下问题：

(1)鉴定要求太笼统,不明确、不具体,有些鉴定要求甚至超出了鉴定人员的职责范围。在我国目前法务会计鉴定实践中,大量存在送检人员在送检时,提出的鉴定要求不够恰当,比较笼统,如“要求对某某案件进行法务会计鉴定”、“要求对某某案中的财务会计专门性问题进行法务会计鉴定”、“要求对犯罪嫌疑人的行为是贪污还是挪用及其数额进行法务会计鉴定”。出现这种情况的原因是送检人员不了解法务会计鉴定到底能够解决哪些问题,不了解法务会计鉴定的有关原理。

(2)鉴定结论回答了法律定性问题。在司法实践中,由于某些办案人员对法务会计鉴定不是很理解,往往要求法务会计鉴定解决是否贪污、挪用的法律定性问题。而诉讼的当事人也往往会对法务会计鉴定有过高的期望,对法务会计鉴定结论往往提出能够解决法律问题的要求。法务会计鉴定实践中相关司法部门在委托鉴定时就明确要求“鉴定是贪污还是挪用”,接受委托的中介服务机构的会计、审计人员往往不是从法务会计鉴定的角度,而是从会计、审计的角度进行确认,在结论中也就表述了是贪污还是挪用的意见。在一些疑难案件中,案件的定性往往需要从有关的财务会计账面的反映情况来分析,有些法务会计鉴定人员仅仅从财务会计的角度就作出了“贪污”、“挪用”的法律定性意见。比如在我们前面所列举的综合案例中,有些鉴定书结论部分除回答了财会问题外,还使用了具有刑事法律属性的语句,如“此款被××支配,变为个人所有”,“此款××未交财会,被××个人控制、使用”,“将此款据为己有”等。在法律事实上,涉案款项是否被某人占有或据为己有,应由办案人员综合全案证据加以认定,法务会计鉴定结论只需回答相关财务会计事实即可,这样才能保证鉴定结论的科学性和唯一性。

再例如,实践中也存在把“财产所有权发生了转移”作为鉴定结论进行表述的案例。法律规定:所有权是指所有人在法律规定的范围内,对于所有物可全面支配的物权。在内容上,所有权是所有人对其财产依法享有的占有、使用、收益和处分的权利。法律还规定:财产所有权的取得,不得违反法律的规定,即所有权的取得方式必须合法;按照合同或者其他合法方式取得财产的,财产所有权从财产交付时起转移,法律另有规定或者当事人另有约定的除外。而在法务会计鉴定所涉及的案件中,嫌疑人是以非法的手段占有了国家、集体的财产,对财产的取得是非法的，因此也就不存在所有权转移的问题。为此，在法务会计鉴定结论的表述中不应使用类似的语句。

(3)是法务会计鉴定质证流于形式。鉴定结论是专业人员根据特定的专业知识对有关争议所作出的分析和判断。所谓隔行如隔山，一般人难以洞悉专业知识的奥妙。只有让鉴定结论以法定程序这种看得见的方式，才能增加当事人对鉴定结论的认同感，使其知晓鉴定结论产生的过程，知悉鉴定人员是否遵守了“操作规程”，从而提高鉴定结论的公信力。鉴定结论作为证据的一种，也应当遵循当庭质证原则，在法庭公开审理过程中接受当事人的充分质疑。最高院《关于〈刑事诉讼法〉若干问题的解释》第58条规定：证据必须经过当庭出示、辨认、质证等法庭调查程序查证属实，否则不能作为定案的根据，相关司法解释也进一步规定了鉴定人有出庭质证的义务。但实践中，法务会计鉴定人常常以各种理由不出庭，鉴定结论作为一种意见证据受到鉴定人学识、经验等主观因素的极大影响，鉴定人不出庭，质证将难以有效展开。鉴定结论的专业性特征以及鉴定过程的神秘性和不公开性，使当事人很难行使自己对鉴定结论的质证权。这就使由司法机关单方作出的鉴定结论成为不受质疑和无法进行质证的定案的唯一依据，因而很难保证其充分的科学性、公正性和客观性，容易导致案件的错判。

(4)鉴定资料不完备、不齐全、不真实。在法务会计鉴定中，鉴定结论的可靠性、真实性是建立在鉴定人员对完备、充足的资料进行客观检验的基础之上的。鉴定资料是鉴定的客观物质基础。资料不完备、不充分所作出的鉴定结论也就不全面、不客观、不真实。司法实践中，这种情况还是比较普遍的，归纳起来有以下几种情况：①由于送检人员一般对法务会计鉴定不了解，不知道应该送检哪些资料，往往所送检的资料不充分、不齐全，对所需要确认的会计事项不能构成完整的记录，从而退卷或需要补充鉴定资料，影响了鉴定的顺利进行，拖延了时间，不利于案件的及时处理。②案件纠纷当事人不予配合，阻力较大，影响收集到完备的鉴定资料。在法务会计鉴定案件中，大部分都是民事案件，原告提出法务会计鉴定要求的，被告不积极配合，有的不提供真实会计资料，有的千方百计找理由拖延，有的不签证据、设置障碍，被告提出法务会计鉴定要求的，原告不提供相关鉴定依据，从而使取得的资料不够充分和完整。③某些案

例中财务管理混乱、会计记录不够真实、内部控制制度不严、会计记账不规范、账目混乱等情况。有的根本就没有设置会计账簿进行会计核算,因财务管理混乱,会计记录不够真实,使法务会计鉴定失去了真实完整资料的保障,就很难做出合理的鉴定,鉴定过程中双方争议也就比较大,这也是法务会计鉴定的一个难点问题。④原始凭证真实性较差,证据难以采信。委托进行法务会计鉴定的案件,较多的是合伙纠纷、小公司(小企业)内部的股东合资纠纷。这些鉴定业务涉及合伙事务执行人、股东,他们同时又是生产经营者,没有当事人以外的第三方参与。提出法务会计鉴定要求时,当事人只能拿出一些白条和收据之类的单据,往往只有当事人一方的签字手续,缺乏内部控制的相关手续。而另一方当事人又否认这些单据的真实性,由于证据的真实难以落实,使法务会计鉴定难以进行下去。

(5)些则不是法务会计鉴定或法务会计鉴定人所能够解决的。具体应从两个方面来区分:①是从案件涉及的财务会计资料证据的识别分工来看,识别内容涉及财务会计技术方面问题的,应由法务会计鉴定人识别,不涉及财务会计技术或涉及其他专业技术的识别内容,则由案件承办人员或其他专业技术人员识别。如记账凭证是否真实、正确地反映了原始凭证所记载的会计事项,即会计分录的真实性、准确性的识别应由法务会计鉴定人来完成,而据以编制记账凭证的原始凭证所记载的经济业务的真实性识别问题则应由案件承办人员来解决。②是从法务会计鉴定原理、鉴定依据来看,只有那些通过引用相关财务会计技术标准能够论证清楚的财务会计实务问题,才能提请进行法务会计鉴定。但由于目前在法务会计鉴定中无统一的技术标准,所以法务会计鉴定到底能够解决案件中哪些专门性问题很不确定,在实践中存在是否需要进行鉴定由案件的承办人员自己决定,通常的情况是鉴定委托比较笼统,或者该委托的没有委托,不该委托的进行了委托,所以实践中经常出现的委托要求是对某某项目进行财务情况审计,或者某一时期的经营情况审计。这些做法,在实践中造成的后果,一是本身并不需要进行鉴定的案件而进行了鉴定,既浪费了人力、物力、财力,也妨碍了案件的及时解决;二是造成应该进行鉴定的案件因没有及时鉴定,不仅贻误了时机,从而没有能够及时固定、提取有力证据;而模糊的鉴定要求更使得鉴定结论很难反映事实,再由于鉴定过程的封闭性,使对这样的鉴

定结论的采信造成不合适的判决结果，影响了法律的公正性。

二、对我国法务会计问题的原因分析

目前，我国法务会计存在的这些问题，不能简单地归结为某一项具体原因，而是根植于我国现存的司法会计管理体制，有其更深层的原因。

(1)理论认识上存在偏差。所谓法务会计，并非是指由司法机关作出的鉴定，而是指司法活动中需要对专门性问题作出的鉴定。从这一基本概念出发研究法务会计鉴定体制和运行体制，不能离开我国现行的法律制度。对于法务会计鉴定的概念，法务会计鉴定人的法律地位和权利义务，委托受理鉴定的程序，法务会计鉴定结论的证据意义等根本性的问题不能正确认识和理解。

(2)没有统一的制度和管理。我国的《刑法》、《民法》和《诉讼法》都一般性地规定了诉讼案件中的专门性问题，什么知识属于专门知识，如何确认鉴定主体的资格和资质，以及鉴定人应当按照何种程序和标准完成鉴定等诸多实际问题，却没有任何明确具体的规定，同时法律也没有授权任何机关、部门或组织实施统一的管理，各个鉴定机构各行其是，随意进行处置。因此，立法滞后、管理无据，是造成法务会计鉴定混乱的制度原因。

(3)针对法务会计专门技术研究不够，现有法务会计中运用的各种专门技术，尚不足以全部解决诉讼案件中遇到的所有专门性问题。一方面是法务会计技术能力不足和科学依据不够充分的常规问题，使在法务会计诉讼支持活动中随意性大，工作不规范。比如注册会计师在法务会计鉴定中往往在案情左右式行政干预之下，作出顺应案件，即承办人需要的鉴定结论。另一方面是当今案件中出现的种种新问题，比如电子会计信息技术、网络会计信息技术等又缺乏有效的对应手段，因此科学技术自身研究发展的阶段性是造成同一问题出现多个不同结论的客观原因。

(4)法务会计机构和法务会计人员缺乏严格统一的管理体制。比如我国对法务会计缺乏管理，2005 年 10 月 1 日正式实施的《全国人大常委会关于司法鉴定管理问题的决定》并没有把法务会计鉴定人和鉴定机构列入登记范围，司法部出台的《司法鉴定人员管理办法》也未将法务会计鉴定人和鉴定机构列入登记范围。我国现行法律对从事法务会计鉴定的人员应具备怎样的资格更未做明确规定，注册会计师从事法务会计鉴定只能是依据我国《诉讼法》或《规定》中的原则性规定：具有“专门知识的人”。在鉴定人的资格问题上，中国不同于英美，因为英美实行的是所谓的“自由鉴定人”制度，法律并不对鉴定人的资格作出任何明确的限制，但是所有鉴定人在出庭作证之前都要接受控辩双方和法庭的审查。我国作为大陆法系国家，在鉴定人资格上采取鉴定权主义的基本原则，即由国家法律或权力机关明确规定哪些人或是哪些机构具有鉴定主体资格，或将鉴定权固定地授予特定的人或机构。但我国目前对法务会计鉴定资格、条件无具体规定，对法务会计鉴定人缺乏资格的审查、考评、授予制度，显然和鉴定权主义基本原则不吻合。

此外，从法律上看，中国的鉴定人可以分为机构和自然人两种。中国实行的这种可以由机构负责司法鉴定的制度，在一定程度上降低了对具体实施鉴定的人员在资格方面的要求。

(5)法务会计人员的法律责任不明确。由于法务会计人员的过错，使经济犯罪案件中错审、错判现象屡屡发生。那么，法务会计人员是否应当承担相应的法律责任呢？我国现行法律对刑事诉讼中意图陷害他人、隐匿罪证、故意作虚假鉴定的，可以伪证罪追究刑事责任。但对法务会计人员由于技术水平有限或过失出具错误鉴定结论的应否承担责任，法律并无明确规定。在实践中，即使某法务会计人出具的鉴定结论有明显的错误，法务会计人也会以对此案件中的财务事实的看法不同、观点不同、鉴定方法不同或者所站的角度不同，所以得到的鉴定结论不同，会以没有故意作虚假鉴定而搪塞。因此，很难追究鉴定人员的责任。由此可见，对于法务会计来说，法律规定的错案追究制度形同虚设。

总之，我国现行的法务会计制度及其运行机制已经严重滞后于我国法制建设的整体发展水平，与现代诉讼立法中公正与效率的价值追求相冲突。因此，在采取措施保证司法公正得以实现的目标指引下，就现行的司法鉴定制度中不合理的规定进行改革，建立完善的司法鉴定制度，充分发挥鉴定在诉讼中的独特功能，是我国目前无论是实务界还是理论界已经达成的共识。[1]

---

〔1〕 汪建成.司法鉴定基础理论研究.法学家，2009(4).

第二节　完善我国法务会计诉讼支持的设想和建议

法务会计活动是诉讼法律约束下的科学技术活动，法务会计结论作为法律确认的一种证据形式，应当符合证据制度的相关规定，证据制度作为诉讼制度的重要组成部分，必须保持相互间的一致性。因此，法务会计制度的改革，实际上是在遵守现行法律规定和诉讼体制的前提下，完善法务会计鉴定启动权，对鉴定资源的重新配置和鉴定活动的重新规范，调整好鉴定人、鉴定机构与司法人员、诉讼当事人之间的关系，从而获得诉讼的公正与效率。

一、完善法务会计鉴定的启动权制度

法务会计鉴定启动权是指可以启动法务会计鉴定程序的权利，主要包括司法法务会计鉴定申请权、法务会计鉴定决定权及法务会计鉴定委托权。法务会计鉴定启动程序被认为是法务会计鉴定的关键程序。谁有权最终决定鉴定程序是否启动及决定由谁进行鉴定是法务会计鉴定中非常重要的问题，它直接决定着一国鉴定程序的特征。

首先，按照目前我国诉讼法律的规定，法务会计的启动权由司法机关行使。全国人民代表大会常务委员会《关于司法鉴定管理问题的决定》没有对法务会计启动权做出规定，同时法务会计也没有纳入该法管理范围，因而该决定对法务会计尚无效力。也就是说，按照目前我国的诉讼法律原则，法务会计鉴定的启动应当由司法机关确定，但相关法规事实上并未规定。其次，我国民事司法解释中，确定法务会计鉴定应当在法院的主持下，由当事人协商确定，不能协商确定的，由法院指定。司法解释中当事人启动司法鉴定是有限定条件的。第三，我国某些省份颁布的地方法规（如河北省）规定，可以由当事人启动鉴定。

改革我国现行法务会计启动权制度，扩大犯罪嫌疑人、被告人或者当事人对启动鉴定和对鉴定提出异议的权利已成为我国理论界和实际执法部门的一致呼声。借鉴国外的经验，并从我国的司法传统出发，我国的鉴定制度改革应该建立“以职权主义为基础，以当事人主义为补充”的目标模式。确立这样的目标模式，一是与我国的现行司法改革所遵循的在传统职权主义基础上借鉴当事

人主义合理因素的总体思路一致，有利于鉴定制度的改革与其他法律制度的改革相互契合；二是在此形成的鉴定启动程序、重新鉴定与补充程序，与控辩式庭审改革相一致，有助于诉讼当事人合法权益的保护，体现了职权主义鉴定制度下鉴定活动的客观公正，容易得到社会对法律和诉讼制度的信任；三是这种改革符合大陆法和国家诉讼制度，以及鉴定制度改革向当事人主义靠近的总体趋势。

笔者认为，民事诉讼中的法务会计鉴定，当事人享有自行启动鉴定程序和申请法院启动鉴定程序的权利，是否进行鉴定、进行何种鉴定或由谁鉴定等事项应由当事人自行决定，法院不能在当事人指明的证明资料的范围以外主动收集证据，进行决定并委托鉴定。如遇为查明案件事实确需进行鉴定的情形，一方当事人在法院释明后仍不申请鉴定的，则应由该方当事人承担举证不能的法律后果。法务会计鉴定以当事人启动鉴定程序的积极主动权为主和法院启动鉴定程序的消极被动权为辅的鉴定启动程序架构，使鉴定启动通过鉴定的申请程序、鉴定的决定程序、鉴定的委托程序在当事人与法院互动制约下完成，这是法院妥当、迅速并使当事人信服地解决纠纷的鉴定启动方式，应该成为鉴定启动的主要方式。而当事人自行委托鉴定方式由于难以确保鉴定结论的客观真实性，可能使法官无所适从，不利于事实的认定，还将导致重复鉴定。这种缺乏双方当事人互动制约的启动方式只是鉴定启动的一种补充方式。当事人向法院申请鉴定应于法庭辩论终结前提出，法庭应予充分注意和认真对待当事人的鉴定申请，告知申请的一方当事人鉴定的风险，保障对方当事人行使鉴定启动异议权，审查鉴定是否必要并且可能。对于法律规定应当以当事人同意作为鉴定启动条件，而当事人不同意的，或非法取得证据的，或法官根据自己的生活经验认为不需要专业的特别知识，或通过勘验等调查证据的方法能够作出判断的，应当决定不启动鉴定程序，避免当事人随意、滥用鉴定启动权。法庭决定启动鉴定的，应组织双方当事人协商确定鉴定机构，协商不成的由法院采取摇号等随机产生方式确定鉴定机构，同时确认法官最终决定的委托鉴定事项及鉴定标准。鉴定机构确定鉴定人后，法院应告知双方当事人鉴定人情况及申请鉴定人回避权、行使回避权期限。由此，鉴定启动程序不断优化完善，还能使鉴定结论成为实现实体正义的最佳证据方法，并为鉴定结论进入庭审质证奠定基础。

二、法务会计主体的制度改革

基于诉讼的法务会计主体在诉讼中处于何种地位,因诉讼模式之不同而有差异。在大陆法系国家,学者们认为法务会计的诉讼支持是以鉴定人身份,是"帮助法院进行认识的人",是"法官的科学辅助人",法官有权指定、聘请。与此同时,由于对鉴定人这种特殊地位的认可和强调,大陆法国家均以法律的形式规定鉴定人对双方当事人采取中立的立场,并适用法官回避的规定。英美法系模式下,法务会计师是以"专家证人"这一概念呈现的。法务会计师作为专家证人所作的证言同普通证人证言同样需要在法庭上接受对方当事人的质证,对于法官来说,法务会计师的证言也不具有像大陆法系鉴定意见一样那么高的影响力。

大陆法系的法务会计鉴定人制度的设立根植于"职权主义",强调法官应当在诉讼中积极主动发现事实真相并作出裁判。因此,诉讼的结果在很大程度上取决于法官的能力,实体真实的发现是法官不可推卸的职责。但是为了弥补法官在财务会计专门知识上判断能力不足的缺陷,法务会计师以鉴定人身份作为"帮助法官发现事实真相,实现正义"的助手而引入到诉讼中去,成为法官知识和能力的延伸。从这个意义上来说,法务会计也就具有了一定的司法职能,因此,法律也需要对注册会计师从事鉴定人的资格予以严格限制。在英美法系诉讼模式下,控诉方和辩护方的诉讼地位是完全相同的,当事人双方都有权聘请法务会计师作为专家证人,而法务会计师受当事人的聘用,自然要站在一方当事人的立场上,在诉讼中为其提供帮助。

两种诉讼模式,各有优缺点。大陆法系国家所设置的鉴定人制度,能够使司法鉴定工作不受控辩双方利害关系的影响而客观地进行,有利于提高鉴定结论的公正性和权威性,增强公众对裁判结果的信赖程度,也比较有利于节约司法成本。但由于鉴定人的委托被司法机关所垄断,辩方无法参与其中,使得鉴定结论难以得到作为专业人员的对方鉴定专家的质证。鉴定结论对法官就事实的认定具有重大的影响,这就增加了法官因缺乏对专业问题的实际审查能力而误判的可能,案件审判出现差错的风险依然很高。另外,由于法官掌握着鉴定人选任权,容易导致法官与部分鉴定人之间委任关系的固定化,出现鉴定人

迎合法官的预断来制作鉴定结论的现象，司法鉴定的公正性并未在最大程度上得到保障。在认识到这种缺陷后，大陆法系有些国家已经开始作出反应。例如，在2000年6月修改有关法律时，法国更是进一步加强当事人的权利，规定当事人"不仅可以申请司法鉴定，而且可以一定程度地参与司法鉴定，如可以要求司法鉴定人回答问题"，[1]从而对传统的鉴定人运作模式进行一定的修正。

英美的专家证人制度安排一方面通过诉讼中双方当事人之间的竞争，能够提高诉讼效率，另一方面借助于处于对立面的双方当事人的相互制约机制，充分发挥程序的功能，全面地揭示案件的客观事实，防止陪审团偏听偏信。但其固有的弊端难以克服。由于法官完全保持消极中立的立场，所有的诉讼事项的决定权都交由当事人行使，当事人为了达到诉讼目的，往往不是基于澄清案件事实的需要去寻找最优秀的专家，而是为了获得胜诉去寻找对自己最有利的"专家证人"。因为专家证人是当事人所聘请，他们在选取有关事实材料并作出判断形成庭审意见时，不可避免地会带有倾向性，总是从有利于己方当事人的角度出发，阐述自己的观点，使科学仅在某一领域发挥作用。基于此，英美法系国家主要致力于强化专家证人的公正地位，以遏制专家在诉讼过程中过分当事人化，在审判实践中法官主动决定有关事项的事例越来越多，体现出向大陆法系国家的鉴定人地位靠拢的趋势。

我国在鉴定人的定位问题上基本上采用了大陆法系的立场，设置了鉴定人制度，司法鉴定制度受"强职权主义"诉讼模式的影响。对于与司法鉴定有关的事项，公检法三机关享有极大的权力，而被告方则被排斥在司法鉴定运作的范围外，如被告人在诉讼中只享有鉴定申请权；当事人无权委托鉴定人对专门问题进行鉴定；鉴定程序的展开完全封闭，基本不具备透明度等。

笔者认为，我国法务会计提供诉讼支持，应从实际情况出发，一方面要立足于我国司法鉴定制度的事实，法务会计以鉴定人身份提供诉讼支持；另一方面要注意吸收英美专家证人制度的优势，对于法务会计诉讼地位的界定，应该立足于鉴定证人(相对于普通证人而言)。其所享有或承担的诉讼权利义务适用有关证人的一般规定。鉴定人作为证人的一种，一方面依其学识和经验报告其

---

[1] 陈卫东，刘计划，程雷. 法国刑事诉讼法改革的新进展. 人民检察，2004(10).

对特定问题所作鉴别和断定，其作用在于补充裁判者科学法则方面的知识的不足；另一方面建立完善的质证制度，鉴定人必须出庭参与质证，讲明鉴定过程，解释结论，并接受交叉询问。

法务会计师作为法务会计鉴定的主体，具有财务会计等专门科学知识，是以会计师和法律工作者的双重身份出现，其知识结构和政治立场、业务素质直接影响着鉴定的质量。因为其地位的重要性和任务的艰巨性，所以应对资格条件有严格的要求：首先，必须具备与鉴定项目相关的财务会计专门知识，应该是较高层次的财务会计专业人才，还要具备解决财务会计相关问题的独立能力。其次，还必须掌握一定的法律知识，具备良好的职业道德和实事求是的科学态度。这些都是保证鉴定结论客观、公正的前提条件。结合我国目前的法务会计实际，如何采取切实措施不断提高鉴定人的学识水平、道德规范和专业技术水平，需要一个明确的、统一的关于法务会计人资格标准的法律规范，需要设计一个严格的法务会计准入机制和管理机制。法务会计应该纳入到《全国人民代表大会常务委员会关于司法鉴定管理问题的决定》规范，鉴定人应该是符合严格的独立专业资格的个人或团体，熟悉会计和法律知识，能从专业与司法的角度，对有关的会计信息或事件作出鉴定。一方面，建立法务会计师资格统一认证制度。只有通过认证的人，才能具备担任鉴定人的法律资格。认证内容包括会计知识与相关法律知识。另一方面，所有取得鉴定执业证书的人，都要在国家司法部设立的专门名册上进行登记，法院以及其他机构只能从法务会计人登记名册上选择鉴定人。

三、建立法务会计结论完善的质证制度

（一）法务会计结论质证是程序正义的必然要求

质证是查明案件事实真相的决定性步骤，是法官自由心证的根据和形成裁判的必要基础。质证的要义在于贯彻公开、直接、言词、辩论原则，通过正当程序使相关证据材料成为诉讼证据。我国法律和司法解释已确立了民事诉讼诉辩式质证模式。质证采取审判长主持下的交叉询问方式。双方当事人在法官引导下当庭举证并通过辨认证据、相互询问、质疑、解释、辩驳，使争议的事实和证据的微妙细节得以显现和披露，不仅能够使其对诉讼结果预期有明显的认

识，易于接受自己参与而产生的诉讼结果，而且可以帮助法官正确、客观地判断证据的真伪，确定案件事实真相，形成透明化、客观化的心证。鉴定结论质证是程序正义的必然要求。

由于法务会计牵涉人员多、复杂性强、专业性强，这就要求鉴定人必须具备较高的专业知识和丰富的鉴定经验，才能识别出其中存在的问题。以上特点要求在庭审中，必须对会计鉴定进行严格的质证，必须认真听取各个当事人对鉴定结论的意见，并审查其相应的证据。法务会计结论属于言词证据性质，让鉴定人出庭接受交叉询问，才能通过质证程序过滤一些不科学、不准确的鉴定结论，使鉴定结论获得公正性和可接受性。因此，除鉴定结论经开示后，双方当事人对鉴定结论无异议或鉴定结论对案件处理不起决定性作用外，依法应通知鉴定人出庭，由鉴定人当庭陈述其做出鉴定所依据的检材、科学程序、鉴定所运用的理论和技术，接受各方当事人的质证，从而使当事人有机会发现鉴定结论不科学、不准确之处，帮助法官获得对案件事实的正确认识。

同时，依照法律、司法解释的规定，对鉴定结论的质证应在法庭上进行，无论是一次鉴定还是二次甚至更多次鉴定，法庭上的质证才是鉴定结论质证的唯一程序场景。而以当事人提交书面质证意见或询问当事人对鉴定结论的意见制作笔录等变通方式代替庭审质证，有质证之名而无质证之实、剥夺了当事人当庭就鉴定结论进行攻击防御、重实体轻程序的不当做法，既不符合公开、直接、言词、辩论原则，又无法保证鉴定结论对案件事实的证明力，也不利于当事人借以维护自身合法权益，更不利于保障程序公正原则的彻底实现，应予加以纠正，以避免由此对司法的公正性造成消极影响。

(二)法务会计结论质证内容

民事审判实践中，法务会计鉴定人一般不出庭接受质询，法务会计鉴定结论大多在当事人出示证据的同时一并宣读出示，法官从提高庭审效率目的出发，采取概括性质证方法询问双方当事人对包括鉴定结论在内的证据有无意见，即使当事人发现鉴定结论存在疑点、对鉴定结论有异议，法官也基于司法中立、超然、公正要求及避免补充鉴定、重新鉴定考虑，不愿引导当事人对鉴定结论作进一步的质疑、辩驳。在当事人拒不认可鉴定结论的情况下，质证随之演变成“是否申请重新鉴定”的简单问话。法务会计结论的质证内容简单化，削弱了法官通过质证判断鉴定结论证据效力的功能，影响了质证的效果。

民事诉讼中，鉴定结论的质证内容与质证效果密切相关。对鉴定结论质证停留在展示证据、概括性质证层面，必然不利于法官发现事实真相。只有将鉴定结论由形式性、概括性质证推进到实质性、全面性质证，利用当事人自己对利益最大化的追求，引导双方当事人围绕鉴定结论的真实性、关联性、合法性并针对有无证明力及证明力大小展开质证，通过鉴定人出庭接受质询，当事人双方在一次、再次的直接询问和交叉询问过程中，充分地陈述自己观点或进行反驳防御，才能澄清事实，体现正义。鉴定结论质证时，当事人双方相互提问及对鉴定人进行质询，应主要围绕以下内容进行：①法务会计人、法务会计机构的资质；②法务会计人从事本专业的经历、能力；③鉴定意见依据的鉴定资料；④法务会计使用的科学技术或者专门知识、技术标准；⑤鉴定的程序；⑥对鉴定争议的其他情况，包括鉴定推理的逻辑性、分析的合理性、因果关系及鉴定机构、鉴定人签名盖章等。通过双方当事人正反方向的询问与交叉询问及审判长的补充询问，才能使鉴定结论质证内容更加全面、具体、公开、透明，从而强化鉴定结论的科学性和可靠性，增加鉴定结论的可采信与可接受性。

（三）法务会计鉴定人与专家辅助人参与质证

(1)法务会计鉴定人出庭。虽然全国人大《关于司法鉴定管理问题的决定》和最高法院《民事诉讼证据若干规定》明确规定了司法鉴定人出庭作证的义务，却又宽容地对待鉴定人不出庭的行为，鉴定人以“特殊原因”推托不出庭“有恃无恐”，法官司空见惯不以为然，当事人无可奈何不抱希望，以致除个别案件外，当庭宣读鉴定结论并由双方当事人发表意见成为庭审质证常态。又因法律规定鉴定人具有出庭作证义务，却未规定其应当享有的获取报酬、人身权和财产权不受侵犯等权利，而且鉴定人当庭接受当事人双方的质询可能使鉴定中的一些问题暴露进而否决鉴定结论，加之其缺乏出庭作证经验、语言表达能力，导致鉴定人不愿、不敢、不想出庭作证。而期待已久的新修订的《民事诉讼法》并未对鉴定人出庭作出规定，也未将鉴定人出庭作为确定鉴定结论法律效力的必要前提，使得鉴定人不出庭继续处于放任状态。鉴定人不出庭导致当事人对鉴定结论的质疑无法得到解释，疑问无法得到合理的、信服的回应，引起对庭审过程的不信任，进而对审判的公正性、权威性产生怀疑。

(2)法务会计专家辅助人参与质证。民事审判实践中，鲜见专家辅助人的身影。这主要是因为，一方面，具体操作规程缺位。司法解释仅对专家辅助人出庭的申请、专家辅助人功能及聘请费用承担作了原则性规定，并未涉及专家辅助人法律地位、意见效力、资格审查方式及参与诉讼程序等方面内容，使得双方当事人对法务会计鉴定争议较大的民事案件中需要启动专家辅助人参与诉讼程序时无所适从。另一方面，专家辅助人聘请困难。由于法律、司法解释未确定专家辅助人标准，相关部门也未建立专家辅助人人才库，导致当事人不知何种人员才具备专家辅助人资格，不知道通过何种途径聘请专家辅助人，即使知道相关人员具备专家辅助人资格，也因同地域、同专业且具有相应专门知识的人员往往在业务上有一定的联系和交往，对担任专家辅助人出庭参与诉讼心存顾虑，大多婉言谢绝当事人的请求，使当事人最终不得不放弃聘请专家辅助人的设想。

笔者认为，我国在借鉴国外成功经验、深化民事审判制度改革的基础上，应创设法务会计专家辅助人制度。由法务会计专家辅助人辅助当事人对鉴定结论进行法庭质证，将有利于增强当事人及法官认识鉴定结论的能力，弥补鉴定结论质证程序的不足，提高法庭询问效率，促进鉴定质量的提升。鉴于现行法律、司法解释对于法务会计专家辅助人制度的规定过于原则与简略，应尽快完善相应配套制度，以发挥法务会计专家辅助人在涉及法务会计鉴定的民事案件庭审质证中的重要作用。首先，应明确法务会计专家辅助人在民事诉讼中的地位及专家意见的证据效力。专家辅助人是一种新型的独立的诉讼参与人，专家辅助人所提供的专家意见具有专门性、独立性、中立性，属于一种新的证据形式，应尽快通过立法明确专家辅助人在诉讼过程中的法律地位及相应专家意见的证据效力。其次，应明确法务会计专家辅助人的权利义务。法务会计专家辅助人是由双方当事人自行委任，其必然对委托方的利益更为关注，在参与质证过程中必然会尽量发掘对己方有利的因素，发现对对方不利的因素，双方专家辅助人的相互制衡和专家辅助人行为客观上对鉴定人所起的监督作用将能最大限度地避免鉴定结论的片面性。因此，有必要对专家辅助人在法务会计鉴定过程中的权利义务作出明确规定，如有权了解和监督鉴定人的鉴定活动并及时发表意见，对案件有关信息负有保密义务等。第三，构建专家辅助人参与诉讼的程序。在鉴定结论开示后告知当事人有聘请专家辅助人的权利，并确定双方当事人申请专家辅助人的期限。当事人需要聘请专家辅助人的，应向法庭提出申请并递交书面的专家意见，法庭应及时将当事人聘请专家辅助人情况通知对方当事人并将专家意见送达对方当事人，以防止诉讼突袭。庭审中，专家辅助人可以旁听庭审，辅助提示当事人及其诉讼代理人或直接对鉴定进行陈述、说明、询问鉴定人，并在庭审笔录上签字确认。法院应在判决中对专家辅助人意见是否采纳进行阐述，并将专家辅助人出具的书面意见入卷归档。第四，应确立法务会计专家辅助人标准并建立聘用体系。确立专家辅助人标准，以便法庭对专家辅助人进行资格审查，并由司法行政机关参照鉴定人管理办法建立专家辅助人名册，使当事人能够聘请到适合的专家辅助人。

(3)完善法务会计鉴定人和专家辅助人参与质证。出庭作证规则是鉴定结论在民事诉讼中质证的关键。首先，明确法务会计鉴定人应当出庭作证的情形及申请、通知期限。法院在开示鉴定结论送达副本给各方当事人时，应告知当事人享有的质证请求权。当事人对鉴定结论提出异议并申请鉴定人出庭作证，或具有重大社会影响的案件，或法务会计鉴定结论与其他证据材料相反、存在严重分歧，或法务会计鉴定结论明显存在疑点、严重违反鉴定实施程序，或补充鉴定、重新鉴定，或鉴定文书阐释不清或存在明显矛盾等情形，法院应当依法通知鉴定人出庭作证，鉴定人应当出庭作证。其次，应明确鉴定人出庭作证的例外情形。经开示双方当事人对鉴定结论均无异议，或鉴定结论虽存在标点、错别字或语言不规范等瑕疵，但当事人明确表示不要求鉴定人出庭质证，或鉴定人年迈体弱、患有重病，或鉴定人行动极不方便且在较长时间内无法恢复，或鉴定人已经死亡、失踪、居所不明，或因路途遥远且交通不便无法出庭，或因出国、自然灾害等不可抗力、其他意外事件无法出庭，或合议庭基于保障鉴定人利益的考虑认为不宜要求鉴定人出庭作证等情形，鉴定人可不出庭作证，但应对相关质询问题作出书面答复。第三，出庭不如实作证的法律后果。对法务会计鉴定人出庭拒不回答或不如实回答质询，应以妨害诉讼行为予以制裁，处以罚款、责令双倍退还已收取的鉴定费用。对法务会计鉴定人作虚假鉴定，不如实回答质询，导致当事人财产损害的，应予赔偿，情节严重的，应依法追究其刑事责任。第四，应明确鉴定人质证拒绝回答情形。法务会计鉴定人对发问内容与鉴定无关,或发问内容重复,或发问内容威胁鉴定人,或发问内容损害鉴定人人格尊严,或发问内容有损鉴定人合法权益等情形,可以拒绝回答。

(4)法务会计鉴定人和专家辅助人出庭作证需要有一系列配套制度加以保证。这种保障制度可包括以下环节:首先,在诉讼一方对鉴定结论提出异议并要求鉴定人出庭能够作证的情况下,鉴定结论如果不经鉴定人亲自出庭作证,阐明法务会计鉴定的过程、根据和结论,回答控辩双方和法官的提问,就不能作为法庭据以定案的根据。这样,鉴定结论的可采纳性就得到法律的明确限定。其次,对于无正当理由拒不出庭作证的鉴定人,法官和法院应当有权采取强制措施。再次,明确规定鉴定人出庭作证的例外情况,如鉴定人患有重病、死亡、因不可抗力因素无法出庭等。但即使在这些例外情况下,鉴定人的鉴定结论也必须事先经过法官和控辩双方的共同审查,才能作为定案的根据。否则,法庭应当否认其证据效力,并进行补充鉴定或者重新鉴定。最后,根据权利与义务一致原则,建立证人、鉴定人出庭作证的经济补偿制度。

四、法务会计立法的完善和法务会计标准的建立

实践中,对同一经济案件中同一财务事实的法务会计,由于鉴定人不同,其鉴定结论也往往不同,这种现状的存在与法务会计缺乏统一的技术标准有一定的内在联系。为了保证法务会计结论的客观性与公正性,法务会计活动必须建立一个统一的、科学的技术标准,对法务会计中的操作过程进行合理规范和指导。建立法务会计技术标准,有利于消除鉴定人的主观随意性,有利于保证法务会计质量。标准是评判质量的尺度,没有标准很难评估质量。目前我国法务会计活动没有技术标准,虽然多数法务会计结论比较科学规范,具有较高的质量,但同时也不可否认有少数法务会计是鉴定人"跟着感觉走"的结果,这样的法务会计根本谈不上是科学的鉴定,鉴定结论的科学依据也是绝对不具备的。由于没有统一的法务会计技术标准,司法机关审查鉴定结论时虽然觉得有疑点或诉讼当事人提出异议,由于找不到质疑的依据而无法推翻,只好勉强采用或盲目采用。建立统一的法务会计技术标准,鉴定活动必须受到统一的法务会计技术标准的制约,才能确保鉴定结论的客观性、科学性。

法务会计技术标准,是一项实务性很强的工作,理论探讨和实践积累不多。

实践中,建立法务会计技术标准的呼声越来越高。笔者认为:首先,建立法务会计技术标准,需要借鉴审计准则和相关执业标准的规范。审计和法务会计活动法都以相关的财务会计活动及其资料为基础,两者在工作程序与专业技能等方面有许多共通之处;两者在证据的要求上,都包括数量和质量两个方面,证明的方式方法上也有许多相近之处;法务会计业务是从审计业务中孕育并逐步发展起来的;两者的执业准则与道德规范有许多共同之处。其次,建立法务会计技术标准,可以借鉴外国学者的两种观点:“普遍承认标准”和“实质证明标准”。前者指一项鉴定结论所依据原理和方法的科学性、可靠性,必须已在该学科领域内得到普遍承认;后者指一种新的理论与方法只要得到实质性证明就可采用,可以是公开发表的论文,也可以来源于可靠的实例。

我国经济与法制正处于发展改革中,法规制度体系尚不健全。建立法务会计的技术标准,可以分两步进行,第一步,采用“普遍承认标准”的思路,引用现行法规标准作为法务会计的技术标准;第二步,采用“普遍承认标准”为主,“实质证明标准”为辅,制定全国统一的法务会计技术标准。根据《司法鉴定程序通则》第二十二条:司法鉴定人进行鉴定,应当依下列顺序遵守和采用该专业领域的技术标准和技术规范:(一)国家标准和技术规范;(二)司法鉴定主管部门、司法鉴定行业组织或者相关行业主管部门制定的行业标准和技术规范;(三)该专业领域多数专家认可的技术标准和技术规范。不具备前款规定的技术标准和技术规范的,可以采用所属司法鉴定机构自行制定的有关技术规范。在目前法务会计没有国家标准的情况下,只有采用会计、审计标准。同时,在理论界对法务会计技术标准深入研究的基础上,并不断总结实践中积累的经验,制定全国统一的法务会计技术标准。法务会计技术标准大体可以包括:受理标准、判定标准、报告标准。制定法务会计技术标准,可以由国家司法行政部门会同财政部门共同制定,成熟一个颁布一个,逐步形成法务会计的技术标准体系,使法务会计工作得以规范发展。

规范法务会计工作,不仅需要规范统一的法务会计技术标准,还需要建立和完善法务会计的相关法律制度,这些制度大体主要包括:①关于法务会计的基本法律规定,基本规定应当包括法务会计鉴定的基本定义和诉讼中需要进行法务会计鉴定的条件,时机与鉴定的目的,以及对鉴定机构、鉴定人、鉴定委托人、被鉴定人的法律地位、权利义务、法律责任的基本规定。②关于法务会计人资格的法律规定，应包含鉴定人资格的申请条件、资格标准、认定与终止程序等。③关于法务会计机构的法律规定，应包含法务会计机构的设立与撤销的条件与程序。④关于法务会计程序的法律规定，应当包括法务会计鉴定的委托受理程序，法务会计的操作程序，对被鉴定物取用、保管、留存的规定，鉴定时限的规定和处理原则，重新鉴定，补充鉴定和共同鉴定的条件与司法程序，鉴定结果的报告程序，鉴定人出庭接受质证的程序。⑤关于法务会计标准规定，主要包括鉴定条件标准、鉴定方法标准和鉴定结论判定标准等。

以法律规定的形式固定法务会计制度，法务会计的秩序和规则才能得到彻底的保障，这是对法务会计制度最有效、最根本的改革和完善。

后　记

本书的写作过程中得到浙江理工大学经济管理学院领导和同事的鼓励与帮助，在此表示感谢。

在本书的写作过程中，浙江韦宁会计师事务所于友达所长对书中部分章节和案例给予了热忱的指导和帮助分析，对他的不吝赐教在此表示诚挚谢意；浙江韦宁会计师事务所陈伟国先生和朱义龙先生对本书的出版给予了积极支持，在此深表谢意。

浙江理工大学　王业可

2012 年 9 月

图书在版编目（CIP）数据

基于诉讼支持的法务会计研究／王业可著．—杭州：浙江大学出版社，2013.5
ISBN 978-7-308-11318-2

Ⅰ．①基…　Ⅱ．①王…　Ⅲ．①司法会计学—研究
Ⅳ．①D918.95

中国版本图书馆 CIP 数据核字（2013）第 060665 号

基于诉讼支持的法务会计研究

王业可　著

责任编辑　朱　玲
封面设计　续设计
出版发行　浙江大学出版社
（杭州市天目山路 148 号　邮政编码 310007）
（网址：http://www.zjupress.com）
排　　版　杭州中大图文设计有限公司
印　　刷　浙江省邮电印刷股份有限公司
开　　本　710mm×1000mm　1/16
印　　张　13
字　　数　206 千
版 印 次　2013 年 5 月第 1 版　2013 年 5 月第 1 次印刷
书　　号　ISBN 978-7-308-11318-2
定　　价　39.00 元

浙江大学出版社发行部邮购电话（0571）88925591